深水锚安装、承载及运动特性的大变形有限元研究

赵燕兵 著

中国水利水电出版社
www.waterpub.com.cn
·北京·

内 容 提 要

本书利用大变形有限元分析方法耦合的欧拉-拉格朗日法，重点研究了桩锚、拖曳锚、重力贯入锚的安装、承载及运动特性。全书共分为 9 章，包括绪论、大变形有限元分析方法、系泊/安装缆绳在海床中的输力和变形规律、桩锚在海床中的承载特性及破坏模式、拖曳锚在海床中的运动特性和嵌入机理、拖曳效应对拖曳锚运动特性和嵌入机理的影响、重力贯入锚在海床中的安装特性和贯入机理、重力贯入锚在海床中的运动特性、考虑缆绳影响的深水锚运动行为的高效数值分析模型。

本书可供海洋工程、岩土工程、土木工程和水利工程等领域的教师、研究生及工程技术人员参考。

图书在版编目（CIP）数据

深水锚安装、承载及运动特性的大变形有限元研究 / 赵燕兵著. -- 北京 : 中国水利水电出版社, 2020.6
ISBN 978-7-5170-8709-0

Ⅰ. ①深… Ⅱ. ①赵… Ⅲ. ①深水港—抛锚—研究 Ⅳ. ①U675.922

中国版本图书馆CIP数据核字(2020)第126685号

书　　名	**深水锚安装、承载及运动特性的大变形有限元研究** SHENSHUIMAO ANZHUANG、CHENGZAI JI YUNDONG TEXING DE DABIANXING YOUXIANYUAN YANJIU
作　　者	赵燕兵　著
出版发行	中国水利水电出版社 （北京市海淀区玉渊潭南路 1 号 D 座　100038） 网址：www.waterpub.com.cn E-mail：sales@waterpub.com.cn 电话：（010）68367658（营销中心）
经　　售	北京科水图书销售中心（零售） 电话：（010）88383994、63202643、68545874 全国各地新华书店和相关出版物销售网点
排　　版	中国水利水电出版社微机排版中心
印　　刷	天津嘉恒印务有限公司
规　　格	170mm×240mm　16 开本　10 印张　196 千字
版　　次	2020 年 6 月第 1 版　2020 年 6 月第 1 次印刷
定　　价	**56.00** 元

凡购买我社图书，如有缺页、倒页、脱页的，本社营销中心负责调换

前言

深水锚是深水系泊系统的核心组成，是海洋空间利用和海洋资源开发迈向深海的一大瓶颈。随着新概念和新技术在深水系泊领域的不断涌现和发展，深水锚在海床中的运动行为变得更为复杂，这给既有的分析方法带来了极大的挑战。对深水锚安装、承载及运动特性开展研究，是深海锚固技术的科学基础，也是深海工程尤其是海洋岩土工程科学的重要内容。

深水锚安装、承载及运动过程中会导致海床土发生极大变形，传统的有限元分析方法已不再适用。作者通过博士及博士后阶段的探索和研究，基于大变形有限元分析方法耦合的欧拉-拉格朗日（CEL）法，建立起系泊/安装缆绳-锚固结构-海床耦合作用的大变形有限元分析框架，能够有效分析深水锚的安装、承载及运动特性。

全书共分9章：第1章介绍了系泊系统、系泊/安装缆绳、锚固结构的研究背景及发展现状；第2章介绍了目前常用的大变形有限元分析方法；第3章介绍了系泊/安装缆绳在海床中的输力和变形规律；第4章介绍了桩锚在海床中的承载特性及破坏模式；第5章介绍了拖曳锚在海床中的运动特性和嵌入机理；第6章介绍了拖曳效应对拖曳锚运动特性和嵌入机理的影响；第7章介绍了重力贯入锚在海床中的安装特性和贯入机理；第8章介绍了重力贯入锚在海床中的运动特性；第9章介绍了考虑缆绳影响的深水锚运动行为的高效数值分析模型。

感谢研究生李培冬、徐奎、刘孟源、李洲、彭劲淞对深水锚安装、承载及运动特性大变形有限元研究做出的贡献；感谢研究生李泽莹对本书的文字进行了校核。

特别感谢国家自然科学基金（51741909）、山西省应用基础研究计划（201901D211020）和中国博士后科学基金（2016M601264）对深水锚安装、承载及运动特性大变形有限元研究给予的经费支持。

作者将在天津大学攻读博士学位及博士后研究期间的研究成果汇总整理后形成本书的主要章节。深水锚的安装、承载及运动特性是不断发展和完善的课题，由于时间仓促，加之所掌握资料和作者水平有限，书中难免存在失当和谬误之处，欢迎读者予以指正。

作者

2020 年 1 月

目　录

前言

第1章

绪　　论

1.1　系泊系统

随着海洋空间利用和海洋资源开发不断向深水挺进，大型海洋浮式结构物，如油气开采平台、海上机场和人工浮岛等，通常置身于极其复杂和恶劣的海洋环境中，在生产和运行过程中面临诸多技术挑战。系泊系统作为最有效和最经济的长期性、永久性定位技术，能够保证浮式结构物的稳定性，使其在相对固定的水域进行正常作业。随着作业水深的加大，系泊系统的系泊方式由悬链式系泊向绷紧式系泊转变。图 1.1 为某半潜式平台在 3000m 水深下的系泊系统效果图[1]，图 1.1（a）采用传统的悬链式系泊系统，图 1.1（b）采用绷紧式系泊系统。如以北京市地图作为模拟的海床面，则悬链式系泊系统覆盖的海床面达到了北京六环，而绷紧式系泊系统仅在北京二环附近。在大幅提高系泊性能的前提下，绷紧式系泊系统占用了相当小的海床面积，由此降低了安装和作业难度，也给其他生产系统和装置在海床面的布置带来方便。Liu 等[2]对

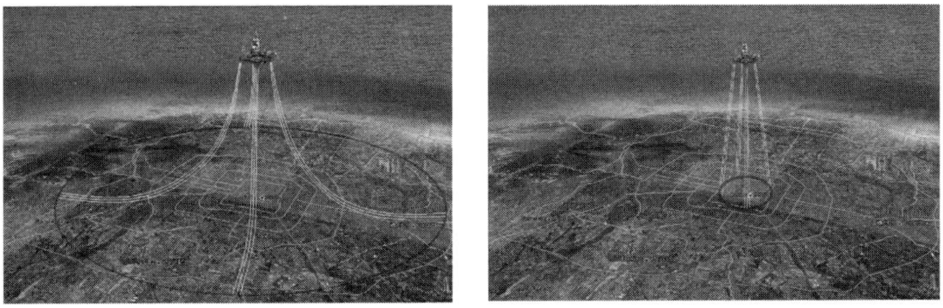

（a）悬链式系泊系统　　（b）绷紧式系泊系统

图 1.1　系泊系统效果图[1]

1981 年投产以来，包括 FPSO、Spar、Semi 和 TLP 等在内、水深分布在 15～2600m 的 232 例浮式油气生产平台的系泊方式进行了调研：当水深在 500m 以上（深水）时，采用最多的定位方式为绷紧式系泊系统，达到 59%的比例，其次为悬链式系泊系统，达到 25%的比例，张力腿平台的比例为 15%，动力定位最少，为 1%；当达到 1500m 以上的超深水时，绷紧式系泊系统的比例升至 83%，占绝对优势，悬链式系泊系统为 14%，动力定位为 3%。结果表明，绷紧式系泊系统是深海空间利用和深海资源开发的首选方案。

系泊系统主要由系泊缆绳、锚固结构及其他连接结构组成。系泊缆绳为细长柔性结构，只传递轴力，不承受弯矩。根据材料和结构特性，系泊缆绳可分为铁链、钢缆和合成纤维缆绳。铁链常用于悬链式系泊系统，依靠自身重力产生的回复力来保障浮式结构物的安全和稳定。钢缆一般用于张力腿平台的系泊系统，运行过程中呈紧绷状态。由于合成纤维缆绳自重轻（密度接近水的密度）及强度高，通常应用于绷紧式系泊系统。值得注意的是，合成纤维缆绳耐磨性较差，因此，通常会与铁链或钢缆一起使用。铁链或钢缆作为下部结构，嵌入在海床中，合成纤维缆绳作为上部结构，浸没在海水中。锚固结构在系泊系统中起承载作用，浮式结构物所受载荷通过系泊缆绳传至锚固结构。常见的锚固结构包括重力锚、桩锚、拖曳锚、吸力锚、吸力嵌入式板锚和重力贯入锚等。衡量锚固结构性能的指标包括安装性能、承载性能及极端荷载作用下锚的灾害规避能力。

绷紧式系泊系统的系泊角通常在 30°～45°之间[3,4]，由于系泊缆绳与海床面形成较大夹角，锚将受到很大的上拔力，对锚的抗拔性能提出了更高的要求；此外，绷紧式系泊系统更多运用于深水和超深水中，也对锚的深水安装性能提出了更高的要求。研发兼具优良的深水安装和抗拔承载性能的深海锚固结构，一直是国际海洋工程界追求的目标。随着新概念和新技术在深水系泊领域的不断涌现和发展，深水锚正经历从吸力锚、法向承力锚（新型拖曳锚）、吸力嵌入式板锚到重力贯入锚的发展和应用历程，如图 1.2 所示。由于迥然各异的结构特性和安装方式，不同类型的深水锚在海床中的运动行为复杂且各具特点，如吸力锚在负压作用下的定点沉贯，拖曳锚在海床中的长距离拖曳安装，吸力嵌入式板锚在负压定点贯入后的旋转调节过程，以及重力贯入锚在自重作用下的初始贯入和在海床中后续的旋转和嵌入。图 1.3 所示为拖曳锚和重力贯入锚在海床中的复杂运动行为。深水锚在海床中的这些复杂运动行为，不断更新人们的既有认知，挑战人们的分析能力。

锚固结构安装、承载及受极端荷载作用下的运动特性均涉及缆绳、锚、海水和海床四者的耦合作用。以拖曳锚和重力贯入锚为例，前者依靠拖船拖曳的方式通过缆绳将锚拖入海床深部，后者依靠自身重力从水中抛落嵌入海床内

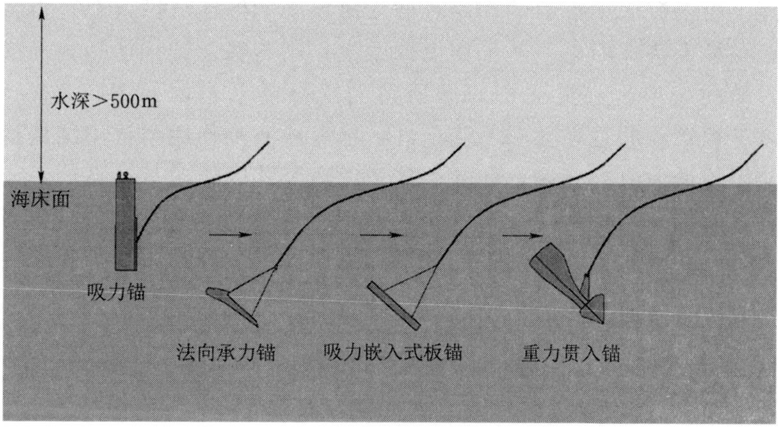

图 1.2　深水锚的发展和应用历程

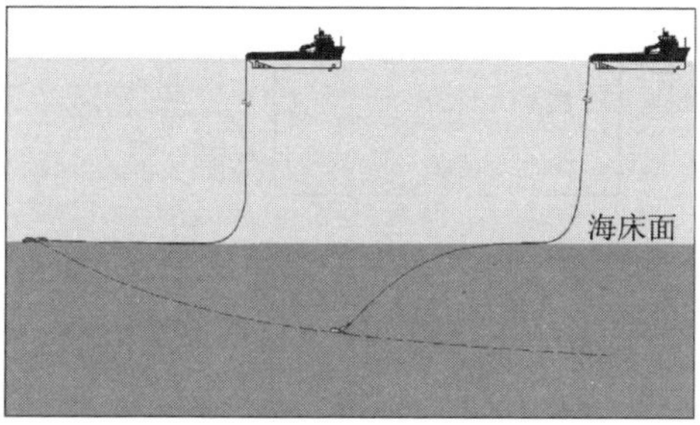

（a）拖曳锚的拖曳嵌入过程

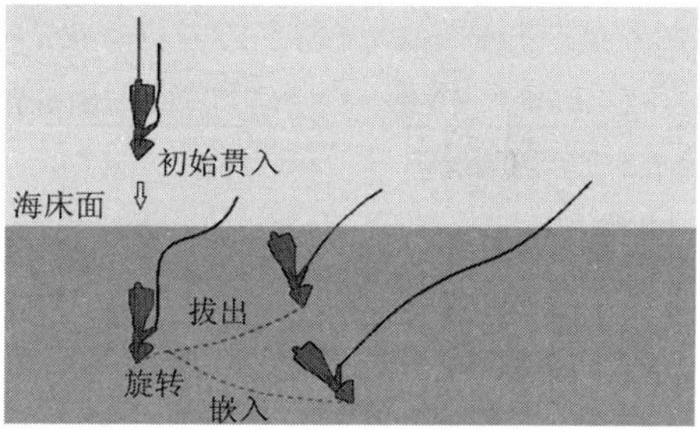

（b）重力贯入锚的安装及复杂运动行为

图 1.3　深水锚在海床中的复杂运动行为

部。从锚的运动特性来讲，不同锚固结构的运动行为均可以归纳为初始贯入、旋转、嵌入和拔出。虽然锚的运动行为各异，但均可以采用类似的研究方法进行分析。从锚的安装方式来讲，不同锚固结构的分析重点不同：在拖曳锚安装过程中，海水对锚的影响甚小，可以忽略；在重力贯入锚安装过程中，锚的贯入速度较大，锚在海水中的稳定性则必须考虑。另外，锚固结构运动过程中，缆绳与海床发生相互作用，缆绳在海床中形成反悬链形态，甚至形成复杂的三维构形，进而影响锚在海床中的运动行为，如何处理缆绳对锚运动行为的影响也需谨慎对待。因此，研究者需根据研究对象的不同，对分析方法进行相应处理。

1.2　系泊/安装缆绳

系泊/安装缆绳是系泊系统的重要组成。一方面，拖船或系泊浮体的运动通过拖曳或系泊缆绳传至锚固结构，从而导致锚固结构在海床中的复杂运动；

另一方面，由于海床土抗力的作用，嵌入海床中的缆绳（嵌入缆）也将发生复杂的变形并呈现特殊形态。对于拖曳或系泊作用与锚固结构运动共面的特殊情形，嵌入缆的变形也在此平面，即所谓的反悬链形态，如图 1.4（a）所示。由于海洋工程实践的复杂性和不确定性，拖曳或系泊作用与锚固结构运动可能处于不共面的情形更为普遍，如在浮体长距离漂移的情况下，系泊系统中布置于不同位置的锚固结构通常会发生与浮体运动不共面的嵌入运动，此时嵌入缆的变形也是不共面的，该情况下嵌入缆在海床土中的形态定义为缆绳的三维构形，如图 1.4（b）所示。

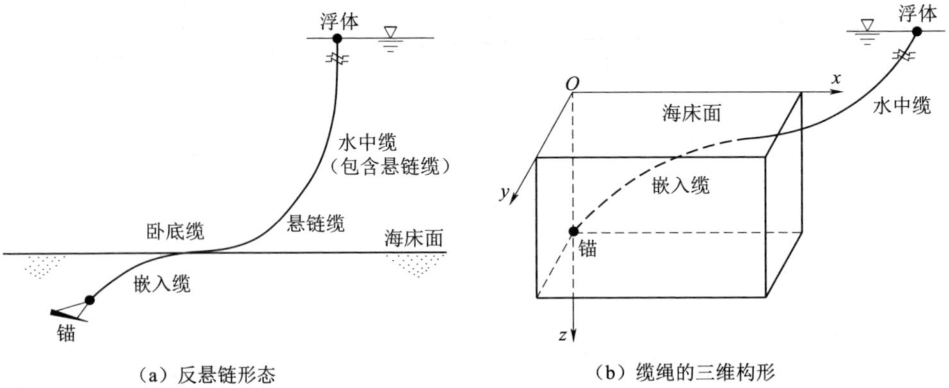

图 1.4 系泊/安装缆绳的形态示意图

1.2.1 反悬链特性

拖曳或系泊状态下，缆绳与锚作为一个耦合作用的系统，其反悬链特性直接决定了锚的运动轨迹和承载力。目前国际上针对缆绳反悬链特性已有较完善的理论和实验研究。

调研表明，缆绳反悬链特性的理论研究以数值迭代求解为主。为了优化桩锚的设计和安装，包括优化桩的长度、直径和系缆点位置，确定其安装深度，Reese[5]研究了饱和黏土中缆绳的反悬链特性。Reese[5]基于极限平衡理论，假设缆绳只传递轴力不传递弯矩，将嵌入缆离散为一系列零弯曲刚度的圆弧单元。忽略切向土抗力和缆绳自重的影响，只考虑嵌入缆张力和法向土抗力作用，由嵌入缆的几何尺寸和土性参数推得嵌入缆的力学控制方程，通过反复迭代力学控制方程以满足嵌入缆的边界条件，最终得到嵌入缆的张力分布和反悬链形态。基于 Reese[5]的工作，Gault 和 William[6]、Vivatrat 等[7]、Degenkamp 和 Dutta[8]、Bang[9]以及 Bang 等[10]考虑了切向土抗力和缆绳自重的影响，同样通过数值迭代求解得到嵌入缆的张力分布和反悬链形态。Gault 和 William[6]

的研究表明，嵌入缆的反悬链形态主要受法向土抗力的影响，嵌入缆的张力分布主要受切向土抗力的影响，缆绳自重对反悬链形态和张力分布的影响相对较小。为了使模型更具普适性，Bang 和 Taylor[11] 将嵌入缆的力学控制方程推广至砂土。砂土与饱和黏土中嵌入缆的力学控制方程最大的区别在于土抗力的力学描述。饱和黏土的内摩擦角 $\varphi=0°$，其产生的土抗力不受土体内摩擦角的影响；而砂土的内摩擦角并不为零，其产生的土抗力受土体内摩擦角的影响很大。

虽然数值迭代求解嵌入缆的反悬链形态和张力分布可以考虑诸多因素的影响，计算精度也较高，但求解过程复杂，需要反复迭代，且研究者一般针对自己所研究的问题建立特定的力学控制方程并迭代求解。因此，数值迭代求解的可操作性和普适性都较差。Neubecker 和 Randolph[12] 基于 Vivatrat 等[7] 的力学微分控制方程，通过忽略缆绳自重和小角度假定，建立了可求解嵌入缆反悬链形态和张力分布的解析解，使得反悬链的相关计算更容易操作。深海海底多为正常固结和轻微超固结的饱和黏土，其不排水抗剪强度 s_u 随土体深度近似线性增长，即 $s_u=s_{u0}+kz$，式中，s_{u0} 为海床表面土体不排水抗剪强度，k 为不排水抗剪强度梯度，z 为土体深度。Neubecker 和 Randolph[12] 推导的解析解只适用于强度均匀和表面抗剪强度为零的饱和黏土，即 $k=0\text{kPa/m}$ 和 $s_{u0}=0\text{kPa}$ 的情况，且获得的反悬链形态与海床面无交点，有悖于物理实际。

Liu 等[13,14] 从物理实际出发，推导了同时适用于一般性饱和黏土（$s_u=s_{u0}+kz$）和砂土的反悬链方程，给出了反悬链形态的解析解；通过引入初始下嵌深度的概念，合理地解决了反悬链形态与海床面无交点的问题；并提出了嵌入点、有效缆长、等效缆长和临界缆长等概念，这些概念对深水锚的工程应用，尤其对优化拖曳锚的安装技术提供了有效的理论支撑。另外，Han 和 Liu[15] 基于塑性分析方法，建立起嵌入缆反悬链特性的塑性屈服面，丰富了已有的理论分析方法。

在实验研究方面，Degenkamp 和 Dutta[8] 在 4.5m×1.25m×0.37m 的土槽中，针对直径分别为 6.4mm、9.5mm 和 16mm 的铁链进行了拖曳测试。实验中，将铁链的一端固定在土槽的某一深度处，并将其垂直延伸至土体表面，然后平铺在土面上。通过电机在缆绳的另一端施加 0.002m/s 的拖曳速度，铁链在土中逐渐形成反悬链形态。通过测量系缆点处铁链的水平和竖向分力以及拖曳点的拉力，Degenkamp 和 Dutta[8] 标定了铁链在切向和法向上的有效承载宽度系数。由于铁链埋置在海床土中，并不可见，反悬链形态很难捕捉，Degenkamp 和 Dutta[8] 并未对嵌入缆的反悬链形态进行研究。为了捕捉缆绳的反悬链形态，Heyerdahl 和 Eklund[16] 采用了手工静态测量技术，首先在缆绳上等间距地系上很细的绳索，当拖曳到某一特定位置时，将细绳索绷直，记录绳索埋置在土中的长度和距离系缆点的水平距离，并推算当前系缆点的埋深和水平坐标，最终求得嵌入缆的反悬链形态。Bang 等[17]在离心机实验中采用了更直接的方式来测量嵌入缆的反悬链形态，其方式如下：每次拖曳完毕后，将实验土槽取出，剔除缆绳一侧的土体使嵌入缆的形态显露出来，并进行测量。上述两种反悬链形态测量技术均比较粗糙，测量精度易受人为干扰，且难以实时捕捉嵌入缆的反悬链形态。

近来，Liu 等[14]和柳成林[18]通过在缆绳上布置倾角传感器来测量不同测点处缆绳与水平面的夹角，并采用圆弧递推公式，实时测得了拖曳锚安装过程中嵌入缆的反悬链形态。为了验证测试技术的精度和合理性，柳成林[18]在空气中分别针对缆绳的悬链形态、反悬链形态和直线形态进行了模拟，模拟结果与真实形态吻合良好。将该技术推广至土体中时，缆绳上传感器的布置形式直接决定了测量的精度，布置过密会影响缆绳的嵌入，过疏则降低了测量精度。如何合理布置倾角传感器及控制测量精度，更多的细节可以从柳成林[18]的科研工作中获取。在测量缆绳反悬链形态的同时，Liu 等[14]和柳成林[18]还研究了安装缆绳的嵌入点、有效缆长和等效缆长等概念，为分析嵌入缆的反悬链特性和拖曳锚的工程应用提供了技术支撑。

1.2.2 三维构形

目前，针对嵌入缆三维构形的研究相对较少。为了分析非共面荷载（缆绳张力与拖曳锚锚胫不共面）作用下拖曳锚的运动轨迹，Aubeny 和 Chi[19]假设在非共面荷载作用下，嵌入缆在海床中的构形落在与锚胫成某一角度的垂直平面内，该平面内嵌入缆在海床中的构形采用二维条件下 Neubecker 和 Randolph[12]推导的反悬链方程求解。通过坐标系的转换求得系缆点处拖曳力的大小和方向，通过塑性极限法迭代求得锚的运动轨迹。虽然 Aubeny 和 Chi[19]的模型能够求解三维空间下拖曳锚的运动轨迹，但嵌入缆的输力和变形规律仍采用二维条件下 Neubecker 和 Randolph[12]推导的反悬链方程计算，并不能真实反映嵌入缆的三维构形和输力规律。

Wang 等[20]在以系缆点为原点的整体笛卡尔坐标系下，引入局部笛卡尔坐标系来描述嵌入缆上任意一点的方位及受力情况，推得了嵌入缆在海床中的三维构形和输力模式。Wang 等[20]的模型中，假设嵌入缆上任意一点所受到的摩阻力总是沿着缆绳轴向，端阻力垂直于该点的运动方向。Liu 等[21]采用与 Wang 等[20]相同的求解模式，将嵌入缆在海床中三维构形和输力模式的理论模型推广至砂土。Martins 和 Lages[22]通过在以系缆点为原点的整体笛卡尔坐标系下引入局部 Frenet 坐标系，可以描述嵌入缆受任意方向土抗力作用下的三维构形和输力模式。但局部 Frenet 坐标系的引入使得模型含有一些物理意义不明确的参数（如扭转系数 τ）。

调研表明，目前国际上针对嵌入缆的反悬链特性已有较完善的理论研究，但由于理论推导中存在假设和实验条件（可操作性、测量精度等）所限，缆绳与土体间的摩擦系数、嵌入缆初始下嵌深度和土体容重等参数对嵌入缆反悬链特性的影响很难通过理论和实验来确定。嵌入缆的三维构形及输力规律的研究尚处于起步阶段，如何完善已有的理论模型或采用有限元技术来研究嵌入缆的三维构形和输力规律，均是很有意义的工作。

1.3 锚固结构

锚固结构作为系泊系统的根系所在，是保障系泊系统海上定位及安全运行的前提。根据锚的适用水深，以水深 500m 为界，可分为浅水锚和深水锚；根据锚的结构特点及安装方式，可分为重力锚、桩锚、拖曳锚、吸力嵌入式板锚和重力贯入锚等。本书的研究对象主要为桩锚、拖曳锚和重力贯入锚。

1.3.1 桩锚

桩是一种工程中常见的结构形式，既可以作为基础承受压荷载，又可以作为锚固结构承受上拔荷载。承受上拔荷载的桩起锚固的作用，因此定义为桩锚。随着海上油气资源开发的不断发展，桩锚作为一种可靠的锚固结构，被用作海上浮式结构物的系泊基础。常见的桩锚有锤击贯入桩锚和钻入式桩锚，桩通常竖直贯入到海床中，通过缆绳与上部结构相连接，为上部结构提供承载力[23]。锤击贯入桩锚通过水下液压锤不断锤击至工作深度，目前水下液压锤的工作水深上限为 2000m[24]。桩锚在海床软黏土中安装时所受到的阻力较小，即使是重量较轻的小型液压锤也能够满足安装需求。然而，桩的安装难度及工程造价随水深增加而显著提高，这仍是桩锚在深水及超深水领域进一步应用中所面临的障碍。尽管如此，桩锚因其适用范围广、可有效抵抗循环荷载、既适用于悬链式系泊系统又适用于绷紧式系泊系统、安装完成后可快速发挥承载力等优点，仍被广泛应用于海洋平台的锚固结构[23]。

桩作为锚固结构提供抗拔承载力时，可能受到不同方向荷载的作用：应用于张力腿平台（TLP）时承受竖向荷载；应用于浮式储油平台（FPSO）的悬链式系泊系统时承受水平向荷载；应用于立柱式平台的绷紧式系泊系统时承受倾斜荷载。当桩承受竖向荷载作用时，其承载力全部由桩侧摩阻力提供，海洋软黏土中的摩阻力可通过经验公式 $f=\alpha s_u$ 计算[4]，式中，α 为土体黏滞系数，s_u 为土体不排水抗剪强度。s_u 可由工程中实际测得，α 受土体固结及桩锚的长细比等因素影响。Vijayvergiya 和 Focht[25]、Randolph 和 Murphy[26]、API[27]

及 Kolk 和 Velde[28]针对土体固结及桩锚的长细比对 α 的影响开展了一系列的研究。桩锚侧向承载力的研究包括极限平衡法[29]、地基反力法[30]、$p-y$ 曲线法[31]、弹性理论法[32]和塑性理论法[33]等。桩锚倾斜荷载作用下承载力计算的常用方法为经验法[34,35]和有限元分析[36-38]。

对于张力腿平台，系泊缆绳与桩锚在桩顶连接；对于其他浮式结构物，系泊缆绳与桩锚在最佳系缆点连接。最佳系缆点通常位于桩顶之下，起平衡桩锚所受竖向荷载和水平荷载产生的弯矩的作用，即荷载施加在最佳系缆点可使得桩锚所受弯矩为零，进而提供最大的承载力。Ramadan 等[39]采用有限元法分析了系缆点深度对桩锚承载力的影响，并给出了柔性桩锚最佳系缆点的位置。对于刚性桩，其最佳系缆点与吸力锚类似，当荷载施加在最佳系缆点时，桩锚仅发生平移破坏，不发生旋转[40]。Liu 等[41,42]的研究表明，吸力锚的最佳系缆点位于 0.45～0.7 倍锚的埋深处。桩锚的破坏模式受系泊角、桩锚的长细比及周围土体强度等因素的影响，直接决定着其承载力的大小。明确桩锚的破坏模式是分析桩锚承载力的前提。

上述调研表明：针对桩锚承载力的有限元研究主要采用传统的小变形有限元分析方法，该方法不能模拟桩锚的完整拔出过程。因此，很难明确桩锚在海床中的破坏模式，尤其当桩锚受水平荷载作用时。另外，针对桩锚在倾斜荷载作用下的破坏模式和承载性能的理论研究较少，开展相应的理论研究也显得尤为必要。

1.3.2 拖曳锚

拖曳锚的安装主要分为两个步骤，即抛锚过程和拖曳安装过程[18]。在抛锚过程中，锚板从安装船的甲板上缓慢下降，锚板后部的尾缆起到定位的作用，同时水下机器人可对锚板的状态进行监控。到达海床面后，由于锚板自身的结构形状，在海床面将形成一定的初始角度，通过安装船缓慢的水平移动，锚板在缆绳的作用下逐渐下嵌直至目标深度，如图 1.3（a）所示。针对拖曳锚安装过程的研究主要体现在对其运动轨迹的预测。拖曳锚的承载力由锚的埋深和方位角决定，因此，研究拖曳锚的运动轨迹对预估拖曳锚的承载力有着重要的指导意义。图 1.5 为国际上两种常用的法向承力锚，法向承力锚是拖曳锚的最新发展，由于其在承载性能方面的优势，被广泛用于深水系泊中。目前，计算拖曳运动轨迹的方法主要有经验法、极限平衡法、塑性极限法和运动模型。

经验法是根据工程或实验中采集的实测数据以及工程师的工程经验来总结经验公式，用于计算拖曳锚的运动轨迹。该方法的精度由实测数据的样本数和样本种类决定，但实测数据往往是在特定的施工条件下得到的，且数目有限。

（a）Bruce Dennla锚[3]

（b）Vryhof Stevmanta锚[45]

图 1.5　国际上两种常用的法向承力锚实物图

因此，经验法精度不高，很难反映各种因素对拖曳锚运动轨迹的影响。常用的经验公式来自 NCEL[43] 和 Vryhof[44,45]。

极限平衡法最先被 Stewart[46] 用于计算拖曳锚的运动轨迹，之后又被 Neubecker 和 Randolph[47]、Thorne[48]、Dahlberg[49]、DNV[50] 和 Ruinen[51] 用于拖曳锚运动轨迹的研究中。极限平衡法的实现步骤可归纳为：①根据承载力分析理论和摩阻力计算公式，计算作用在锚上的土抗力；②假设任意嵌入深度下锚处于受力平衡状态，列出锚的力学平衡方程（包括弯矩平衡）；③通过与缆绳方程联立，计算缆绳对锚运动轨迹的影响。不同研究者在采用极限平衡法时的区别主要体现在两方面，一是作用在锚上的土抗力的表达方式不同，即力的作用点和作用方向不同，但力的作用原理是一致的；二是判断锚板旋转的条件不同，例如通过弯矩平衡方程[46,48-51]或假设拖曳力与锚板的夹角为常数[47]来确定锚板的旋转行为。极限平衡法的计算可以通过增量求解[46,48-51]或解析表达[47]来实现。解析表达拖曳锚的运动轨迹通常是一项比较有挑战性的工作，因此，一般的解析表达式都有其适用条件，比如，Neubecker 和 Randolph[47] 的运动轨迹解析表达式只适用于土体强度符合幂指数分布的饱和黏土。

塑性极限法最先由 Bransby 和 O'Neill[52] 引入到拖曳锚运动轨迹的预测中，之后 O'Neill 等[53] 又进一步完善了该方法。塑性极限法需要事先通过有限元计算求得表征拖曳锚嵌入行为的塑性屈服函数，该屈服函数囊括了锚的平移和旋转的综合影响。塑性极限法中，缆绳对拖曳锚运动轨迹的影响同样通过嵌入缆的反悬链方程来计算。Aubeny 等[54]、Aubeny 和 Chi[55,56]、Wang 等[57] 及王忠涛等[58] 同样采用塑性极限法分析了拖曳锚的运动轨迹。Aubeny 和 Chi[55,56] 及王忠涛等[58] 分析了安装缆绳长度以及法向承力锚安装-系泊转换装置等因素对锚运动轨迹的影响。Wang 等[57] 探讨了不同安装方式下（拖曳安装和绞盘绞动安装）拖曳锚运动轨迹的区别。

肖志建[59]最先提出以拖曳点为圆心、嵌入缆为半径的圆周运动模型来描绘拖曳锚的运动轨迹，杨涵婷[60]和李颖[61]分别对该模型进行了不同程度的改进，最终 Liu 等[13,62]和柳成林[18]将该模型臻于完善。该方法从运动学的角度出发，以变直径的圆周运动来描述锚的运动轨迹，通过引入嵌入点、拖曳点、有效缆长、等效缆长和初始下嵌深度等概念，推导出饱和黏土和砂土中拖曳锚运动轨迹的解析表达式。运动模型中提出了有效缆长和等效缆长等概念，对优化拖曳锚的安装技术提供了有效的理论支撑。

针对拖曳锚运动轨迹的实验研究相对较多，根据拖曳锚模型尺寸和实验场所的类型，可将现有的实验研究分为离心机实验、模型水槽实验和现场测试。离心机实验主要以西澳大利亚大学为主，Neubecker 和 Randolph[63-65]对砂土中拖曳锚的嵌入特性进行了研究，O'Neill 等[66-68]的研究主要在黏土中开展。除西澳大利亚大学以外，Dunnavant 和 Kwan[69]也开展了针对拖曳锚运动轨迹的离心机实验研究。LeLievre 和 Tabatabaee[70]、Liu 等[71]、Zhang 等[72]和 Aubeny 等[73]在模型水槽中开展了小比尺模型实验。Zhang 等[72]开发的拖曳锚接触式测量技术极大地完善了拖曳锚室内实验测试技术，同时能够测量拖曳锚的运动轨迹、运动方向、锚板方位角、拖曳力和拖曳角等物理量，且精度较高。OMSI[74]、AMC[75]、Ruinen 和 Degenkamp[76,77]、Taylor[78]、Foxton[79]和 Dahlberg 和 Strom[80]对拖曳锚的运动轨迹做了现场测试。

在拖曳锚运动轨迹的数值研究方面，Zhao 和 Liu[81]、Dou 和 Yu[82]采用了大变形有限元分析方法耦合的欧拉-拉格朗日法，模拟了拖曳安装过程中锚的运动轨迹，可以实时监测锚运动过程中的各项性能指标。除拖曳锚运动轨迹的研究以外，针对拖曳锚运动行为的研究还涉及对锚的运动方向[53,66,68,69,83]、拖曳力[5-12,84]和拖曳角[47,53,54,66,68,84]的研究。拖曳锚的运动方向和拖曳角直接决定了锚嵌入深度的大小，而拖曳力的研究对安装船的选取有着重要的指导意义。

国际上针对拖曳锚在海床中运动行为的研究已较为成熟，但调研表明，有限元模拟拖曳锚运动特性的相关研究较少。此外，拖曳锚研究中仍有一些悬而未解的问题，例如：拖曳速度与拖曳力的关系、安装缆绳长度和拖曳角对拖曳锚嵌入特性的影响、拖曳锚是否存在极限嵌入深度、锚达到极限嵌入深度之后的嵌入行为。Aubeny 等[73]在小比尺实验中发现，当拖曳锚安装速度（拖曳速度）由 0.13m/s 增大到 0.19m/s 时，拖曳力相应增大 4.4～35.6N；Dahlberg 和 Strom[80]同样发现拖曳力随着拖曳速度的增加而增大，拖曳速度每增加 10 倍，拖曳力增大 15%～20%，但对拖曳力与拖曳速度的关系并没有给予解答。拖曳锚安装过程中，当安装缆绳长度有限时，其运动轨迹肯定会受到影响，但如何优化安装缆绳长度和提高锚的嵌入效率？理论研究表明，拖曳锚存在极限嵌入深度，即最大嵌入深度，但由于理论推导中通常存在假设以及实验条件（如模型水槽尺寸）和工程预算的限制，理论、实验和工程中很难验证极限嵌入深度是否真实存在，以及研究锚达到极限嵌入深度之后的行为。

1.3.3 重力贯入锚

重力贯入锚是指从距海床面一定高度投放并自由下落、依靠自身重力产生贯入动力从而实现安装的一类深水锚的总称，目前常见的重力贯入锚包括深嵌锚（deep penetration anchor，DPA）、鱼雷锚（torpedo anchor）和 OMNI - Max 锚。图 1.6 为三类重力贯入锚及其安装过程。重力贯入锚具有其他深水锚难以企及的综合优势。一方面，重力贯入锚在深水安装方面具有无法比拟的经济性和高效性[3,85-87]；另一方面，重力贯入锚具有很高的承载性能，尤其具备可抵御灾害性条件的特殊能力。如 OMNI - Max 锚作为重力贯入锚的最新发展，不仅拥有可以 360°旋转的锚胫，能够承受来自任意方向的荷载，而且当系泊系统受到破坏性荷载作用时，OMNI - Max 锚可以调整锚胫角度以适应系泊需要，同时能够通过在海床中的旋转和嵌入达到更大的埋深，从而提供更高的承载性能[86,87]。

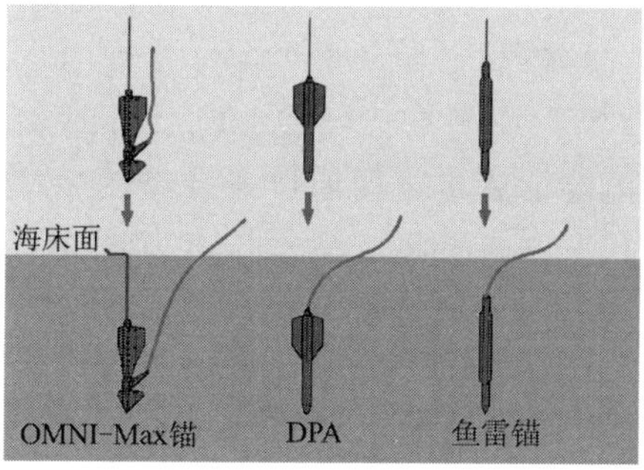

（a）重力贯入锚的安装过程

（b）OMNI-Max锚[86]

图 1.6 三类重力贯入锚及其安装过程

自 1996 年起，巴西石油公司开始设计并使用鱼雷锚作为柔性立管及浮式平台的锚固结构，该锚具有建造和安装经济、定位准确、工作稳定等特点[88,89]。基于同样的理念，Lieng 等[90]和 Delmar 公司[86]分别设计了 DPA 和 OMNI - Max 锚。重力贯入锚一般重 39～100t，长 9.1～17m，从距海床面 50～100m 投放并自由下落，到达海床面的速度为 20～35m/s，初始贯入深度（锚尖深度）可以达到 1.5～2.4 倍的锚长。重力贯入锚的初始贯入及其在安装或极端荷载条件下的旋转、拔出和嵌入行为是此类锚研究中的两个主要问题，如图 1.3（b）所示。

在重力贯入锚初始贯入的研究方面，主要对锚的初始贯入深度开展了大量实验，如针对鱼雷锚开展的小比尺实验[91]、现场原型实验及应用[89,91,92]，Lieng 等针对 DPA 开展的小比尺[93]、大比尺和原型实验[90,94]，以及 Delmar 公司针对 OMNI - Max 锚开展的小比尺实验[86,95]、原型实验及应用[86,87,95]；此外西澳大利亚大学还开展了一系列针对鱼雷锚和 DPA 的离心机实验[96-101]。这些实验通常会记录锚的入土速度和初始贯入深度。实验中发现，锚的初始贯入会使其周围土体被严重扰动，应变速率高达 $25s^{-1}$[98]，从而加大了预测锚初始贯入深度的复杂性。

在理论研究方面，多数研究者[89-91,96,101,102]基于 True[103]提出的理论进行分析，即通过计算锚在贯入过程中所受到土体的端阻力、摩阻力和惯性拖曳力，结合运动方程以求解锚的初始贯入深度。在重力贯入锚高速贯入过程中，土体的应变率效应一般通过改变土体的不排水抗剪强度来反映，即通过土体不排水抗剪强度与应变率的经验关系式来反映高应变率下锚所受土抗力的变化[96,101,102]。该理论的缺陷在于：假设的土体惯性拖曳力在实验中并没有被证实是真实存在的；计算中涉及的参数基于一种平均的概念，且需要通过大量实验数据予以标定，具有复杂性和不确定性。

在数值研究方面，Raie 和 Tassoulas[104]利用计算流体动力学软件 Fluent 对重力贯入锚的贯入过程进行了数值模拟，并得到了初始贯入深度及周围土体的应力分布，然而锚-土界面摩擦只能设置为完全光滑或完成黏结。刘君和张雨勤[105]采用流体力学软件 CFX 模拟了自由落体式贯入仪的贯入过程，并对结构-土界面做了相应的处理，可以调整结构-土界面摩擦，与实际更为相符。然而流体力学方法利用假塑性型非牛顿流体来近似模拟海洋黏土，并不能真实反映海洋黏土的固有特性。Sabetamal 等[106]及 Chang 等[107]分别采用大变形有限元分析方法中任意的拉格朗日-欧拉（ALE）法和基于小变形模型的网格重划分和插值（RITSS）法模拟了鱼雷锚的初始贯入过程，两种方法均可以实现土体的有效应力分析，获得锚贯入土体过程中锚周围土体孔压的变化，为分析土体固结完成后锚的承载性能提供依据。Hossain 等[108]、Kim 等[109]、Kim 和 Hossain[110]及 Liu 等[111]采用了大变形有限元分析方法耦合的欧拉-拉格朗日（CEL）法模拟了鱼雷锚和 OMNI - Max 锚的初始贯入过程，并预测了锚的初始贯入深度，其中，Liu 等[111]通过在锚尾部施加集中力的方式有效处理了 CEL 法中锚-土界面摩擦的问题。

2008 年在墨西哥湾密西西比峡谷的现场测试中发现[87]，在经历一场最大风速大于 51m/s 的风暴之后，8 枚长 9.2m、初始贯入深度为 15.2～18.3m 的 OMNI - Max 锚［图 1.6（b）］，不仅没有随大幅漂移的平台被拔出，相反在 7 根系缆先后断裂的情况下，出人意料地在海床中均不同程度地达到了更大埋深

(19.2～36.6m)，从而有效化解了在恶劣环境条件下由于平台系泊系统受损所带来的次生灾害。Shelton[86]认为OMNI－Max锚能够抵御灾害性荷载的原因在于，当作用于锚系缆点的力大于锚的承载力时，锚将会在海床中发生旋转和嵌入进而达到更大的埋深，提供更高的承载力。

目前，针对OMNI－Max锚旋转和嵌入行为的实验研究仅有Shelton[86]开展的小比尺实验和现场测试、Zimmerman等[87]的现场测试、Gaudin等[112]的离心机实验及Liu[113]等的小比尺实验。实验研究表明，当锚胫位置设计合理时，对锚施加超过其设计承载力的荷载，锚可以通过在海床中的旋转和嵌入达到更大的埋深，承载性能也相应增大，但是当锚的初始贯入深度不足1倍的锚长时，将会发生失稳破坏。Wei等[114]通过塑性极限法并结合缆绳的反悬链方程分析了系泊缆绳对OMNI－Max锚旋转和嵌入行为的影响，结果表明，系泊缆绳的系泊角对OMNI－Max锚发生嵌入行为后的嵌入深度影响显著。Liu等[115]同样采用塑限极限法研究了OMNI－Max锚的旋转行为和极限承载性能，且塑性极限法的有效性事先通过大变形有限元分析方法RITSS法进行了验证，最终给出了OMNI－Max锚的极限承载力系数，以及嵌入点处拖曳角、系缆点偏心率和土体强度对锚的旋转行为的影响规律。在数值研究方面，大变形有限元分析方法RITSS法和CEL法被证实能够有效分析重力贯入锚在海床中的旋转、嵌入和拔出行为[115,116]。

调研表明，重力贯入锚初始贯入深度的理论和实验研究较多，有限元模拟主要以大变形有限元分析方法为主。这是由于重力贯入锚的初始贯入涉及土体的极大变形，传统的小变形有限元分析方法无法进行模拟。无论是实验、理论还是数值研究，重力贯入锚在海床中旋转、嵌入和拔出行为的研究仍较少。然而，研究重力贯入锚在海床中的旋转、嵌入和拔出行为，不仅可以优化其安装技术和系泊性能，更能保障大型浮式结构物在灾害性海洋条件下的安全。

第2章

大变形有限元分析方法

深水锚在海床中的复杂运动行为使得结构周围的土体产生极大变形，即边值分析中的大变形问题，如拖曳锚的拖曳安装、吸力嵌入式板锚的旋转调节过程、重力贯入锚的初始贯入及后续的旋转和嵌入。传统有限元法（小变形有限元法）在求解大变形问题时，土体网格严重畸形，出现计算误差较大和不收敛等问题。因此，寻求一种能够克服传统有限元法缺点的数值分析方法势在必行。

有限元分析中，描述物体运动和变形的方法有两种：拉格朗日法和欧拉法，如图 2.1 所示。拉格朗日（Lagrangian）法将网格布置在材料上，网格随材料变形而发生变形。该方法能够很好地追踪材料自由表面及不同材料接触面的变化，但当网格发生严重变形时，将导致计算不收敛。欧拉（Eulerian）法对物体变形所涉及的空间区域划分网格，随着物体变形或者时间推移，网格形状不发生变化，材料不断“流”过网格。该方法克服了拉格朗日法网格畸变所带来的数值奇异，但不能很好地追踪材料自由表面及不同材料接触面的变化。为了克服传统有限元法所带来的缺陷，大变形有限元分析方法不断涌现[117,118]。大变形有限元分析方法结合了拉格朗日法与欧拉法的优点，将拉格

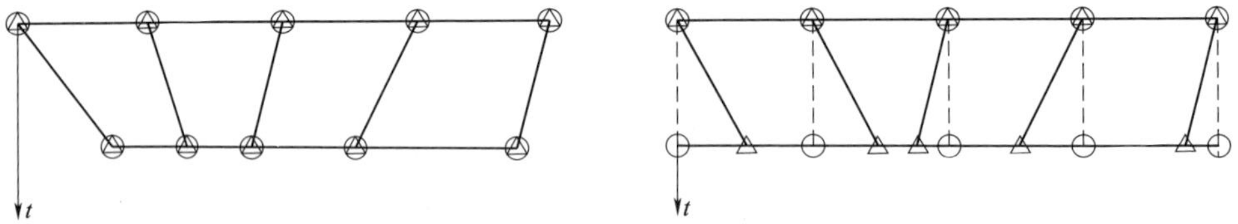

(a) 拉格朗日法　　(b) 欧拉法

图 2.1　描述物体运动和变形的拉格朗日法和欧拉法

△—材料节点；———材料节点运动；○—网格节点；-----—网格运动

朗日法和欧拉法的计算模式交替使用，不仅能够避免网格的严重变形，而且能够很好地追踪材料自由表面及不同材料接触面的变化。目前常见的用于分析结构-土耦合作用的大变形有限元分析方法有任意的拉格朗日-欧拉（arbitrary Lagrangian-Eulerian，ALE）法、网格重划分（remeshing and interpolation technique with small strain，RITSS）法和耦合的欧拉-拉格朗日（coupled Eu-lerian-Lagrangian，CEL）法。值得注意的是，本书所涉及的研究问题均为动力问题，因此，对 3 种大变形有限元分析方法的探讨也仅限于动力分析框架。

2.1 任意的拉格朗日-欧拉（ALE）法

ALE 法是基于 Benson[119] 的劈裂算子法提出的一种大变形有限元分析方法。典型代表为 Nazem 等[120] 的研究成果，为避免网格产生严重变形，通过调整网格节点的方式实现，但网格的拓扑结构不发生改变。网格节点的位移通过虚功原理计算，即通过给定的荷载计算网格节点产生的位移：

$$\int_{V^{t+\Delta t}} \sigma_{ij}^{t+\Delta t}\, \delta\varepsilon_{ij}\, \mathrm{d}V^{t+\Delta t} = R^{t+\Delta t} \tag{2.1}$$

式中：$t+\Delta t$ 为对应的计算节点；$\delta\varepsilon_{ij}$ 为虚位移下应变张量的变化值；σ_{ij} 为虚位移下对应的柯西应力张量；V 为材料体积；R 为外力做的功。

基于式（2.1）获得的网格节点位移来判断网格的畸变程度，当网格变形达到更新标准以后，需调整网格节点位置，即重新划分网格，提高网格质量。网格重划分的方法包括拉普拉斯法[120]、无限映射法[121]、等参数映射法[121]和狄洛尼三角剖分法[122]等。拉普拉斯法在非结构化网格的划分上具有良好的适用性，但在材料边界上生成的网格易发生畸变，网格质量较低。无限映射法和等参数映射法采用了显式算法，网格划分效率较高，但算法要求材料边界两侧的网格数相等，因此，形状较复杂的结构适用性较差。狄洛尼三角剖分法适用于不规则结构的网格划分。

网格重划分完成后，需将旧网格节点和积分点上的场变量映射到新生成的网格上。场变量的映射一般通过对流方程完成，即

$$\dot{f}^{r} = \dot{f} + (\dot{u}_i - \dot{u}_i^{r}) \frac{\partial f}{\partial x_i} \tag{2.2}$$

式中：$\dot{f}^{r}$ 为网格坐标对时间的导数；$\dot{f}$ 为材料坐标对时间的导数；$\dot{u}_i$ 为材料节点速度；$\dot{u}_i^{r}$ 为网格节点速度。

完成网格映射以后，再通过式（2.1）计算网格节点的位移及材料的应力应变等参数；当网格畸变到一定程度时，采用对应的网格划分方法进行网

格重划分；然后通过式（2.2）进行场变量映射。重复以上过程，直至完成计算。

2.2 基于小变形模型的网格重划分和插值（RITSS）法

RITSS法以一定的频率重新划分网格来克服网格畸变；通过插值将旧网格上的应力场和材料参数转移至新网格。RITSS法实质上也属于ALE法，区别在于网格重划分模式不同，RITSS法将改变网格的拓扑结构，使得重新生成的网格质量更高。1998年，Hu和Randolph[123]基于有限元软件AFENA提出了RITSS技术，并将其应用于浅基础承载力、桩靴嵌入安装和锚板拔出破坏等问题的研究[124,125]。于龙[126]将该技术成功推广至三维，并分析了基础嵌入[127]、基础刺入破坏[128]和吸力嵌入式板锚旋转调节过程中的埋深损失[129]等问题。Wang等[130]和Tian等[131]基于有限元软件ABAQUS实现了RITSS技术，研究了锚板拔出破坏、T型触探仪贯入和海管嵌入等问题。RITSS技术被广泛应用于分析海洋岩土工程中的结构-土耦合作用问题[132-136]。RITSS法的数值实现可分为4步：①基于小变形有限元法对所分析问题进行建模，并施加力或位移荷载，荷载要足够小，不能使网格产生畸变；②基于计算所得结果文件，更新计算域边界，对新计算域重新划分网格；③将旧网格中的应力场和材料参数插值到新网格中，生成新模型；④给新生成的模型施加荷载并进行计算，重复步骤②～步骤④直至满足指定要求。RITSS法可以依托任意有限元软件来实现，但需要用户自行编写程序来完成整个计算流程，而计算流程中步骤②和步骤③的实现尤为困难。

2.3 耦合的欧拉-拉格朗日（CEL）法

基于Benson和Okazawa[119,137]建立的CEL法的理论框架，Dassault公司将CEL法嵌入有限元软件ABAQUS中[138]。该方法同样克服了拉格朗日法和欧拉法所带来的缺陷。在分析土和结构耦合作用时，土体采用欧拉算法，即网格固定不变，土体可以在网格中流动，不存在网格畸变的问题。土体的变形通过计算欧拉材料体积分数比（Eulerian volume fraction，EVF）来确定，EVF＝1表示网格被土体填满，EVF＝0表示网格中没有土体，同一个网格中允许存在多种材料[138]。结构采用拉格朗日算法，通过拉格朗日法计算任意时刻土体的应力场及结构的位移或反力，通过结构的边界来追踪土与结构接触面的变化。目前，CEL法已被广泛用于分析土和结构耦合作用的大变形问题，如桩和桩靴的嵌入安装[118,139,140]、锚板承载力[141-143]和海管的嵌入[144]等。

CEL 法同样采用了劈裂算子法[119]，将计算分为一个拉格朗日步［式(2.3)］计算和一个欧拉步［式（2.4)］计算：

$$\frac{\partial\psi}{\partial t}=\boldsymbol{S} \tag{2.3}$$

$$\frac{\partial\psi}{\partial t}+\nabla\cdot\boldsymbol{\Psi}(w,v,x,t)=0 \tag{2.4}$$

式中：w 为场变量；t 为时间；$\boldsymbol{S}$ 为源项；∇为哈密顿算子；$\boldsymbol{\Psi}$ 为通量函数；v 为速度；x 为空间坐标。

对于拉格朗日步分析，式（2.3）本质上与式（2.1）相似，即可基于虚功原理通过显示积分算法求得。在欧拉步分析中，将变形后的网格移动至欧拉网格中，相邻欧拉网格中的 EVF 进行重新计算。然后，将式（2.3）求得的场变量值通过一阶或二阶插值映射至新的积分点上。CEL 法采用了显式积分算法，通过中心差分求解计算过程中涉及的微分方程。下一个时间增量步的结果直接由上一个时间增量步的结果求解，无需迭代。显示积分算法是有条件收敛的，收敛条件由稳定时间增量步来控制，即 $\Delta t_{\text{critical}}=L_{\text{e}}/c_{\text{d}}$，式中 L_{e} 为网格特征长度，c_{d} 为材料应力波波速，c_{d} 的大小由欧拉材料的密度和弹性模量控制[138]。结构（拉格朗日体）和土体（欧拉体）之间的接触采用通用接触来描述。结构与土体间的法向应力 $f=kp$，其中，k 为刚度系数，由结构和土体的材料特性决定，p 为结构和土体网格节点的相对位移；切应力采用库仑摩擦公式 $\tau=\mu f$ 计算，μ 为摩擦系数。结构与土体的接触面通过拉格朗日体来追踪，使得拉格朗日体占据欧拉网格内部的空白区域，确保拉格朗日体和欧拉体在物理空间中永远不会重合。

2.4 RITSS 法与 CEL 法的对比分析

2.4.1 算例

算例为一典型条形基础，土体为均质各向同性的饱和黏土。通过该算例给出 RITSS 法和 CEL 法的实现流程，并与小变形有限元法及经典的条形基础承载力公式进行对比。算例的几何尺寸和边界条件如图 2.2 所示，其中，基础宽度 $B=10\text{m}$，基础高度 $h=4\text{m}$，土体模型长度 $X=35\text{m}$，土体模型高度 $Z=40\text{m}$。

饱和黏土视为不排水条件，不排水抗剪强度 $s_{\text{u}}=10\text{kPa}$，采用基于 Mises

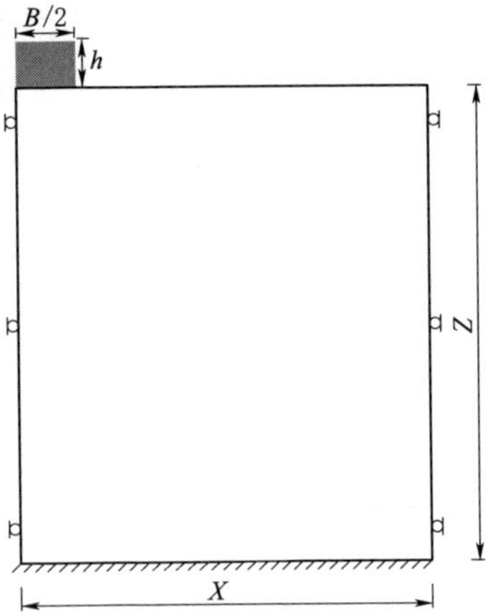

图 2.2 条形基础尺寸和边界条件（对称模型）

屈服准则的理想弹塑性模型，服从相关联流动法则，弹性模量 $E=500s_u$，泊松比 $\nu=0.49$，为了与条形基础承载力理论对比，基础底部与土体接触设为完全粗糙，不计土体和基础重量。条形基础在饱和黏土中的承载力为

$$p_u=N_c s_u+q \tag{2.5}$$

式中：N_c 为承载力系数；q 为基础两端旁侧压力。

Skempton[145]建议 $N_c=5.14(1+0.2H/B)$，Hansen[146]建议 $N_c=5.14(1+0.35H/B)$，其中，H 为基础嵌入深度。

2.4.2 RITSS 法的实现

RITSS 法的数值实现可分为 4 步：①基于小变形有限元法对所分析问题进行建模，并施加力或位移荷载，荷载要足够小，不能使网格产生畸变；②基于计算所得结果文件，更新计算域边界，对新计算域重新划分网格；③将旧网格中的应力场和材料参数插值到新网格中，生成新模型；④给新生成的模型施加荷载并进行计算，重复步骤②～步骤④直至满足指定要求。

有限元软件 ABAQUS 内嵌的 MMSM 插值技术，可采用关键字 MAP SOLUTION 轻易实现步骤③，无需自行编写场变量插值程序。MMSM 根据新网格与旧网格的相对位置，将旧网格中的场变量插值到新网格中，如应力、温度、孔压和材料参数等。该插值技术是基于网格节点建立的，对于节点变量（如温度和孔压）可直接进行插值；对于积分点变量（如应力和材料参数），通过相邻积分点插值得到旧网格节点的应力和材料参数值，用于插值计算新网格节点的应力和材料参数值，最终再由新网格节点的节点变量插值得到新网格积分点变量。

Python 语言作为 ABAQUS 识别的脚本语言，可用于编写小变形有限元建模过程、提取计算结果、更新计算域、MMSM 插值和循环计算，使 RITSS 法程序化，无需人为干扰计算流程。表 2.1 给出了 RITSS 法的 Python 实现流程。值得注意的是，本书中 RITSS 法的网格重划分频率 $\Delta=0.01B(B=10\text{m})$，即基础每嵌入 $0.01B$ 进行一次网格重划分及场变量插值计算，用于克服网格畸变。基础设置为刚体，土体采用 CPE6M 单元，基础周围土体采用均匀网格，网格尺寸为 $B/16$，小变形计算同理。

表 2.1　　RITSS 法的 Python 实现流程

步骤	语　句	说明
1	from abaqus import * ; from abaqusConstants import * ; from caeModules import * s=mdb. models['Model - 1'] s. rectangle(point1=(0. 0,0. 0),point2=(35. 0,−20. 0)) p1= mdb. models ['Model - 1']. Part (name = 'soil', dimensionality = TWO_D_PLANAR,type=DEFORMABLE _BODY) s. Material('soil') …… s. StaticStep(name='Load',previous='Initial',timePeriod=1. 0,initialInc=0. 04) s. ContactProperty('contact') s. DisplacementBC(name='soilLeftSide',createStepName='Initial',region=region1,u1=SET) …… s. DisplacementBC(name='loadBC',createStepName='Load',region=region5,u2=−0. 1) elemType1=mesh. ElemType(elemCode=CPE6M,elemLibrary=STANDARD) s. parts['soil']. setElementType(regions=(s. parts['soil']. faces,),elemTypes=(elemType1,)) s. parts['soil']. generateMesh() …… myjob=mdb. Job(name='bearingcapacity',model='Model - 1') myjob. submit()	初始小变形建模和计算
2	updateGeometry('soil','SOIL - 1',ancestorJobName+'. odb',12. 0) s. parts['soil']. generateMesh() ……	提取变形后土体并重新划分网格
3	modelBlock=whereIsLastBlock("* Step") - 1 mdb. models['Model - 1']. keywordBlock. insert(modelBlock,""""* map solution""""") ……	MMSM 插值
4	options=baseOptions options['job'] = remeshJodName; options['input'] = remeshJodName; options['oldjob']=ancestorJobName remeshAnalysis=StandardAnalysis(options) remeshAnalysis. run()	再次进行小变形计算

2.4.3 CEL 法的实现

相较于 RITSS 法，CEL 法已被内嵌在有限元软件 ABAQUS 中，无需研究者编程实现，较易使用。CEL 法中，土体采用欧拉体来模拟，土体变形和土体自由表面的追踪通过欧拉法计算，采用 EVF 表示。基础采用拉格朗日体来模拟，通过拉格朗日法计算任意时刻土体的应力场及结构的位移或反力。

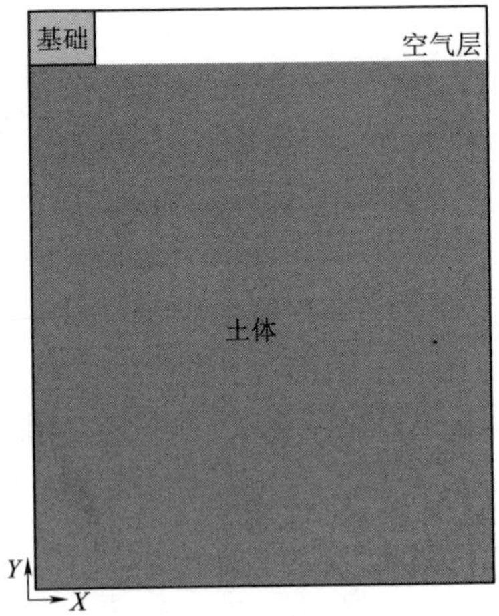

图 2.3 条形基础的 CEL 法有限元模型

CEL 法的建模方式有别于传统的有限元建模，图 2.3 给出了 CEL 法的有限元模型。土体自由表面通过欧拉材料的流动来捕捉，因此需在土体表面构建空气层来追踪其变形，如图 2.3 所示。条形基础的嵌入属于平面应变问题，CEL 法只提供了三维计算单元 EC3D8R，因此，模型厚度方向采用一个网格单元来模拟平面应变问题。基础周围土体采用均匀网格，网格尺寸为 $B/40$。模型边界条件与图 2.2 相同。值得注意的是，CEL 法属于动力分析，边界条件采用速度控制有助于计算的稳定，即受限边界速度设置为 0。通过考察基础嵌入速度对计算结果的影响，发现基础承载力随着嵌入速度的减小而减小，并逐渐收敛于 0.025m/s，综合考虑计算精度和计算效率，基础嵌入速度采用 0.025m/s。

2.4.4 结果分析

为考察大变形有限元法在分析岩土工程中大变形问题的有效性，在算例中设置条形基础的嵌入深度为 10m。图 2.4 为 RITSS 法、CEL 法、小变形有限元法和式（2.5）的对比结果，式（2.5）中承载力系数 N_c 分别采用了 Skempton[145] 和 Hansen[146] 的推荐值。图 2.4 表明，RITSS 法和 CEL 法计算的承载力-位移曲线基本吻合，且承载力随着基础嵌入深度的增加而增大，这与 Skempton 和 Hansen 给出的承载力曲线变化趋势相同，且在数值上与 Hansen 的解更接近。而小变形有限元法求得的基础承载力在嵌入深度达到 1m 时已不再增加，维持一个常数，即 $p_u/(Bs_u)=5.3$。这是由于当基础发生较大位移时，小变形有限元法的土体网格会产生畸变，使得计算结果不再可靠。

图 2.5 给出了基础嵌入深度 $H=1$m 时不同有限元法模型网格的变形情况。小变形有限元法中，基础边角及土体滑裂面处土体网格产生严重变形，如图 2.5（a）所示，随着基础不断嵌入，土体网格质量会严重下降，产生计算误差，最终导致图 2.4 所示的承载力曲线在 $H>1$m 时为直线；RITSS 法中，基础每嵌入 $0.01B$ 进行一次网格重划分，因此，网格质量得到了保证，土体

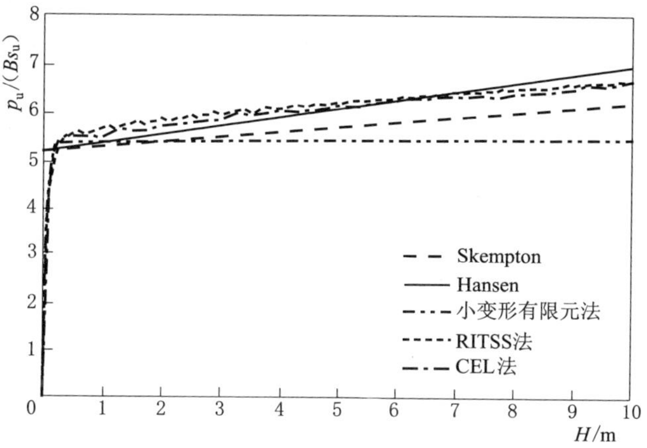

图 2.4 不同计算方法的承载力-位移曲线

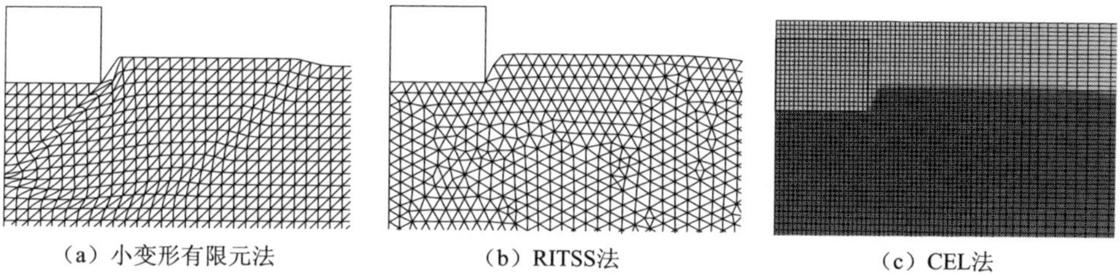

图 2.5 不同有限元法中模型网格的变形情况

网格仅在每次小变形计算时在边角处产生轻微的变形，如图 2.5（b）所示，保证了计算精度；CEL 法采用欧拉网格划分土体，土体网格不会产生变形，土体随基础的嵌入在欧拉网格中不断流动，并通过计算 EVF 来捕捉土体的自由表面，如图 2.5（c）所示，且 CEL 法求得的土体表面变形与 RITSS 法求得的土体表面变形相似。

2.4.5 土体流动机制

通过 2.4.4 节中条形基础在均质各向同性黏土中的嵌入问题，验证了大变形有限元分析方法 RITSS 法和 CEL 法的有效性。工程实践表明，深海海底黏土多为不排水抗剪强度随土体深度近似线性增加的正常固结黏土，有时海床表面会有一层强度较高的超固结黏土或砂土，典型的海床黏土的不排水抗剪强度 $s_u = s_{u0} + kz$，式中，s_{u0} 为海床表面土体的不排水抗剪强度，k 为不排水抗剪强度梯度。另外，2.4.4 节未考虑土体容重的影响。本节将分别采用 RITSS 法和 CEL 法分析条形基础在正常固结黏土中的嵌入问题，分析嵌入过程中土体的流动机制。

算例的几何尺寸和边界条件如图 2.2 所示，其中，$B=10\text{m}$，$h=4\text{m}$，$X=35\text{m}$，$Z=20\text{m}$。土体不排水抗剪强度 $s_u=(1+2z)\text{kPa}$，采用基于 Mises 屈服准则的理想弹塑性模型，服从相关联流动法则，弹性模量 $E=500s_u$，泊松比 $\nu=0.49$，基础底部与土体接触设为完全粗糙，不计基础重量，基础嵌入深度 $H=2\text{m}$。分别计算土体容重 $\gamma=0$ 和 $\gamma=17\text{kN/m}^3$（饱和容重）的工况，对比土体容重对计算结果的影响。

图 2.6 给出了不同条件下，RITSS 法和 CEL 法土体的流动机制。图 2.6（a）和 2.6（b）表明，无重土（$\gamma=0$）条件下，RITSS 法和 CEL 法的土体流动机制完全一致。随着基础的嵌入，土体向远离基础的方向运动，形成典型的弧形滑裂面。图 2.6（c）和图 2.6（d）表明，$\gamma=17\text{kN/m}^3$ 条件下，RITSS 法和 CEL 法的土体流动机制在整体趋势上一致。随着基础的嵌入，土体向远

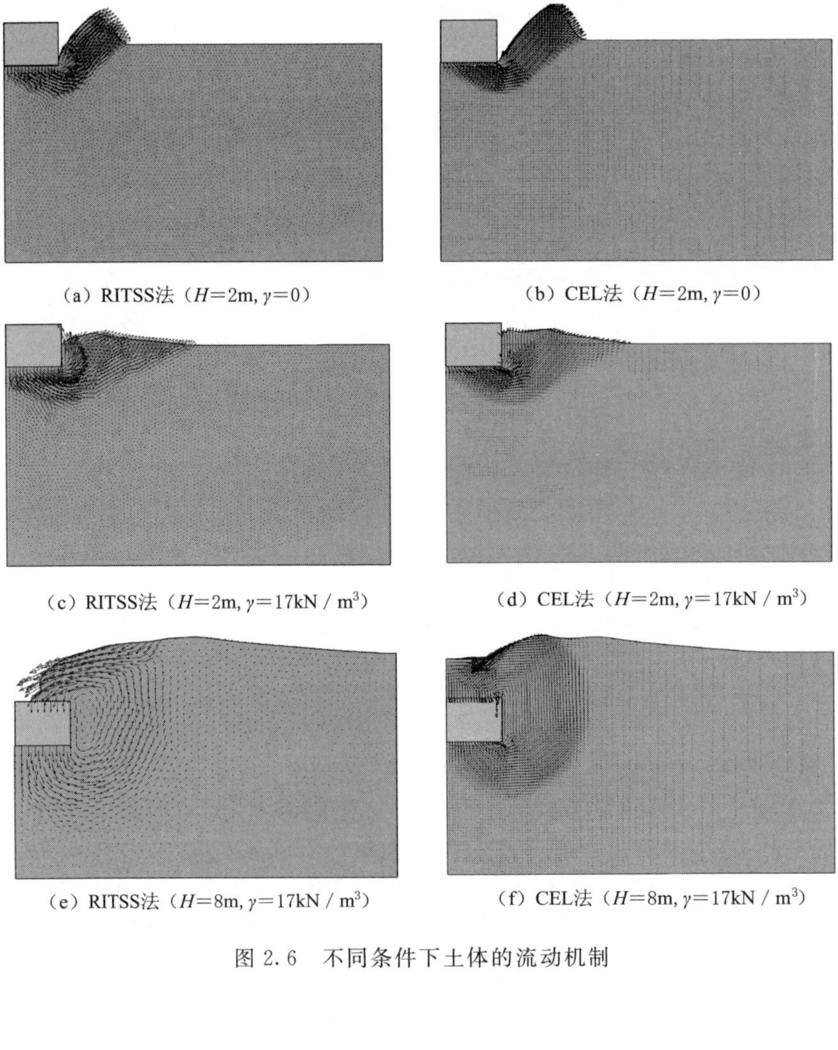

(a) RITSS法（$H=2\text{m}, \gamma=0$）
(b) CEL法（$H=2\text{m}, \gamma=0$）
(c) RITSS法（$H=2\text{m}, \gamma=17\text{kN/m}^3$）
(d) CEL法（$H=2\text{m}, \gamma=17\text{kN/m}^3$）
(e) RITSS法（$H=8\text{m}, \gamma=17\text{kN/m}^3$）
(f) CEL法（$H=8\text{m}, \gamma=17\text{kN/m}^3$）

图 2.6 不同条件下土体的流动机制

离基础的方向运动，但由于土重影响，土体回流至基础旁侧；CEL 法在计算有重土土体流动性方面较 RITSS 法更强，因此，CEL 法基础旁侧土体较多，计算所得承载力也相应较大。为进一步说明 RITSS 法和 CEL 法在有重土条件下土体流动机制的区别，图 2.6（e）和图 2.6（f）给出了基础嵌入深度 $H=8$m 时土体的流动机制。可以看出，CEL 法在模拟重力作用下土体流动性方面较 RITSS 法更强。但哪种方法的模拟结果更符合物理实际，还需通过物理试验来验证。对比图 2.6（c）和图 2.6（e）或图 2.6（d）和图 2.6（f）发现，随着基础嵌入深度的增大，土体的破坏模式由表面的整体破坏向深埋条件下的局部破坏转变。

2.4.6 小结与讨论

在条形基础嵌入问题的分析过程中发现，RITSS 法和 CEL 法均可以分析土和结构耦合作用的大变形问题。但 RITSS 法需要研究者自行编写程序来实现，可操作性较差；此外，RITSS 法在每次重划分网格时，网格的划分质量直接决定了计算是否能够继续，对于缆绳这种细长型结构，其周围土体的网格在重划分时很难处理，尤其考虑结构-土接触面的影响时更难处理。CEL 法采用欧拉体来模拟土体，结构和土相互作用时，土体网格不产生变形，土体可以在欧拉网格中自由流动。这种优点使得 CEL 法能够模拟一些结构形状和运动行为更为复杂的问题。因此，CEL 法将作为本书的数值分析手段，用于研究深水锚在海床中的安装、承载及运动特性。

第3章

系泊/安装缆绳在海床中的输力和变形规律

系泊/安装缆绳是系泊系统的重要组成。一方面，拖船或系泊浮体的运动通过安装或系泊缆绳传至锚固结构，从而导致锚固结构在海床中的复杂运动；另一方面，由于海床土抗力的作用，嵌入海床中的缆绳（嵌入缆）也将发生复杂的变形并呈现特殊形态。对于拖曳或系泊作用与锚固结构运动共面的特殊情形，嵌入缆的变形也在此平面，即所谓的反悬链形态，如图 1.4 所示。由于海洋工程实践的复杂性和不确定性，拖曳或系泊作用与锚固结构运动可能处于不共面的情况更为普遍，如在浮体长距离漂移的情况下，系泊系统中布置于不同位置的锚固结构通常会发生与浮体运动不共面的嵌入运动，此时嵌入缆的变形也是不共面的，这种情况下嵌入缆在海床土中的形态定义为缆绳的三维构形。

嵌入缆的反悬链特性通常包含两方面，即嵌入缆的反悬链形态和缆绳的张力。目前，国际上针对嵌入缆的反悬链特性已有较完善的理论[5-15]和实验[8,14-18]研究。但是没有相应的数值模拟研究。在理论研究方面，仅有 Neubecker 和 Randolph[12]以及 Liu 等[13,14]推导了嵌入缆反悬链形态的解析解，并被广泛应用于分析深水锚在海床中的运动行为和运动规律。通过忽略缆绳自重和引入小角度假设，Neubecker 和 Randolph[12]以及 Liu 等[13,14]给出了嵌入缆反悬链特性的解析解，同时缆绳与土体之间的摩擦系数也在解析表达式中消失。Neubecker 和 Randolph[12]通过从缆绳所受端阻力中扣除缆绳自重的方式来体现缆绳重量对嵌入缆反悬链特性的影响，而 Liu 等[13,14]通过引入缆绳初始下嵌深度来反映。之前的理论分析均未探讨土体容重对嵌入缆反悬链特性的影响。摩擦系数、初始下嵌深度（包含缆绳容重和土体强度）以及土体容重对嵌入缆反悬链特性的影响很难通过理论和实验研究来确定。另外，目前针对嵌入缆三维构形的研究相对较少，仅有 Wang 等[20]、Liu 等[21]、Martins 和

Lages[22]开展了相应的理论研究。

本章基于大变形有限元分析方法的 CEL 法，分析系泊/安装缆绳在海床土中的输力和变形规律。缆绳作为柔性结构，假设其在系泊或安装状态下只传递轴力不传递弯矩，拟采用 LINK 连接单元连接离散柱体来构造缆绳，分析缆绳在海床中的反悬链特性及三维构形；通过与已有的理论解对比，验证缆绳构造的合理性；通过参数考察，探讨摩擦系数、缆绳初始下嵌深度和土体容重对嵌入缆反悬链特性的影响。对系泊/安装缆绳的有限元模拟和研究不仅是分析深水锚在海床中复杂运动行为的前提，也是对现有的理论和实验研究成果的补充。

3.1 缆绳模拟技术及模型考察

考虑到缆绳通常只传递轴力并不传递弯矩，采用桁架单元来模拟缆绳最为合适。然而，CEL 法并不支持桁架单元与欧拉材料之间的接触计算。因此，拟采用 LINK 连接单元连接离散柱体来构造缆绳。用有限元模拟深水锚在海床中复杂运动行为之前，将采用如图 3.1 所示的工况来验证所构造缆绳的合理性和精确性。如图 3.1 所示，缆绳的一端固定在土体中，在缆绳的另一端（拖曳点）施加水平拖曳速度，缆绳逐渐切割土体并最终形成反悬链形态。

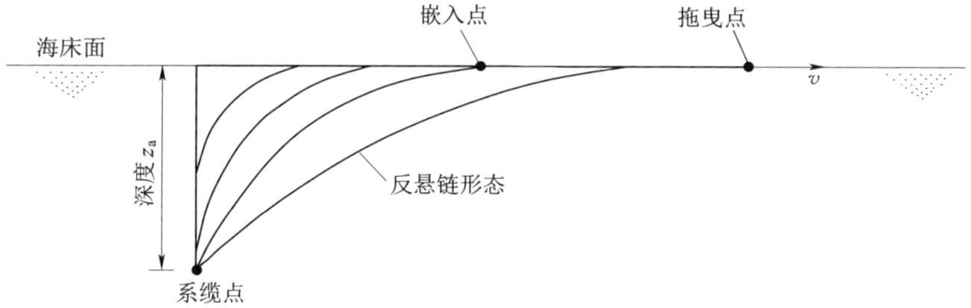

图 3.1　验证缆绳构造的工况

3.1.1 缆绳的模拟及建模

按照图 3.1 所示的工况来构造有限元模型，如图 3.2 所示。采用 LINK 连接单元连接离散柱体的方式构造缆绳的有限元模型，如图 3.2（a）所示。LINK 连接单元可以保证各离散柱体之间的距离保持不变且不传递弯矩[138]。离散柱体的离散程度直接决定了嵌入缆反悬链形态模拟的准确性，工程中铁链每个铁环的长度是其名义直径的 5～6.4 倍[8,45]，本书离散柱体的长度 L_u 设为其直径的 5 倍，以达到足够的离散程度。在有限元分析中，每个离散柱体设置为刚体。由于所分析问题具有对称性，将采用对称模型以提高计算效率，有限元模型设置如图 3.2（b）所示。图 3.2（b）中，W_s 为土体模型的宽度，L_i 为初始时刻平铺在海床上的缆绳的长度，d 为缆绳直径，z_a 为系缆点埋深，v 为施加在缆绳拖曳点的拖曳速度。

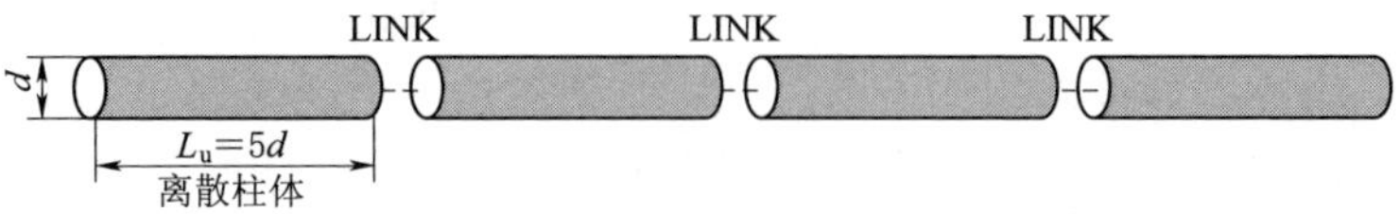

(a)缆绳的构造

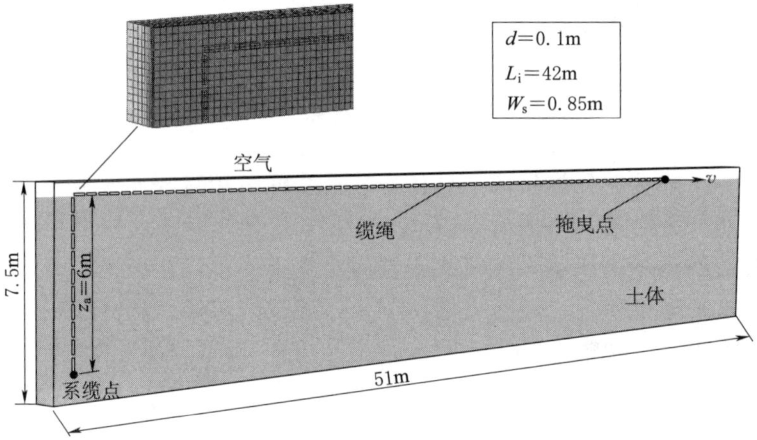

(b)有限元模型设置

图 3.2 缆绳的构造及有限元模型设置

土体为饱和黏土，视为不排水条件，采用基于 Mises 屈服准则的理想弹塑性模型，并服从相关联流动法则。土体弹性模量采用 $E=500s_u$，泊松比取 0.49，其中，s_u 为土体不排水抗剪强度。采用欧拉网格离散土体，网格类型为 EC3D8R，土体自由表面通过欧拉材料的流动来捕捉，因此需在土体表面构建空气层来追踪其变形，如图 3.2（b）所示。土体浮容重 $\gamma'_{soil}=7kN/m^3$。土体与缆绳之间的摩擦力通过库仑摩擦公式来计算，即 $\tau=\mu\sigma$，式中，τ 为摩擦应力，σ 为法向压力，μ 为摩擦系数。

3.1.2 网格密度和拖曳速度的影响

有限元分析中，土体网格的密度直接决定了计算结果的准确性。此外，考虑到缆绳反悬链特性的理论解是在极限平衡条件下推求的，而本书采用的

CEL 法为动力分析，需要在准静态条件下与理论解进行对比。因此，在验证缆绳反悬链特性之前，需考察网格密度和拖曳速度对缆绳反悬链特性的影响。考察中，土体不排水抗剪强度 $s_u=(5+1.5z)$kPa，摩擦系数 $\mu=0.1$。嵌入缆的反悬链特性通常包含两方面，即嵌入缆的反悬链形态和缆绳张力。因此，考察对象包括缆绳在海床中的反悬链形态和系缆点的系缆力。

本书采用了 3 种疏密程度不同的网格：Mesh A、Mesh B 和 Mesh C。Mesh A、Mesh B 和 Mesh C 在缆绳下方且垂直于缆绳方向的网格尺寸分别为 $d/2$、$d/4$ 和 $d/6$；在缆绳下方且沿缆绳轴向的网格尺寸分别为 $L_u/3$、$L_u/4$ 和 $L_u/5$，L_u 为离散柱体的长度，且 $L_u=5d$。Mesh A、Mesh B 和 Mesh C 的网格数分别为 105600、289850 和 497250。不同网格密度下，系缆点的系缆力 T_a 和嵌入缆的反悬链形态如图 3.3 所示，θ_{ah} 为系缆点处缆绳与水平面所成夹角。图 3.3 表明，嵌入缆的反悬链形态和系缆点的系缆力随着网格密度的增加而逐渐收敛。不同拖曳速度下的计算结果如图 3.4 所示，结果表明，嵌入缆的

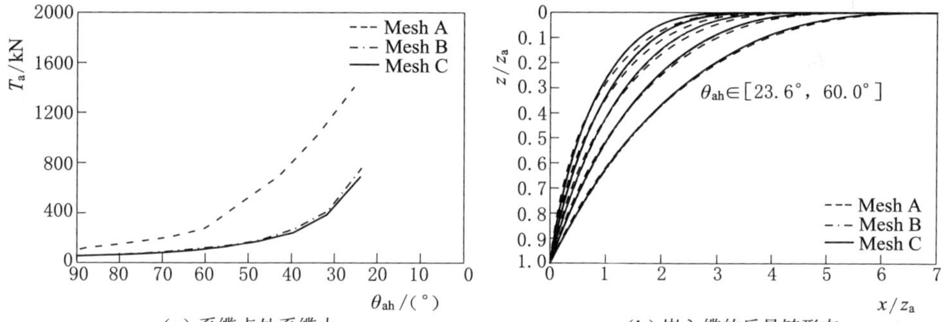

(a) 系缆点处系缆力　　(b) 嵌入缆的反悬链形态

图 3.3　不同网格密度下系缆点处系缆力和嵌入缆的反悬链形态

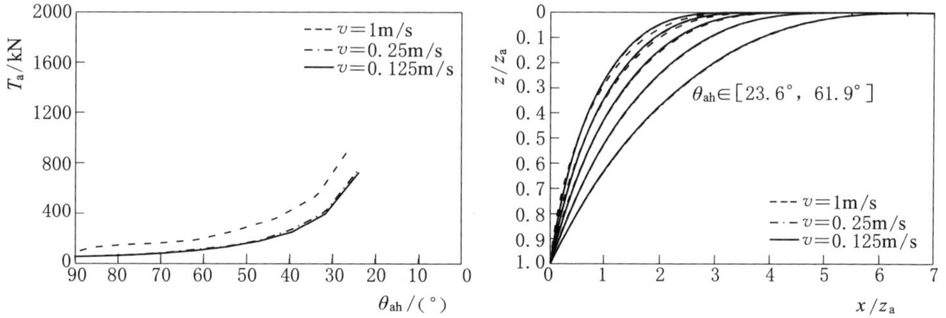

(a) 系缆点处系缆力　　(b) 嵌入缆的反悬链形态

图 3.4　不同拖曳速度下系缆点处系缆力和嵌入缆的反悬链形态

反悬链形态和系缆点的系缆力随着拖曳速度的减小而逐渐收敛。综合考虑计算精度和计算效率，以下分析将采用 Mesh B 和 $v=0.25\text{m/s}$。

3.2 嵌入缆反悬链特性的验证和研究

本节将模拟均质黏土和正常固结黏土中嵌入缆的反悬链特性，与已有的理论解进行对比，验证数值模拟的可靠性。对比的内容包括系缆点处系缆力、缆绳的反悬链形态和嵌入点处缆绳张力。此外，通过参数考察和分析，探究摩擦系数、缆绳初始下嵌深度和土体容重对嵌入缆反悬链特性的影响。

3.2.1 系缆点处系缆力的验证

Neubecker 和 Randolph[12] 推导出饱和黏土中系缆点处系缆力的解析表达式，当嵌入点处缆绳与海床面的夹角为 0 时，系缆点处系缆力可以表示为

$$T_{\mathrm{a}}=\frac{(1+\mu^2)\int_0^{z_{\mathrm{a}}} N_{\mathrm{cl}}E_{\mathrm{n}}ds_{\mathrm{u}}\mathrm{d}z}{\mathrm{e}^{\mu\theta_{\mathrm{ah}}}-\cos\theta_{\mathrm{ah}}-\mu\sin\theta_{\mathrm{ah}}} \tag{3.1}$$

式中：N_{cl} 为缆绳的承载力系数；E_{n} 为缆绳的有效承载系数，采用离散柱体所构造的缆绳与钢缆形状相似，$E_{\mathrm{n}}=1.0$[50]。

由于式（3.1）是在忽略缆绳重量的假设下推求的，因此，如果没有特别说明，有限元分析中采用 $\gamma'_{\mathrm{line}}=0$。值得注意的是，式（3.1）中 μ 为缆绳所受摩阻力与端阻力的比值，对于与钢缆形状相似的离散柱体，$\mu=\alpha\pi/N_{\mathrm{cl}}$，其中 α 为土体黏滞系数。假设 CEL 模型中的库仑摩擦系数同样取 $\mu=\alpha\pi/N_{\mathrm{cl}}$。

对比验证中，选取两种土体强度，即均质黏土 $s_{\mathrm{u}}=10\text{kPa}$ 和正常固结黏土 $s_{\mathrm{u}}=(5+1.5z)\text{kPa}$。对于钢缆，DNV[50] 建议 μ 取 0.1～0.3。在研究系缆点处系缆力时，Neubecker 和 Randolph[12] 建议 μ 取 0.4～0.6，Zhang 等[84] 建议 μ 取 0.1～0.6。在分析深水锚在海床中的运动行为时，Wei 等[114,147] 和 Wang 等[148] 采用了 $\mu=0.1$，而 Yang 等[149] 采用了 $\mu=0.3$。通过调研和总结先前研究者的成果，Liu 等[150] 发现 N_{cl} 的取值范围为 7.6～14。因此，在接下来的对比验证中，μ 取 0.1～0.6，N_{cl} 取 7.6～14。

将参数 μ、N_{cl}、E_{n}、d、s_{u}、z_{a} 以及有限元求得的 θ_{ah} 代入式（3.1），便得到了系缆点处系缆力的理论解，如图 3.5 所示。将 CEL 法求得的系缆点处系缆力同样展现在图 3.5 中，可以看到在正常固结黏土中，当 $\mu=0.6$ 且 $\theta_{\mathrm{ah}}>50°$ 时，CEL 法求得的 T_{a} 稍大于式（3.1）的解；除此之外，CEL 法求得的 T_{a} 均落在式（3.1）的最大解和最小解之间。随着摩擦系数 μ 的增大，CEL 法求得的 T_{a} 与式（3.1）吻合得越差。原因在于 CEL 法求得嵌入在海床中的缆

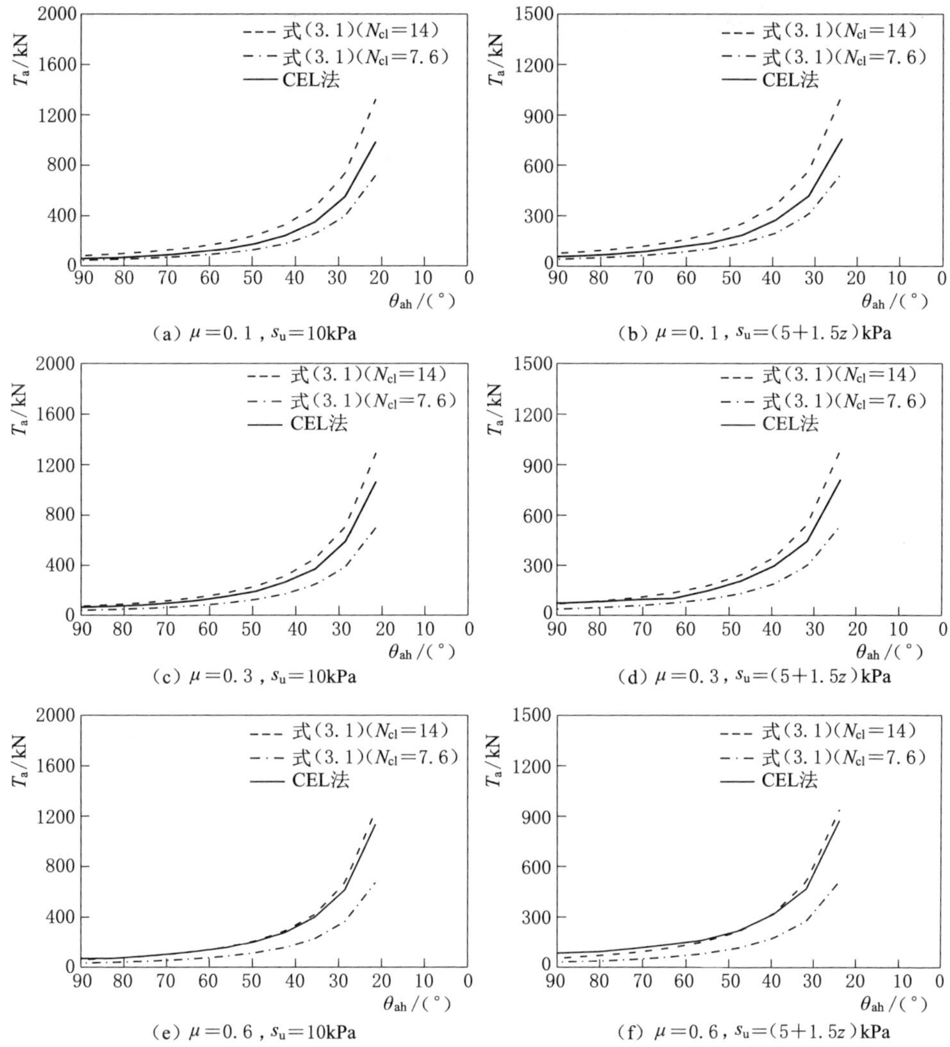

图 3.5　系缆点处系缆力的验证

绳的长度大于理论解求得的嵌入缆的长度，如图 3.6 所示，因此缆绳受到的土抗力也更大。

3.2.2　嵌入缆反悬链形态的验证

当缆绳逐渐嵌入土体时，将在土中形成反悬链形态，如图 3.1 所示。虽然 Neubecker 和 Randolph[12] 以及 Liu 等[13,14] 给出了嵌入缆反悬链形态的解析解，但是两者均忽略了摩擦系数的影响并引入了小角度假设。CEL 法可以反映摩擦系数对嵌入缆反悬链形态的影响，且可以求得任意 θ_{ah} 值下嵌入缆的反悬链

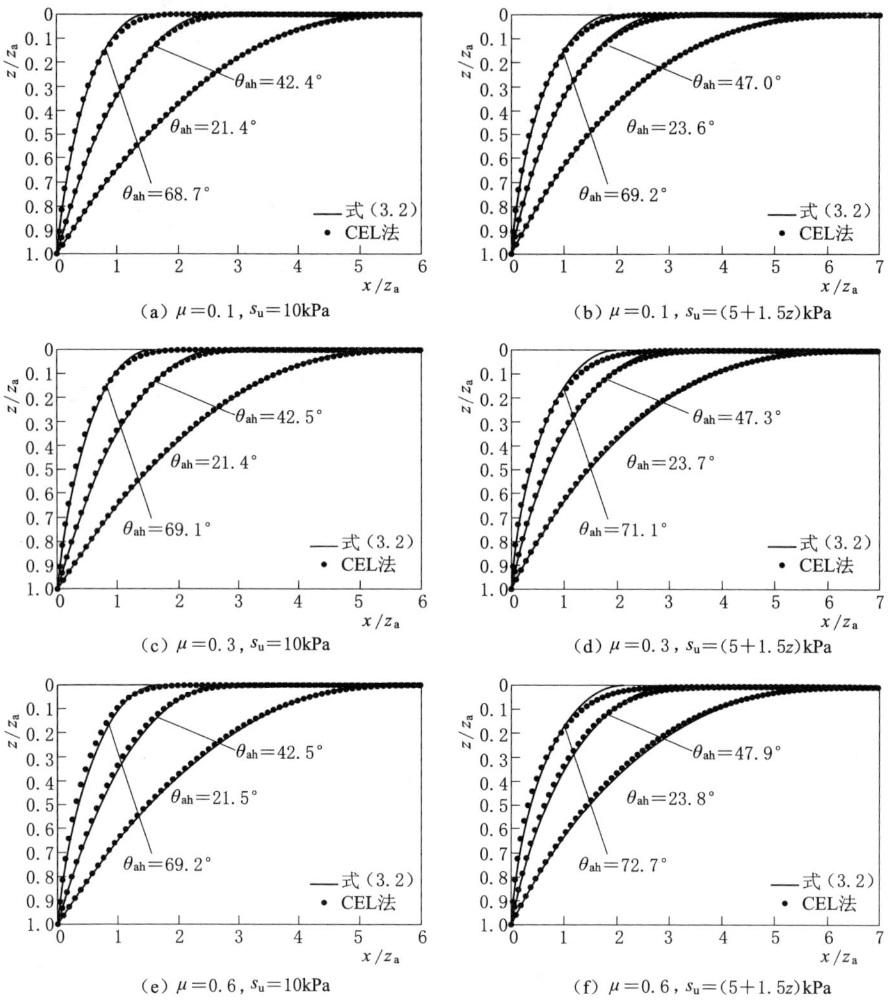

(a) μ=0.1, s_u=10kPa

(b) μ=0.1, s_u=(5+1.5z)kPa

(c) μ=0.3, s_u=10kPa

(d) μ=0.3, s_u=(5+1.5z)kPa

(e) μ=0.6, s_u=10kPa

(f) μ=0.6, s_u=(5+1.5z)kPa

图 3.6 嵌入缆反悬链形态的验证

形态。因此，采用式（3.2）的数值积分解与 CEL 法进行对比，即

$$-\frac{T_a}{1+\mu^2}\left[e^{\mu(\theta_{ah}-\theta)}(\cos\theta+\mu\sin\theta)\right]_{\theta}^{\theta_{ah}}=\int_{z}^{z_a} N_{cl}E_n d s_u \mathrm{d}z \tag{3.2}$$

式中：θ 为任意埋深下缆绳与水平面所成夹角；z 为缆绳上任意点的埋深。

将式（3.1）代入式（3.2）便可以得到 θ 和 z 的关系式，最终求得嵌入缆的反悬链形态，详细求解过程见附录 A。

CEL 法和式（3.2）所求得的嵌入缆反悬链形态如图 3.6 所示。图中给出了 3 个典型 θ_{ah} 下的嵌入缆反悬链形态，这 3 个典型值几乎覆盖了工程中常见的 θ_{ah} 值。图 3.6 表明，均质黏土中，CEL 法的模拟结果与式（3.2）的解吻合很好；正常固结黏土中，随着 μ 和 θ_{ah} 的增大，CEL 法的模拟结果与式(3.2)的解在海床面附近略有差别，但整体吻合较好。随着 μ 的增大，θ_{ah} 逐渐变大，海床面附近缆绳的嵌入深度增加，嵌入在海床中的缆绳长度也相应增长。

3.2.3 嵌入点处缆绳张力的验证

嵌入缆与海床面的交点定义为嵌入点，如图 3.1 所示。当嵌入点处缆绳与水平面的夹角为 0 时，嵌入点处缆绳张力与系缆点处系缆力的关系式为[12,84]

$$T_e/T_a = e^{\mu\theta_{ah}} \tag{3.3}$$

式中：T_e 为嵌入点处缆绳张力。

表 3.1 给出了 CEL 法及式(3.3)求得的 T_e/T_a 值。CEL 法求的 T_e/T_a 随着摩擦系数 μ 的增大而增大，这与式(3.3)的结果一致。均质黏土中当 $\mu<0.3$ 及 $\theta_{ah}<42.4°$ 时和正常固结黏土中当 $\mu<0.3$ 及 $\theta_{ah}<47°$ 时，CEL 法求得 T_e/T_a 的值与式(3.3)的解的误差不超过 10%。然而，随着 μ 和 θ_{ah} 的增大，两者之间的误差也越来越大，当 $\mu=0.6$ 及 $\theta_{ah}=72.7°$ 时，CEL 法求得 T_e/T_a 的值比式(3.3)求得的值小 25.7%。

表 3.1　CEL 法及式(3.3)求得的 T_e/T_a 值

s_u/kPa	μ	θ_{ah}/(°)	$A=T_e/T_a$[式(3.3)]	$B=T_e/T_a$(CEL 法)	$\|B-A\|/A$/%
10	0.1	21.4	1.04	1.03	0.1
		42.4	1.08	1.11	2.8
		68.7	1.13	1.31	15.9
	0.3	21.4	1.12	1.05	6.3
		42.5	1.25	1.14	8.8
		69.1	1.44	1.42	1.4
	0.6	21.5	1.25	1.05	16.0
		42.5	1.56	1.21	22.4
		69.2	1.92	1.47	23.4
$5+1.5z$	0.1	23.6	1.04	1.03	0.1
		47.0	1.09	1.19	9.2
		69.2	1.13	1.28	13.3
	0.3	23.7	1.13	1.05	7.1
		47.3	1.28	1.20	6.3
		71.1	1.45	1.47	1.4
	0.6	23.8	1.28	1.06	17.2
		47.9	1.65	1.27	23.0
		72.7	2.14	1.59	25.7

从上述对比中发现，随着 μ 和 θ_{ah} 的增大，CEL 法与理论解的差别会越来越大。但 3.2.1 节中的调研表明，在分析深水锚在海床中的运动行为时，研究者通常采用的摩擦系数 μ 的范围为 0.1～0.3[50,114,147-149]。虽然 Neubecker 和 Randolph[12]建议 μ 取 0.4～0.6，Zhang 等[84]建议 μ 取 0.1～0.6，然而他们在

分析深水锚在海床中的运动行为时均未考虑摩擦系数的影响[13,47,53,62]。因此，可以认为摩擦系数的合理取值范围为 0.1～0.3。

悬链式系泊系统中，系缆点处缆绳与水平面的夹角 θ_{ah} 通常小于 20°，而绷紧式系泊系统中 θ_{ah} 通常为 35°～45°[3,4]。拖曳锚安装过程中 $\theta_{ah}<58.7°$[84]。综上所述，在深水锚的安装和工作状态下 θ_{ah} 通常小于 60°。当 $\mu=0.1\sim0.3$ 及 $\theta_{ah}<60°$时，CEL 法与理论解能够很好地吻合，见图 3.5 和图 3.6 及表 3.1。因此，本书所构造的缆绳能够应用于模拟和研究深水锚在海床中的运动行为，并可以达到足够的精度。同时，间接证明了假设 CEL 模型中的库仑摩擦系数与式（3.1）中摩擦系数取相同值的合理性，且可以很好地模拟物理实际。

3.3 参数考察与分析

目前，国际上针对嵌入缆反悬链特性已有较完善的理论研究。然而，仅有 Neubecker 和 Randolph[12] 以及 Liu 等[13,14] 推导了嵌入缆反悬链特性的解析解。通过忽略缆绳自重和引入小角度假设，Neubecker 和 Randolph[12] 以及 Liu 等[13,14] 给出了嵌入缆反悬链特性的解析解，同时缆绳与土体之间的摩擦系数也在嵌入缆反悬链形态的解析表达式中消失。Neubecker 和 Randolph[12] 通过从缆绳所受端阻力中扣除缆绳重量的方式来体现缆绳重量对嵌入缆反悬链特性的影响，而 Liu 等[13,14]通过引入缆绳初始下嵌深度来反映。而且，之前的理论分析中均未探讨土体容重对嵌入缆反悬链特性的影响。本节将进行参数考察与分析，探讨摩擦系数、初始下嵌深度和土体容重对嵌入缆反悬链形态和系缆点处系缆力的影响。

3.3.1 摩擦系数的影响

$\mu=0.1$、0.3、0.6 和 $s_u=10$kPa、$(5+1.5z)$kPa 将用于考察摩擦系数对嵌入缆反悬链特性的影响。图 3.7 给出了摩擦系数对系缆点处系缆力 T_a 和嵌入缆反悬链形态的影响规律。深水锚在海床中的运动行为直接由系缆点处的系缆力 T_a 和系缆角 θ_{ah} 决定，表 3.2 给出了摩擦系数对 T_a 和 θ_{ah} 的影响规律，其中 S 表示拖曳点处的拖曳距离。由图 3.7（a）和（c）可知，系缆力 T_a 随着摩擦系数 μ 的增大而增大。由表 3.2 可知，均质黏土中，$\mu=0.3$ 和 $\mu=0.6$ 时的系缆力 T_a 比 $\mu=0.1$ 时的 T_a 分别大 3.9%～8.5%和 11.9%～14.9%；正常固结黏土中，$\mu=0.3$ 和 $\mu=0.6$ 时的系缆力 T_a 比 $\mu=0.1$ 时的 T_a 分别大 5.6%～12.5%和 15.0%～29.5%。从图 3.7（b）和（d）可知，均质黏土中，摩擦系数对缆绳反悬链形态几乎没有影响，不同摩擦系数下系缆角 θ_{ah} 的差别不超过 0.5°，见表 3.2；正常固结黏土中，摩擦系数对反悬链形态的影响比均质

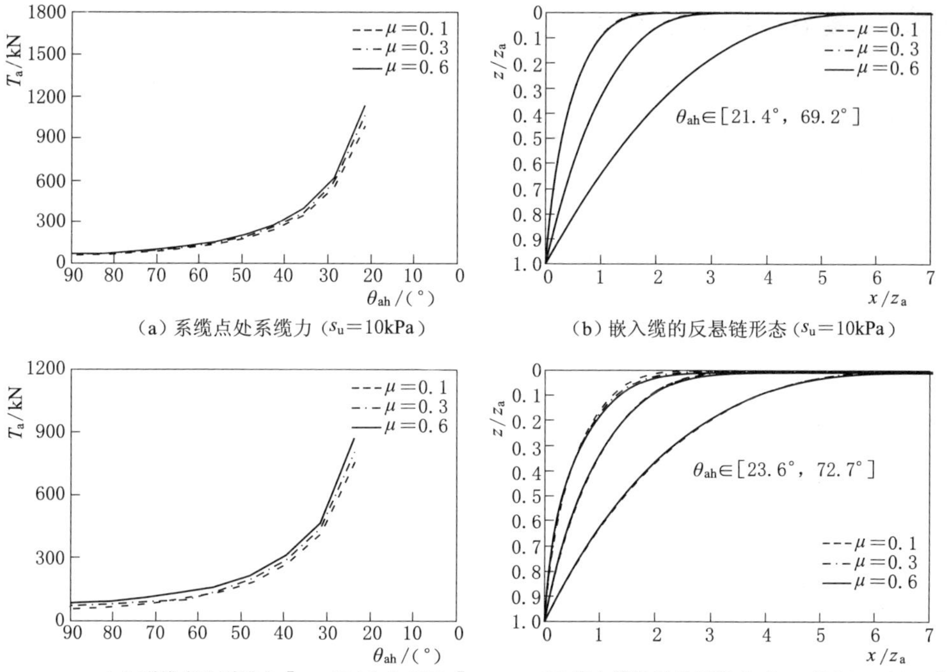

(a) 系缆点处系缆力 (s_u=10kPa)　(b) 嵌入缆的反悬链形态 (s_u=10kPa)

(c) 系缆点处系缆力 [s_u=(5+1.5z)kPa]　(d) 嵌入缆的反悬链形态 [s_u=(5+1.5z)kPa]

图 3.7　摩擦系数对系缆点处系缆力和嵌入缆的反悬链形态的影响规律

土中明显，且对海床面附近的缆绳形态影响比系缆点处更大，不同摩擦系数下系缆角 θ_{ah} 的差别达到了 4.0°，见表 3.2。因此，摩擦系数对系缆点处系缆力的影响较大，不可忽略。均质土中 θ_{ah} <68.7°时以及正常固结黏土中 θ_{ah} <47.0°时，摩擦系数对嵌入缆反悬链形态的影响可被忽略，该结论也间接证明了 Neubecker 和 Randolph[12] 以及 Liu 等[13,14]在理论分析中采用小角度假设的合理性。

表 3.2　　摩擦系数对 T_a 和 θ_{ah} 的影响规律

s_u/kPa	μ	S=3.5m		S=3.75m		S=4.50m		S=5.25m	
		θ_{ah}/(°)	T_a/kN	θ_{ah}/(°)	T_a/kN	θ_{ah}/(°)	T_a/kN	θ_{ah}/(°)	T_a/kN
10	0.1	68.7	90.3	62.3	113.3	42.4	242.5	21.4	986.1
	0.3	69.1	97.1	62.5	117.7	42.5	263.2	21.4	1061.9
	0.6	69.2	103.7	62.6	126.8	42.5	275.6	21.5	1133.1
5+1.5z	0.1	76.4	72.9	69.2	88.7	47.0	185.8	23.6	759.8
	0.3	79.5	82.0	71.1	93.7	47.3	202.9	23.7	807.7
	0.6	80.4	94.4	72.7	111.7	47.9	215.7	23.8	874.0

3.3.2 初始下嵌深度的影响

当海床面附近土体的强度较低时，缆绳在其自重作用下嵌入到海床面以下某一深度 ζ 处，Liu 等[13,14]将 ζ 定义为初始下嵌深度，如图 3.8 所示。初始下嵌深度主要由两个因素决定：①海床表面土体的不排水抗剪强度 s_{u0}；②缆绳的浮容重 γ'_{line}。s_{u0}=0.5kPa、2kPa、5kPa 和 γ'_{line}=0、34kN/m^3、68kN/m^{3}将用于考察缆绳初始下嵌深度对嵌入缆反悬链特性的影响，计算结果见图 3.9 和表 3.3。

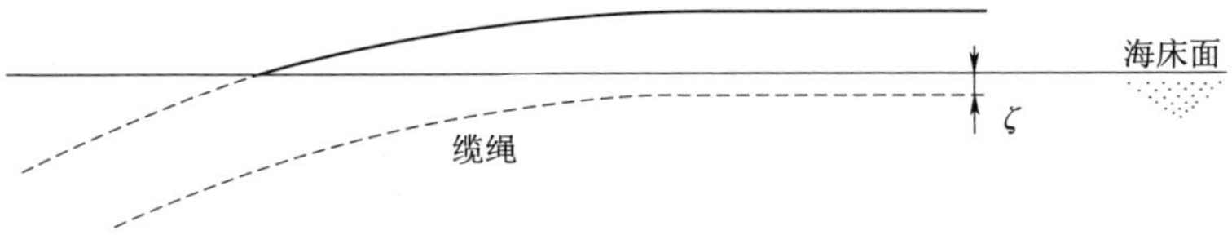

图 3.8 缆绳初始下嵌深度的示意图

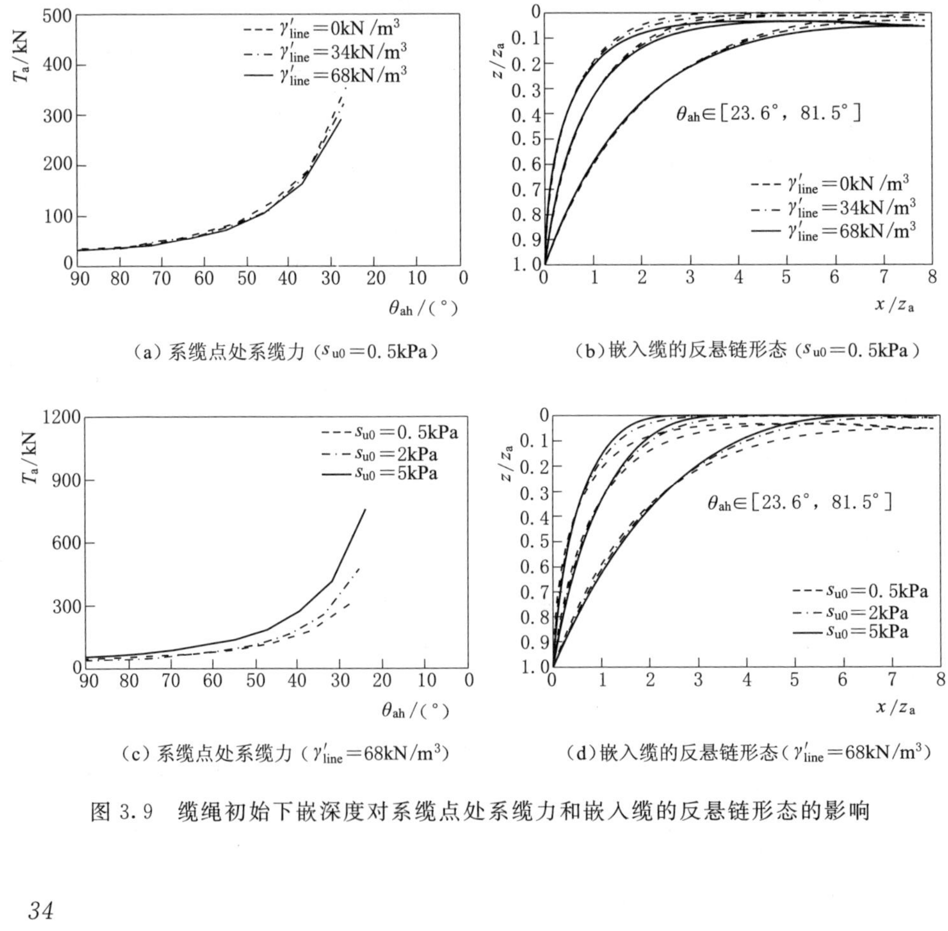

(a) 系缆点处系缆力 (s_{u0}=0.5kPa)　(b) 嵌入缆的反悬链形态 (s_{u0}=0.5kPa)

(c) 系缆点处系缆力 (γ'_{line}=68kN/m^3)　(d) 嵌入缆的反悬链形态 (γ'_{line}=68kN/m^3)

图 3.9 缆绳初始下嵌深度对系缆点处系缆力和嵌入缆的反悬链形态的影响

表 3.3　　初始下嵌深度对 T_a 和 θ_{ah} 的影响

s_{u0}/kPa	γ'_{line}/(kN/m³)	S=3.75m			S=4.50m			S=5.25m			
		θ_{ah}/(°)	T_a/kN	ζ/m	θ_{ah}/(°)	T_a/kN	ζ/m	θ_{ah}/(°)	T_a/kN	ζ/m	ζ_m/m
0.5	0	77.4	38.8	0	52.4	85.9	0	26.3	354.8	0.05	0
	34	79.0	35.2	0.07	53.5	80.7	0.08	26.9	322.3	0.18	0.13
	68	81.5	35.2	0.23	54.9	71.7	0.25	27.5	291.2	0.32	0.27
2	0	72.3	59.0	0	49.2	126.7	0	24.7	515.6	0	—
	34	73.2	54.9	0.01	49.7	120.0	0.02	24.9	481.4	0.02	—
	68	74.2	48.4	0.02	50.2	111.9	0.03	25.1	476.4	0.07	—
0.5	68	81.5	35.2	0.23	54.9	71.7	0.25	27.5	291.2	0.32	0.27
2		74.2	48.4	0.02	50.2	111.9	0.03	25.1	476.4	0.07	—
5		69.2	88.7	0	47.0	185.8	0	23.6	759.8	0	—

从图 3.9（b）可以看出，随着 γ'_{line} 的增大，缆绳在其自重下嵌入到海床中的深度将更大，且 θ_{ah} 也将增大，见表 3.3。θ_{ah} 的增大将导致 T_a 相应减小，如图 3.9（a）所示。γ'_{line} 对缆绳初始下嵌深度 ζ、T_a 和 θ_{ah} 的影响随着 s_{u0} 的增大而逐渐减小，见表 3.3。ζ 和 θ_{ah} 随着 s_{u0} 的增大而减小，当 $s_{u0}=5$kPa 时，缆绳不再有初始下嵌深度，即 $\zeta=0$m。值得注意的是，表 3.3 中 ζ_m 表示 ζ 的修正值，以去除拖曳过程中拖曳作用对 ζ 的影响。$\zeta_m=\zeta-\zeta_0$，其中 ζ_0 为无重缆在拖曳过程中产生的初始下嵌深度。参数考察和分析表明，缆绳的初始下嵌深度对嵌入缆的反悬链特性影响较大，如对 T_a 和 θ_{ah} 的影响，这两个参数直接决定了深水锚在海床中的运动行为和运动规律。因此，当海床面附近土体的强度较低或者缆绳重量较大时，缆绳的初始下嵌深度对缆绳反悬链特性的影响需要谨慎对待。

3.3.3 土体容重的影响

先前的理论研究并不能反映土体容重对嵌入缆反悬链特性的影响。本节采用 $\gamma'_{soil}=0$kN/m³、7kN/m³、14kN/m³ 来考察土体容重对嵌入缆反悬链特性的影响，计算结果见图 3.10 和表 3.4。图 3.10（a）表明，随着土体容重的增大，系缆点处系缆力 T_a 逐渐增大，且影响较明显。无重土与有重土对比，θ_{ah} 的差别为 1.0°～3.5°，但有重土中（$\gamma'_{soil}=7\sim14$kN/m³，此范围为工程中常见取值范围），θ_{ah} 的差别不超过 0.5°。因此，土体容重对系缆点处系缆力 T_a 的影响不可以被忽略，而在有重土中，土体容重对嵌入缆反悬链形态的影响可以忽略。

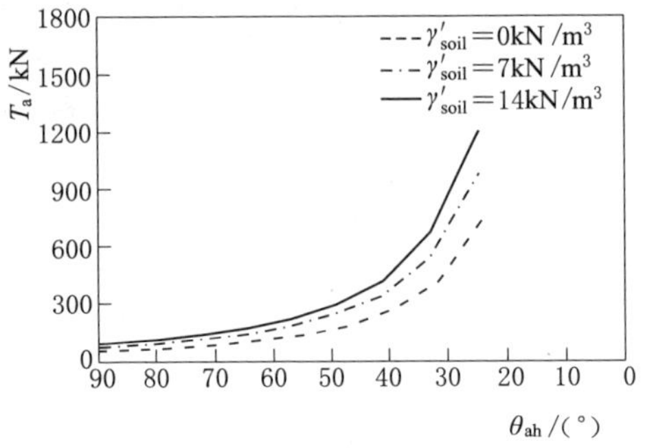

(a) 系缆点处系缆力

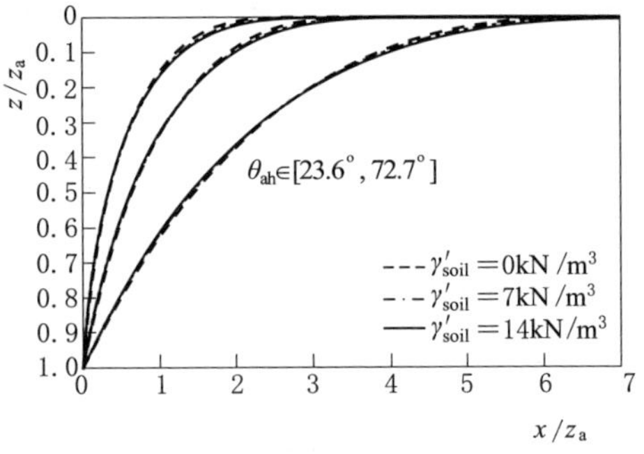

(b) 嵌入缆的反悬链形态

图 3.10 土体容重对系缆点处系缆力和嵌入缆的反悬链形态的影响

表 3.4 土体容重对 T_a 和 θ_{ah} 的影响

γ'_{soil}/(kN/m³)	S=3.75m		S=4.50m		S=5.25m	
	θ_{ah}/(°)	T_a/kN	θ_{ah}/(°)	T_a/kN	θ_{ah}/(°)	T_a/kN
0	69.2	88.7	47.0	185.8	23.6	759.8
7	72.7	117.7	49.6	248.6	24.6	981.5
14	72.4	142.3	49.1	298.6	24.7	1204.1

3.4 锚固结构运动过程中嵌入缆的变形及输力规律

3.4.1 数值模型及计算结果

除工作状态下嵌入缆在海床中受力形成反悬链外，极端荷载作用下锚固结构运动过程中嵌入缆也会发生复杂的变形。本节以重力贯入锚中的 OMNI-Max 锚为研究对象，分析锚旋转和嵌入［图 1.3 (b)］过程中嵌入缆的变形及输力规律。系泊缆绳和 OMNI-Max 锚耦合作用的有限元模型如图 3.11 所示，模型中缆绳被分割为两段，一段由 LINK 连接单元和离散柱体组成，用于模拟缆绳在土中的反悬链形态，长 L_1；另一段由 BEAM 连接单元构成，用于模拟绷直的水中缆绳，长 L_2。BEAM 连接单元使得被连两点之间的 6 个自由度保持完全相同，适合模拟绷直状态下的水中缆绳。缆绳的初始形态如图 3.11 所示，一部分竖直埋置在土体中；另一部分直接与浮体相连，与海床面形成夹角

θ_{mr}，即系泊角。水深 $H_w=300$m，缆绳直径为 0.175m，$L_1=49$m，L_2 随着初始系泊角 $\theta_{mr,i}$ 取值的不同而变化。由于所分析问题的对称性，建立二分之一对称模型。模型尺寸及模型网格如图 3.11 所示。土体不排水抗剪强度 $s_u=(2.4+1.1z)$kPa，土体浮容重为 7kN/m^3，锚与土体之间的摩擦采用恒定摩擦 $\tau=\alpha s_{u,c}$，式中，α 为土体黏滞系数，$s_{u,c}$为锚重心所在深度对应的土体不排水抗剪强度。

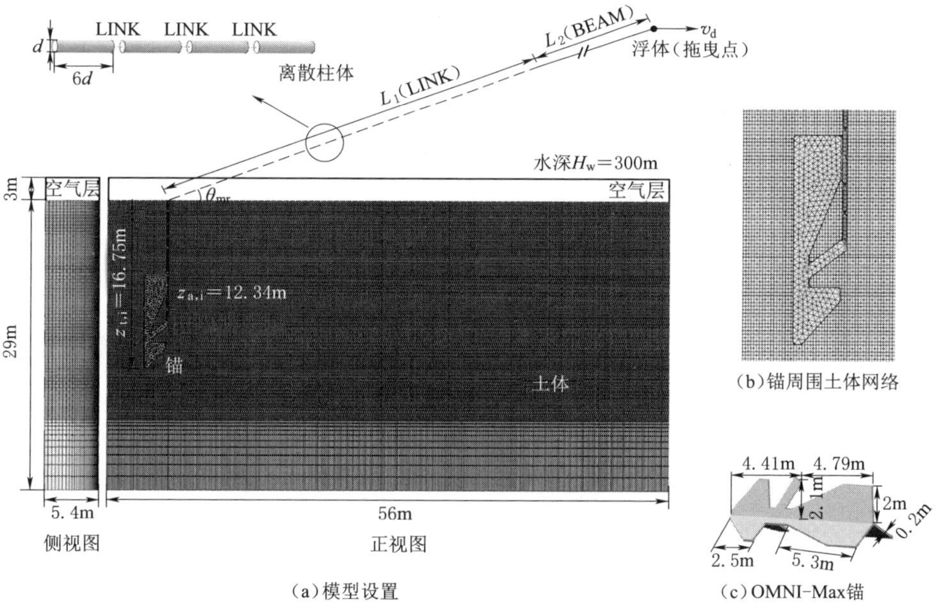

图 3.11 系泊缆绳和 OMNI-Max 锚耦合作用的有限元模型

通过在拖曳点处施加拖曳速度 $v_d=1$m/s，系泊缆绳在土体中发生变形，如图 3.12 (a) 所示。随着拖曳距离 u 的增加，系泊缆绳切割土体，使得嵌入缆在海床中形成反悬链形态。当 $u=8$m 时，锚开始发生旋转，随着锚不断旋转，嵌入缆开始绷直，近似形成直线状。当锚的水平位移 $x_a=1.48$m 时，其埋深损失最大，即 $\Delta z_a=2.47$m，此时，系泊角 $\theta_{mr}=20.4°$，系缆点处系缆角 $\theta_{ah}=19.6°$，如图 3.12 (b) 所示。锚达到最大埋深损失后，随着拖曳距离的增大，锚开始发生嵌入，如图 3.12 (c) 所示。θ_{ah}随着锚嵌入深度的增大而增大，导致系泊缆绳在海床中再次呈现反悬链形态。图 3.12 (d) 展示了锚旋转和嵌入过程中拖曳点处拖曳力 T_d 和系缆点处系缆力 T_a 的变化规律。计算结果表明所建立的有限元模型具备分析缆绳-锚-海床三者耦合作用问题的能力。

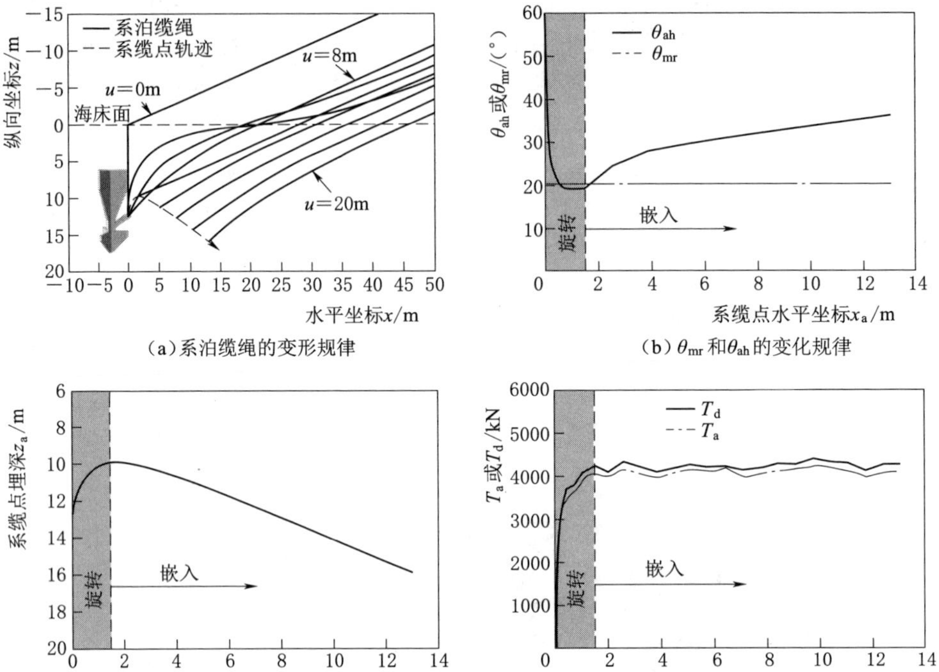

(a)系泊缆绳的变形规律

(b) θ_{mr}和θ_{ah}的变化规律

(c)系缆点轨迹

(d) T_d和T_a的变化规律

图 3.12 数值结果（$\theta_{mr,i}=20°$，$\alpha=0.33$）

3.4.2 初始系泊角的影响

图 3.13（a）显示初始系泊角 $\theta_{mr,i}$对锚的旋转和嵌入行为均影响较大，随着 $\theta_{mr,i}$的增大，锚的埋深损失和嵌入深度均随着系泊角的增大而减小。当 $\theta_{mr,i}$为 10°、20°、30°、40°时，对应锚的埋深损失 Δz_a 分别为 1.77m、2.47m、3.99m 和 7.34m。随着初始系泊角的增大，系缆点处系缆角 θ_{ah} 也随之增大[图 3.13（b）]，锚所受竖向分力增大，锚的埋深损失增大，进而减小锚的下潜能力。当 $\theta_{mr,i}=40°$时，锚的埋深损失导致锚的嵌入深度小于锚的初始埋深，意味着锚的承载性大幅降低。图 3.13（b）还表明，当 $\theta_{mr,i}\leqslant 20°$时，在锚的旋转过程中 θ_{ah}很快降低为一个常数，例如：当 $\theta_{mr,i}=10°$时，θ_{ah}所对应常数为 16.5°；当 $\theta_{mr,i}=20°$时，θ_{ah}所对应常数为 19.6°。当 $\theta_{mr,i}=30°$和 40°时，θ_{ah}先减小后增大，此时，初始系泊角对锚埋深损失的影响需谨慎对待。图 3.13（b）展示了初始系泊角 $\theta_{mr,i}$对系缆点处系缆力 T_a 的影响，T_a 随着 $\theta_{mr,i}$的增大而减小。缆绳张力传递系数定义为 $C_t=(T_0-T_a)/T_a\times 100\%$，表示嵌入缆张力的传递效率。图 3.13（c）表明，C_t 同样随着 $\theta_{mr,i}$的增大而减小。随着 $\theta_{mr,i}$

的增大，嵌入缆的长度将减小，进而降低了缆绳的张力传递系数 C_t。

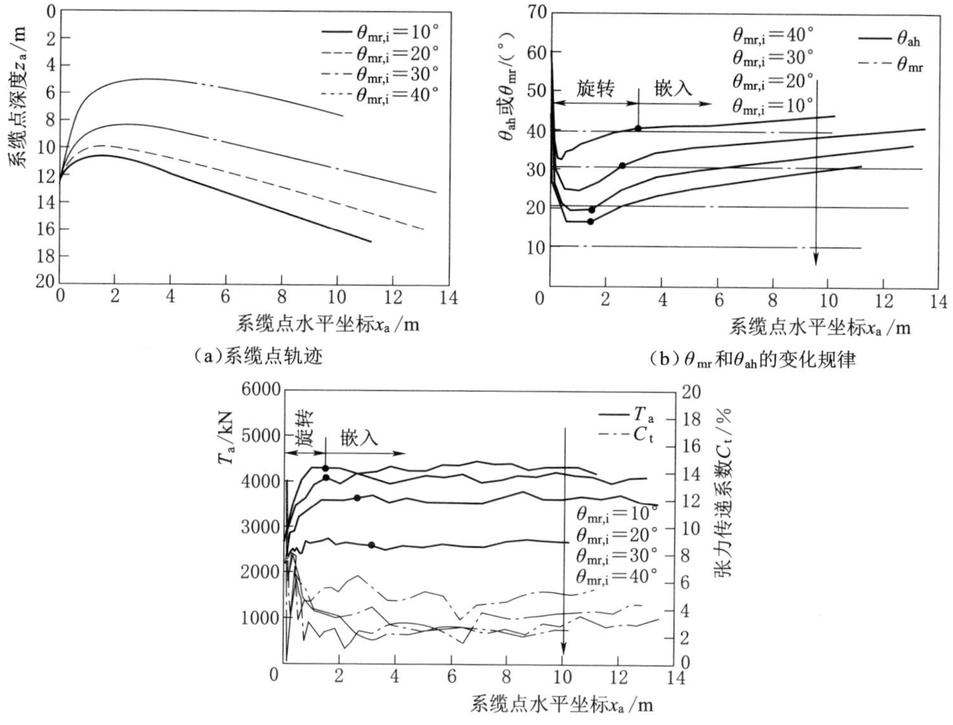

(a)系缆点轨迹

(b) θ_{mr}和θ_{ah}的变化规律

(c) T_a及C_t的变化规律

图 3.13　初始系泊角的影响

3.4.3　土体应变率及应变软化的影响

重力贯入锚运动过程中，缆绳切割土体，锚和缆绳的运动均对土体产生较大扰动。本节考察土体应变率和应变软化效应对嵌入缆变形及输力规律的影响。系缆和锚运动对土体的扰动效应通过式（3.4）反映[151]：

$$s_u=\left\{1+\lambda\lg\left[\frac{\max(|\dot{\gamma}|,\dot{\gamma}_{ref})}{\dot{\gamma}_{ref}}\right]\right\}\left[\delta_{rem}+(1-\delta_{rem})e^{-3\xi/\xi_{95}}\right]s_{u,ref}\quad(3.4)$$

式中：λ 为应变率指数，建议取值 0.05～0.2[106]，本节采用 $\lambda=0.1$；$\dot{\gamma}$ 为应变率；$\dot{\gamma}_{ref}$ 为参考应变率；ξ 为累计塑性应变；ξ_{95} 为土体扰动达到 95%时对应的累计塑性应变，建议取值 10～30[111,116]，本节采用 $\xi_{95}=20$；δ_{rem}为扰动后土体强度与未扰动土体强度的比值，本节采用 $\delta_{rem}=0.3$；$s_{u,ref}$为土体参考强度，即参考应变率 $\dot{\gamma}_{ref}$下的土体强度。

基于 ABAQUS 用户子程序 VUSDFLD，可将式（3.4）中应变率和应变软化的影响导入到 Mises 土体模型中。

实验室测量（如三轴试验）的典型土体应变率约为 $3\times10^{-6}s^{-1}$，现场实测土体应变率约为 $0.5s^{-1}$。图 3.14 给出了参考应变率 $\dot{\gamma}_{ref}$ 为 $3\times10^{-6}s^{-1}$、$0.003s^{-1}$、$0.3s^{-1}$时的有限元计算结果。图 3.14（a）表明，锚的旋转行为几乎不受土体参考应变率的影响，而锚的嵌入深度则随着参考应变率的增大而增大。由于土体应变率的影响，土体强度随着参考应变率的减小而增大，使得锚较难嵌入土体，进而使得锚的嵌入深度变小。当土体参考应变率达到 $0.3s^{-1}$ 时，锚的运动轨迹与 Mises 土体模型计算的运动轨迹近似重合。这表明，当土体参考应变率超过 $0.3s^{-1}$ 时，可以忽略土体应变率及应变软化的影响。图 3.14（b）表明，系缆点处系缆角 θ_{ah} 随着 $\dot{\gamma}_{ref}$ 的增大而增大。图 3.14（c）表明，虽然锚埋置深度的减小会导致 T_a 的减小，但系缆点拖曳力 T_a 由于土体应变率效应的影响，仍随着 $\dot{\gamma}_{ref}$ 的减小而增大。$\dot{\gamma}_{ref}$ 的减小会导致 θ_{ah} 和 θ_0 的差值变小，导致嵌入缆长度变小，进而使得张力传递系数 C_t 随着 $\dot{\gamma}_{ref}$ 的减小轻微减小。

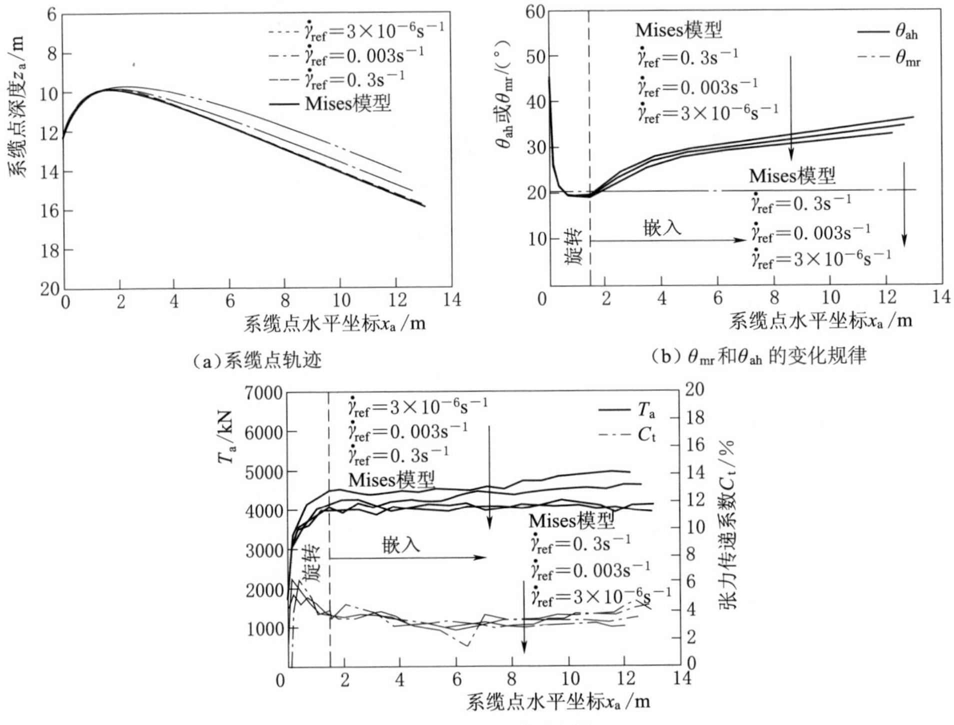

（a）系缆点轨迹

（b）θ_{mr}和θ_{ah}的变化规律

（c）T_a及C_t的变化规律

图 3.14 应变率和应变软化的影响

3.5 嵌入缆的三维构形模拟

由于海洋环境的复杂性和不确定性，拖曳或系泊作用与锚固结构运动可能处于不共面的情况更为普遍。如在浮体的长距离漂移情况下，系泊系统中布于不同位置的锚固结构通常会发生与浮体运动不共面的嵌入运动，此时嵌入缆的变形也是不共面的，这种情况下嵌入缆在海床土中的形态定义为缆绳的三维构形。本节对嵌入缆的三维构形进行模拟，以验证3.1节所构造的缆绳在模拟嵌入缆三维构形时的有效性。

在数值模拟之前，先对嵌入缆三维构形中涉及的物理量进行定义。图3.15为嵌入缆在海床中三维构形的示意图，其中，θ 为系缆点处缆绳与其在水平面内的投影所成夹角，α 为系缆点处缆绳在水平面内的投影与 y 轴所成夹角，β 为系缆点处缆绳在 $x-z$ 面内的投影与 x 轴所成夹角，γ 为系缆点处缆绳在 $y-z$ 面内的投影与 y 轴所成夹角。

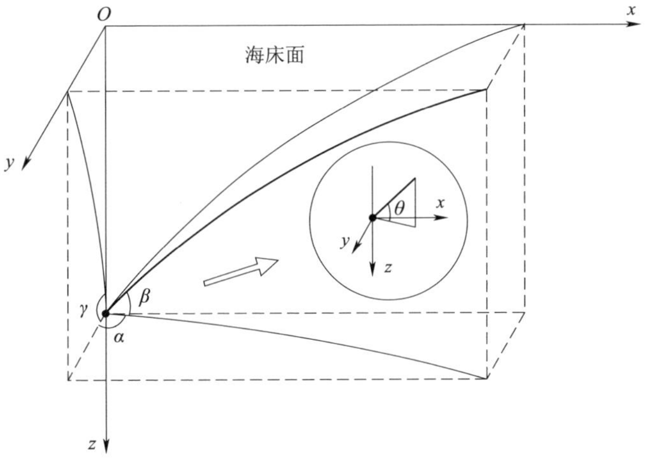

图3.15　嵌入缆在海床中三维构形的示意图

有限元模型的设置如图3.16所示，缆绳由位于海床面以上、悬于空气中的部分和位于海床面以下、埋置在土体中的部分构成，缆绳的构造方式如图3.2（a）所示。位于海床面以上的缆绳的长度为18m，海床面以下的缆绳的长度为6m，即系缆点埋深 $z_a=6$m。缆绳的初始构形如图3.16所示，通过在拖曳点处施加拖曳速度，缆绳将逐渐切割土体并发生变形。由于CEL法分析中只能施加沿坐标轴的分速度，因此本节采用的速度为 $v_x=0.2$m/s 和 $v_y=0.2$m/s。土体为饱和黏土，视为不排水条件，采用基于Mises屈服准则的理想弹塑性模型，并服从相关联流动法则。土体浮容重取 $\gamma'_{soil}=7$kN/m^3，不排

水抗剪强度取 $s_u=(5+1.5z)$kPa，弹性模量采用 $E=500s_u$，缆绳与土体间摩擦系数取 $\mu=0.1$。

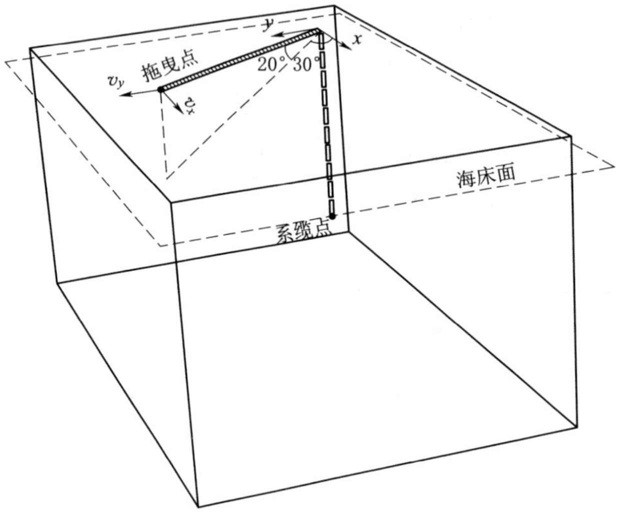

图 3.16 有限元模型的设置

计算结果如图 3.17 所示，$z<0$m、$z=0$m 和 $z>0$m 分别代表海床面以上空气、海床面和海床面以下土体。图 3.17（a）为 4 个典型时刻下缆绳的三维构形，随着拖曳点的运动，缆绳逐渐切割土体并发生复杂的变形，系缆点处缆绳与其在水平面内的投影所成夹角 θ 逐渐减小。为了展示缆绳的空间构形，图 3.17（b）给出了 $\theta=37.4°$条件下缆绳的投影效果图。结果显示，缆绳在各坐标平面内的投影均形成类似于二维条件下的反悬链形态。图 3.17（c）为缆绳在各坐标平面内投影的演变情况，随着缆绳地不断变形，其在各坐标平面内的投影也产生变形。系缆点处缆绳在水平面内的投影与 y 轴所成夹角 α 由 60°先增大到 73.9°，然后减小至 64.0°；系缆点处缆绳在 $x-z$ 面内的投影与 x 轴所成夹角 β 由 90°减小为 40.4°，系缆点处缆绳在 $y-z$ 面内的投影与 y 轴所成夹角 γ 由 90°减小为 60.2°。为看清缆绳在水平面内的投影，图 3.17（d）给出了其在水平面内投影的正视图。

图 3.18 给出了缆绳嵌入过程中系缆点处系缆力的变化情况，结果表明，随着缆绳逐渐嵌入土体，其受到的土抗力逐渐增大，系缆点处系缆力也随之增大。图 3.18 同时标出了对应于图 3.17（a）中的 4 个 θ 值，即 θ 为 90°、76.4°、56.9°和 37.4°。由上述结果可知，本书所构造的缆绳具有模拟嵌入缆在海床中三维构形的能力。但如何验证计算结果的准确性以及设计相应的数值工况研究嵌入缆在海床中的输力和变形规律，将成为以后研究工作的重点。

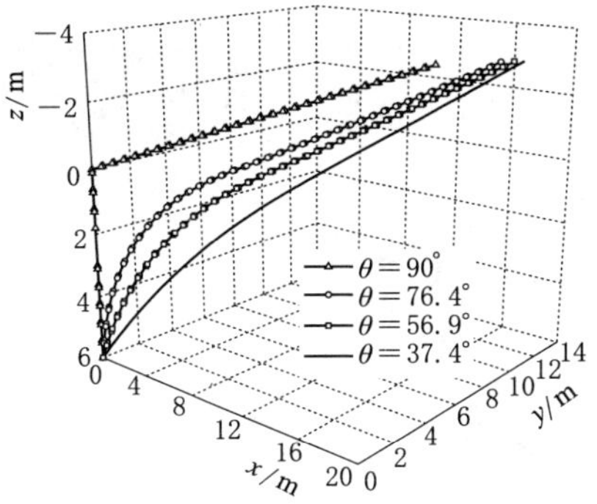

(a) 缆绳的三维构形

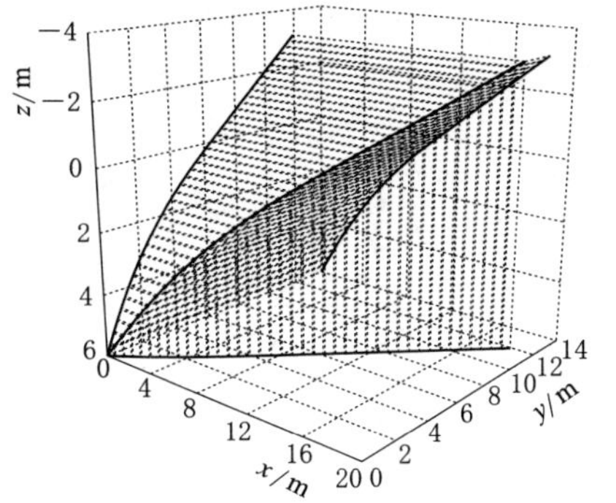

(b) 缆绳三维构形的投影效果图 ($\theta=37.4°$)

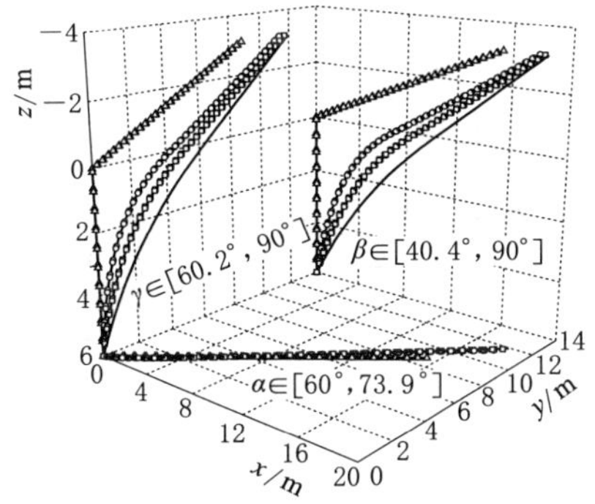

(c) 缆绳三维构形在各坐标面内的投影

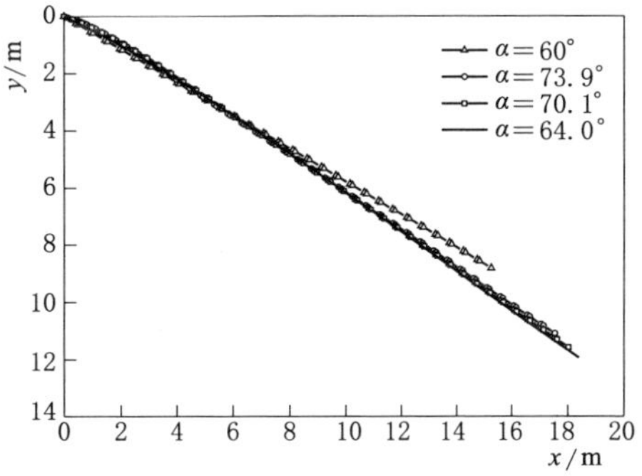

(d) 缆绳三维构形在x-y坐标面内的投影

图 3.17 缆绳三维构形的数值计算结果

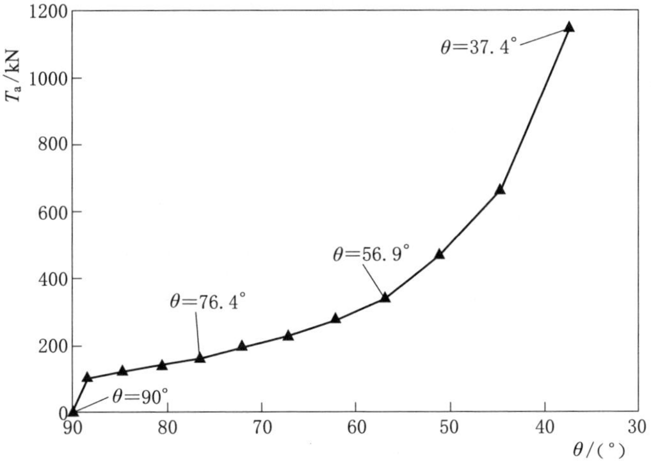

图 3.18 系缆点处系缆力的变化情况

第 4 章

桩锚在海床中的承载特性及破坏模式

桩锚因其适用范围广、可有效抵抗循环荷载、既适用于悬链式系泊系统又适用于绷紧式系泊系统、安装完成后可快速发挥承载力、易于运输等优点，仍被广泛应用于海洋平台的锚固结构。1.3.1 节调研表明：针对桩锚承载力的有限元研究主要采用传统的小变形有限元分析方法，该方法不能模拟桩锚的完整拔出过程。因此，很难模拟桩锚在海床中的破坏模式，尤其当桩锚受水平荷载作用时。此外，针对桩锚在倾斜荷载作用下的破坏模式和承载性能的理论研究较少，开展相应的理论研究尤为必要。本章采用大变形有限元分析方法 CEL 法及理论分析方法，研究海洋黏土中桩锚的承载特性及破坏模式。首先，采用模型实验数据验证有限元模型的有效性；其次，基于承载力分析理论和最小力准则，建立可以预测倾斜荷载作用下桩锚最佳系缆点、承载力及破坏模式的理论分析模型；最后，对比分析有限元和理论计算结果，以期获得对桩锚工程应用有益的结论。

4.1 数值模型及验证

本节采用大变形有限元分析方法 CEL 法，建立桩锚承载力及破坏模式的有限元分析模型；通过与模型实验数据对比，考察模型的可靠性和精度；基于已验证的有限元模型，分析荷载作用方向和长径比对桩承载力的影响。

4.1.1 数值模型

Shin 等[152]研究了荷载作用方向 $\theta=0°\sim50°$范围内桩锚的承载力，θ 表示荷载作用方向与桩轴线的夹角。模型土箱尺寸为 457mm×457mm×762mm，桩的直径 D 为 25.4mm，长径比 L/D 分别为 10、12 和 15。土体为饱和黏土，不排水抗剪强度 $s_u=21.02$kPa，土体容重为 19.7kN/m^3。所有实验工况中，桩均完全埋置在土体中，系缆点位于桩顶，通过钢缆与加载装置相连。本节通过与 Shin 等[152]的实验数据对比，验证有限元模型的有效性。在有限元模型中，桩被设置为刚体，土被设置为理想弹塑性材料，符合 Tresca 屈服准则，土体泊松比为 0.49。有限元模型如图 4.1 所示，土体最小网格尺寸为 $L/16$。

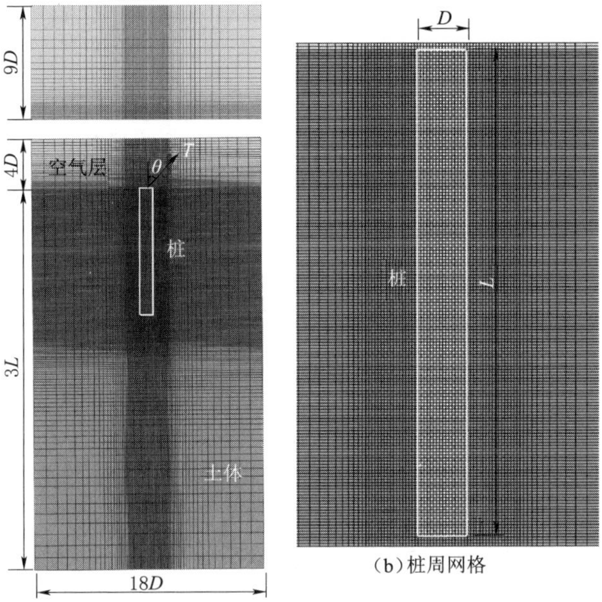

(a) 正视图　　(b) 桩周网格

图 4.1　大变形有限元模型

模型实验采用了力控制加载，逐级施加等值均匀荷载，因此，有限元模型中也采用同样的加载方式。图 4.2 给出了荷载作用方向 $\theta=0°$、摩擦系数 $\mu=0.25$、弹性模量 $E=100s_u$ 时不同荷载增量下桩锚的响应曲线。图 4.2 (a) 给

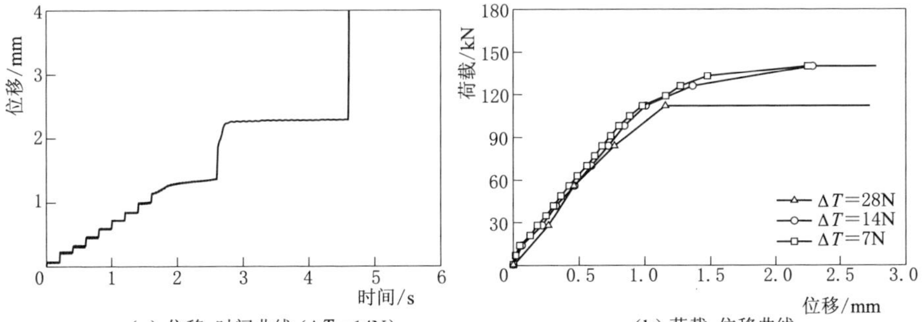

(a) 位移-时间曲线 (ΔT=14N)　　(b) 荷载-位移曲线

图 4.2　不同荷载增量下桩锚的响应

出了有限元模型计算的逐级加载曲线，当一级加载至桩的位移稳定后，再施加第二级荷载，直至桩发生失稳破坏。当桩发生失稳破坏后，其位移会无限增大。因此，将桩发生无限位移前的荷载值定义为桩的承载力。图 4.2（b）给出了不同荷载增量下桩的位移-荷载曲线，计算结果表明随着荷载增量的减小，荷载-位移曲线逐渐收敛，$\Delta T=14$N 所对应的为 10 级加载。因此，在接下来的分析中均采用 10 级加载。

4.1.2 模型验证

由于 Shin 等[152]的模型实验中未测得土体的弹性模量，另外，有限元模型中采用了库仑界面摩擦，即 $\tau=\mu\sigma$。因此，与模型实验对比前，先考察了土体弹性模量 E 和摩擦系数 μ 对桩锚承载力的影响，如图 4.3 所示。计算结果表明，桩锚的承载力随着 E 和 μ 的增大而增大。当 E 和 μ 增大时，桩锚在较小的位移条件下即发生破坏。通过与模型实验在 $L/D=10$、$\theta=0°$条件下的测量结果对比，发现实验结果与有限元模型中 $E=100s_u$ 和 $\mu=0.3$ 时的计算数值结果吻合较好。因此，在接下来的对比中，有限元模型均采用 $E=100s_u$ 和 $\mu=0.3$。

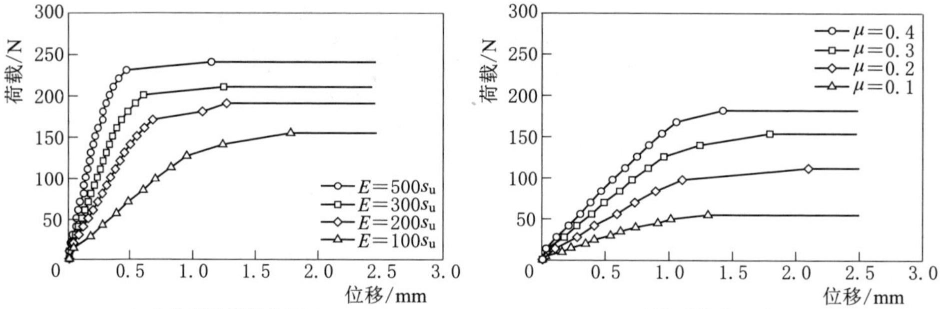

（a）土体弹性模量的影响（$\mu=0.3$）　　（b）摩擦系数的影响（$E=500s_u$）

图 4.3 土体弹性模量和摩擦系数的影响（$L/D=10$，$\theta=0°$）

Shin 等[152]测得了荷载作用方向 θ 为 0°、10°、40°条件下桩锚（$L/D=10$）的荷载-位移曲线。有限元模型同样模拟了这 3 个实验工况，如图 4.4 所示。对比结果显示，θ 为 0°、10°时有限元模型计算结果与实验结果吻合很好；$\theta=40°$时，有限元求得桩锚在荷载值等于 200N 时发生破坏，而实验测得桩锚在荷载值等于 197.2N 时发生破坏。Shin 等[152]还测得了 L/D 为 10、12、15 及 θ 为 0°、10°、20°、30°、40°、50°时桩锚的承载力，对应的有限元计算结果如图 4.4（d）所示。当 L/D 为 10、12、15 时，有限元计算结果与实验数据的平均误差分别为 2.5%、2.2%和 17.0%。当桩锚的长径比 $L/D=15$ 时，有限元计算结果与实验数据的误差最大。

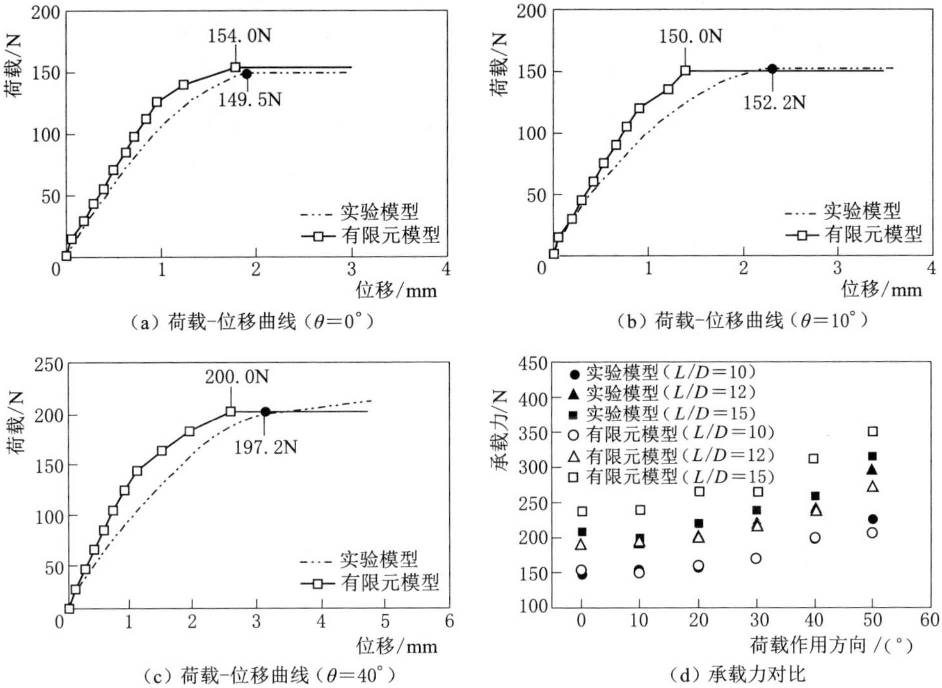

（a）荷载-位移曲线（$\theta=0°$）　（b）荷载-位移曲线（$\theta=10°$）

（c）荷载-位移曲线（$\theta=40°$）　（d）承载力对比

图 4.4　有限元模型验证

4.1.3　荷载作用方向和长径比的影响

荷载作用方向 θ 和长径比 L/D 对桩锚承载力的影响如图 4.5 所示。计算结果显示，当 θ 较小时，桩锚的承载力由桩侧摩阻力主导，桩锚发生较小位移时即发生破坏。随着 θ 的增大，桩锚的承载力由侧向端阻力主导，桩锚发生破坏的时的位移也随着增大，如图 4.5（a）所示。$\theta=0°$和 90°时，桩锚发生破坏

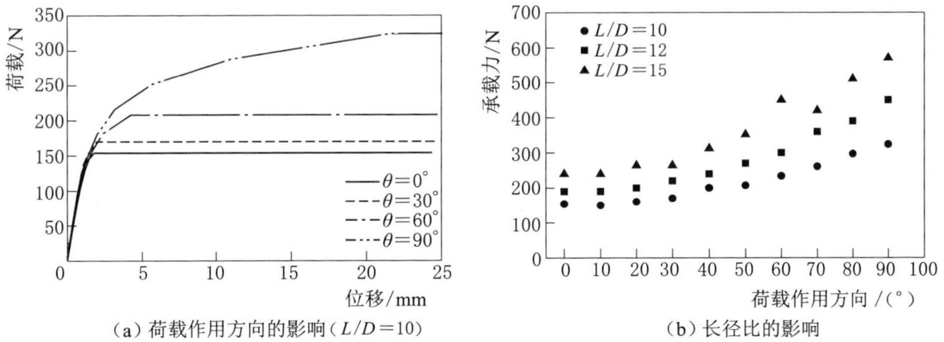

（a）荷载作用方向的影响（$L/D=10$）　（b）长径比的影响

图 4.5　荷载作用方向和长径比的影响

时对应的位移分别为1.8mm和21.6mm。图4.5（b）表明，$\theta \leqslant 30°$时桩锚承载力的增大不超过7%，而$\theta \geqslant 50°$时承载力随着θ的增大而线性增大。当L/D为10、12、15时，$\theta = 90°$所对应的承载力是$\theta = 0°$时的2.1倍、2.3倍、2.4倍。图4.5（b）还表明，随着桩锚长径比的增大，桩锚的侧摩阻力和端阻力均增大，导致桩的承载力也相应增大。

4.2 理论模型

当桩锚作为悬链式或绷紧式系泊系统的锚固结构时，系缆点通常位于桩顶以下某一点，该点定义为最佳系缆点。最佳系缆点起平衡桩锚所受竖向荷载和水平荷载产生的弯矩的作用，即荷载施加在最佳系缆点可使桩锚所受弯矩为0，进而提供最大的承载力。对于刚性桩锚而言，其最佳系缆点与吸力锚的最佳系缆点一样，当荷载作用在最佳系缆点，桩锚破坏时，只发生平移不发生转动。本节利用承载力分析理论及最小力原则，建立用于预测桩锚最佳系缆点、破坏模式及承载力的分析模型。

4.2.1 桩锚的力学模型

当荷载作用于最佳系缆点时，桩锚将沿着破坏方向β发生平移，且所受的弯矩为0。破坏模式下桩锚的受力分析如图4.6（a）所示，其中，T_u为桩锚的承载力；T_m和T_n分别为T_u沿破坏方向β和垂直于破坏方向β的分量；F_b为破坏方向β上桩锚所受端阻力；$F_{s,shaft}$和$F_{s,tip}$分别为桩侧及桩端所受摩阻力；W'为桩锚的浮容重。破坏方向上桩锚的受力平衡方程为

$$T_m = F_b + F_{s,shaft} + F_{s,tip}\sin\beta + W'\cos\beta \tag{4.1}$$

桩锚的承载力T_u可表示为

$$T_u = \frac{1}{\cos(\theta - \beta)}(F_b + F_{s,shaft} + F_{s,tip}\sin\beta + W'\cos\beta) \tag{4.2}$$

端阻力F_b由条形基础承载力公式计算：

$$\left.\begin{aligned} F_b &= N_c s_{u,a} A_b \\ A_b &= DH_p\sin\beta \end{aligned}\right\} \tag{4.3}$$

式中：N_c为桩端阻力系数；$s_{u,a}$为桩身平均不排水抗剪强度，即桩二分之一嵌入深度处对应的土体强度；A_b为桩沿破坏方向上的有效端阻面积；H_p为桩端距海床面的距离。

桩侧摩阻力由式（4.4）计算：

$$\left.\begin{aligned} F_{s,shaft} &= \alpha s_{u,a} A_{s,shaft} \\ A_{s,shaft} &= DH_p(\pi - 2\beta)/\cos\beta \end{aligned}\right\} \tag{4.4}$$

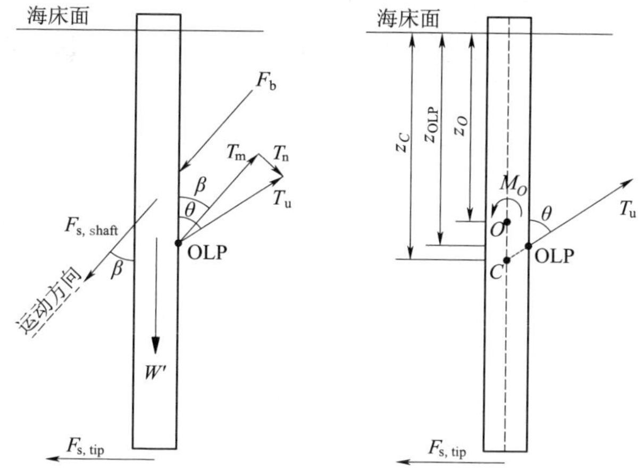

（a）破坏模式和承载力分析模型　　（b）最佳系缆点分析模型

图 4.6　桩锚的力学模型图

式中：α 为土体黏滞系数；$A_{s,shaft}$为桩侧有效摩阻面积。

桩端摩阻力由式（4.5）计算：

$$\left.\begin{aligned} F_{s,tip} &= \alpha s_{u,tip} A_{s,tip} \\ A_{s,tip} &= \pi D^2/4 \end{aligned}\right\} \tag{4.5}$$

式中：$s_{u,tip}$为桩端处土体不排水抗剪强度；$A_{s,tip}$为桩端有效摩阻面积。

由于 $F_{s,tip}$随着破坏方向 β 的增大而增大，因此引入倾斜系数 $\lambda=2\beta/\pi$ 来反映破坏方向对桩端摩阻力的影响。

4.2.2　破坏方向及承载力的求解

桩锚的承载力直接由其破坏模式决定。本节建立的理论模型仅针对荷载作用在最佳系缆点的情况，因此，假设桩沿着破坏方向 β 发生平移破坏。由式（4.2）可知，当破坏方向 β 确定后，即可求得桩锚的承载力。基于物体总是趋向于按最容易发生运动的状态进行运动，Liu 等[83]在拖曳锚运动方向的研究中最先提出用最小力准则求解拖曳锚的运动方向。对于桩锚来讲，“最容易”发生运动的状态即为承载力最小时的状态，该准则即为最小力准则。

为获得不同破坏方向下承载力的最小值，需对式（4.2）求一阶导数，即

$$\frac{dT_u}{d\beta} = \frac{1}{\cos^2(\theta-\beta)} T(\beta) \tag{4.6}$$

其中，$T(\beta) = F_b + F_{s,shaft} + F_{s,tip}[\sin\beta + \cos\beta\cos(\theta-\beta)] + W'[\cos\beta - \sin\beta\cos(\theta-\beta)] + (dF_b/d\beta + dF_{s,shaft}/d\beta + dF_{s,tip}/d\beta\sin\beta)\cos(\theta-\beta)$，且 $0° \leqslant \theta,\ \beta \leqslant 90°$。

基于数学知识，T_u 的最小值仅可能在以下特定点取得：①边界点，即 $\beta=0°$

和 $\beta=90°$处；②满足方程 $\mathrm{d}T_{\mathrm{u}}/\mathrm{d}\beta=0$ 的点，即一阶导数为 0 的点；③式（4.2）一阶导数不存在的点。对比三类点的大小并取三者的最小值，便可求得桩锚的破坏方向 β_{r} 以及对应的承载力 $T_{\mathrm{u}}(\beta_{\mathrm{r}})$。

4.2.3 最佳系缆点的求解

最佳系缆点（optimal loading point，OLP）即使得桩锚所受弯矩为 0 的点。求解桩锚最佳系缆点的力学模型如图 4.6（b）所示，其中，点 O 为土体强度形心所在深度，点 O 至海床面的距离为 z_O；点 C 为系缆力与桩轴线的交点，点 C 至海床面的距离为 z_C；z_{OLP}为最佳系缆点至海床面的距离。以点 O 为矩心，端阻力 F_{b} 与桩测摩阻力 $F_{\mathrm{s,shaft}}$通过点 O，因此，桩锚所受弯矩由系缆力 T_{u} 和桩端摩阻力 $F_{\mathrm{s,tip}}$决定。所以，最佳系缆点的位置可以通过对点 O 取矩为 0 求得，即

$$\sum M_O=0 \tag{4.7}$$

式（4.7）可进一步表示为

$$T_{\mathrm{u}}(z_C-z_O)\sin\theta-F_{\mathrm{s,tip}}(H_{\mathrm{p}}-z_O)=0 \tag{4.8}$$

通过点 O 和最佳系缆点间的几何关系，可以求得 $z_{\mathrm{OLP}}=z_C-D\cot\left(\dfrac{\theta}{2}\right)$，因此，式（4.8）可表示为

$$z_{\mathrm{OLP}}=z_O+\frac{F_{\mathrm{s,tip}}}{T_{\mathrm{u}}\sin\theta}(H_{\mathrm{p}}-z_O)-\frac{D}{2}\cot\theta \tag{4.9}$$

先通过 4.2.1 节和 4.2.2 节的方法求得桩锚的承载力 T_{u}，再利用式（4.9）可以求得桩锚最佳系缆点的位置。

4.3 大变形有限元模型与理论模型的对比分析

本节将运用大变形有限元和理论分析两种方法，对比研究桩锚的最佳系缆点、破坏模式和承载力。接下来的对比分析中，桩锚的长径比 $L/D=10$ 和 12，土体不排水抗剪强度 $s_{\mathrm{u}}=21.02\mathrm{kPa}$ 和 $(3+2z)\mathrm{kPa}$。

4.3.1 最佳系缆点

当荷载作用于最佳系缆点时，桩锚的承载力最大。在大变形有限元分析中采用了位移控制法计算桩锚的最佳系缆点，沿破坏方向 β 施加位移荷载。图 4.7（a）给出了 $\beta=60°$条件下不同系缆点处的荷载-位移曲线，图中显示荷载均随着位移的增大而增大。为提高计算效率，定义位移为 $0.2D$ 时所对应的荷载值为桩锚的承载力，用于确定最佳系缆点的位置。图 4.7（b）～(d）表明，

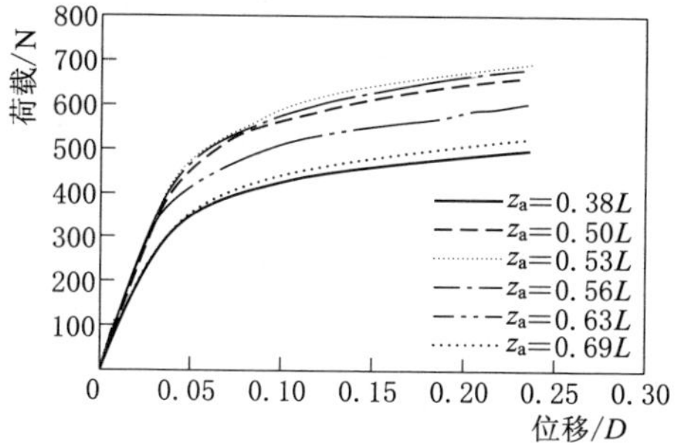

(a)荷载-位移曲线($L/D=10$, $\beta=60°$)

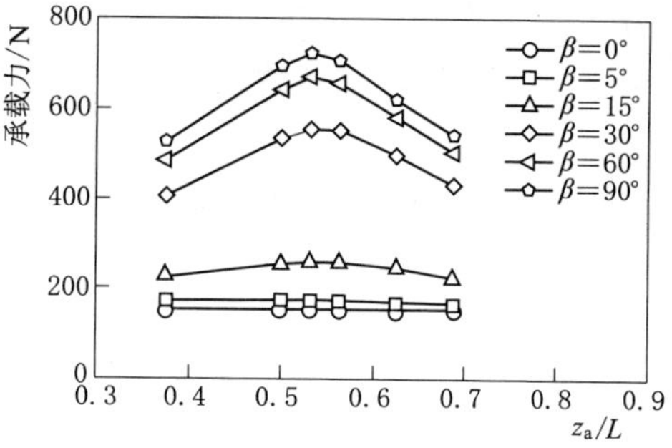

(b)承载力-系缆点位置曲线
($L/D=10$, $s_u=21.02$kPa)

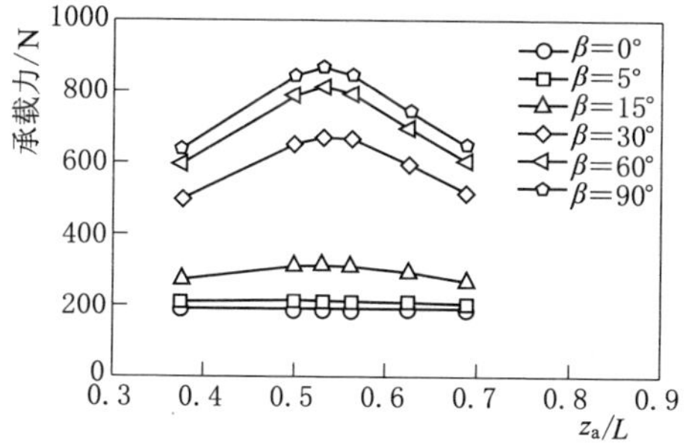

(c)承载力-系缆点位置曲线
($L/D=12$, $s_u=21.02$kPa)

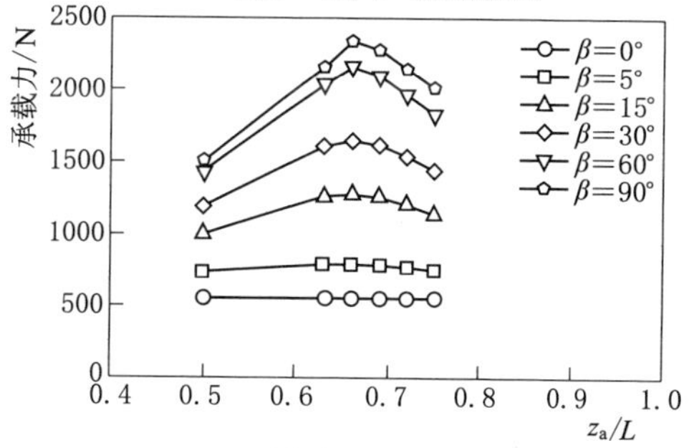

(d)承载力-系缆点位置曲线
[$L/D=12$, $s_u=(3+2z)$kPa]

图 4.7 不同系缆点处桩锚的响应曲线

当 $\beta>5°$时不同系缆点处桩锚的承载力差异很大。例如，在均质黏土($s_u=21.02$kPa)中，当 $\beta=60°$，$L/D=12$ 时，系缆点位置 $z_a=0.53L$ 处所对应的承载力比 $z_a=0.38L$ 处所对应的承载力大 36.7%；在正常固结黏土 $s_u=(3+2z)$kPa] 中，当 $\beta=60°$，$L/D=12$ 时，系缆点位置 $z_a=0.66L$ 处所对应的承载力比 $z_a=0.5L$ 处所对应的承载力大 50.4%。当 $\beta\leqslant5°$时，桩锚的承载力几乎不受系缆点位置的影响。例如，当 $\beta=0°$时不同系缆点处桩锚的承载力相同，意味着桩上任意一点均为最佳系缆点。为符合工程实际，$\beta=0°$时将桩顶作为最佳系缆点。通过考察不同破坏方向 β 的影响发现，在 $s_u=21.02$kPa 的条件下，长径比不影响最佳系缆点的位置，L/D 为 10 和 12 对应的最佳系缆点位置均为 $z_{OLP}=0.53L$；在 $s_u=(3+2z)$kPa 的条件下，$L/D=12$ 所对应桩锚的最佳系缆点位置为 0.66L。

图 4.8 (a)～(c) 给出了大变形有限元分析和 4.2 节理论模型计算的最佳系缆点的对比分析。当 $\beta=0°$时，大变形有限元分析与理论模型计算求得的最佳系缆点均在桩顶。在均质黏土($s_u=21.02$kPa)中，当 β 为 5°、15°、30°、60°、90°时，理论模型计算求得的最佳系缆点位置在 (0.49～0.50)L 处，略

小于大变形有限元分析求得的0.53L。在正常固结黏土[$s_u=(3+2z)$kPa]中，理论模型计算求得的最佳系缆点位置在(0.62～0.64)L处，大变形有限元分析求得的最佳系缆点位置为0.66L。大变形有限元分析和理论模型计算结果均表明：①当$\beta>5°$时，最佳系缆点的位置几乎不受破坏方向的影响；②均质黏土中桩锚的长径比不影响最佳系缆点位置；③土体强度对最佳系缆点位置影响很大。图4.8(d)给出了理论模型求得的最佳系缆点与荷载作用方向的关系曲线，计算结果表明最佳系缆点对荷载作用方向非常敏感。因此，建议在大变形有限元分析中采用力控制法求解桩锚的破坏模式及承载力。

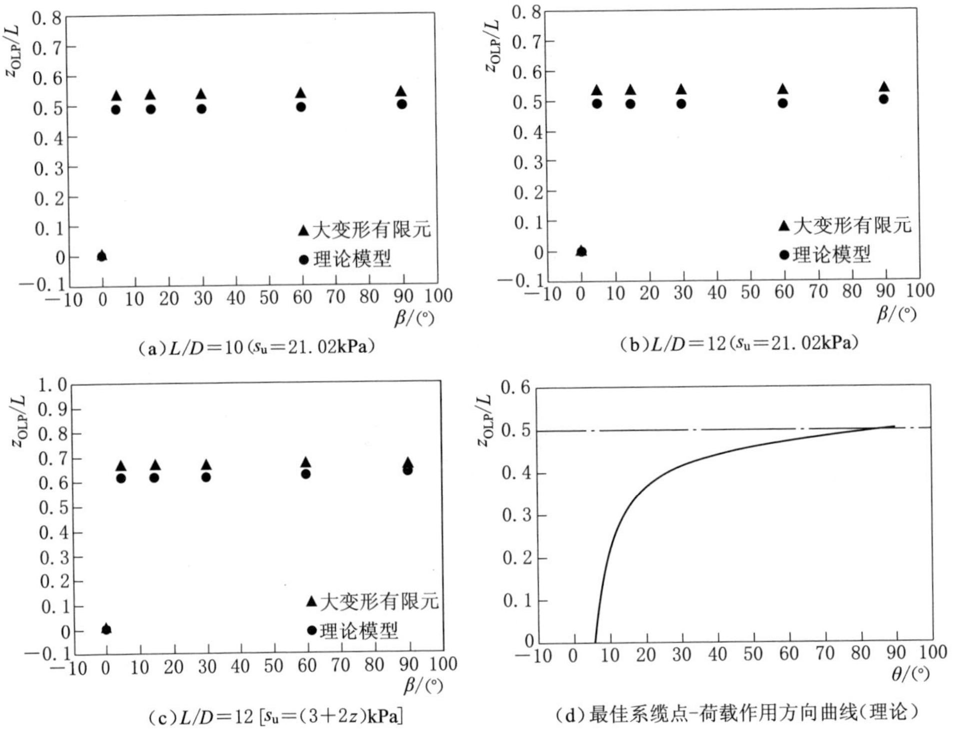

(a)$L/D=10$(s_u=21.02kPa)　(b)$L/D=12$(s_u=21.02kPa)

(c)$L/D=12$[$s_u=(3+2z)$kPa]　(d)最佳系缆点-荷载作用方向曲线(理论)

图4.8　大变形有限元分析和理论模型计算的最佳系缆点的对比分析

4.3.2　破坏模式及承载力

基于4.3.1节计算的最佳系缆点位置，本节对桩锚的破坏模式及承载力进行大变形有限元分析和理论模型计算对比分析。大变形有限元分析求得的在θ为0°、10°、20°、30°、40°、50°、60°、70°、80°和90°条件下的破坏模式如图4.9所示。同样也采用了4.2节建立的理论模型进行了求解，式(4.3)～式(4.5)中涉及的承载力系数与土体黏滞系数可由$\theta=0°$和90°时的大变形有限元

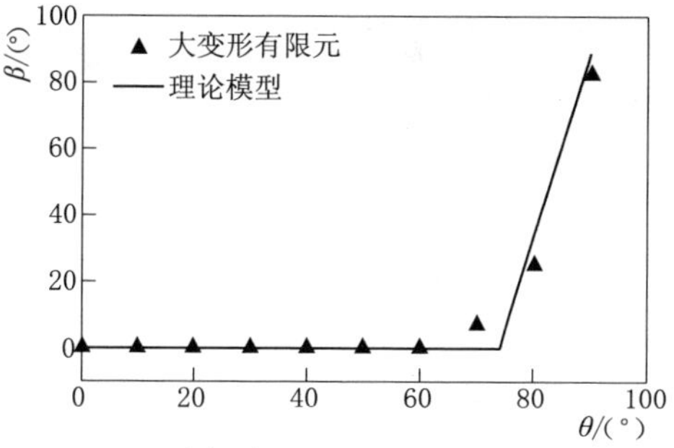

(a) $L/D=10$ ($s_u=21.02$kPa)

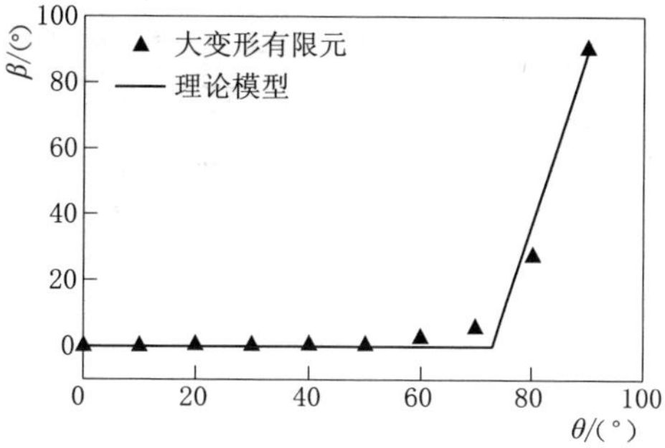

(b) $L/D=12$ ($s_u=21.02$kPa)

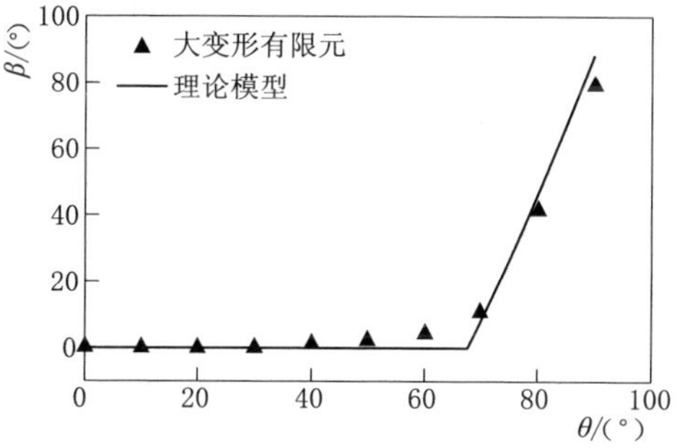

(c) $L/D=12$ [$s_u=(3+2z)$kPa]

图 4.9 大变形有限元分析和理论模型计算的破坏模式对比分析

分析计算结果进行标定。

图 4.9 表明大变形有限元分析求得桩锚的破坏方向 β 与理论模型计算结果吻合很好，两种方法求得的 β 值相差在 9°以内。图 4.9 还表明荷载作用方向 θ 与破坏方向 β 完全不同，计算结果显示存在一临界荷载作用方向 θ_c，当 $\theta \leqslant \theta_c$ 时，桩锚将被竖向拔出。当 $s_u=21.02$kPa 时，理论求得长径比 $L/D=10$ 和 12 对应的 θ_c 分别为 74°和 73°；大变形有限元分析求得长径比 $L/D=10$ 和 12 对应的 θ_c 均为 60°。当 $s_u=21.02$kPa 时，理论模型求得长径比 $L/D=12$ 对应的 θ_c 为 68°；大变形有限元分析求得长径比 $L/D=12$ 对应的 θ_c 为 50°。桩锚工作过程中同时提供水平承载力和竖向承载力。水平承载力可表示为 $T_{u,h}=T_u\sin\theta$，竖向承载力可表示为 $T_{u,v}=T_u\cos\theta$。图 4.10 给出了有限元和理论模型求得的不同荷载作用方向 θ 下桩锚的水平承载力与竖向承载力。结果显示大变形有限元分析计算结果与理论模型解吻合很好。当 $s_u=(3+2z)$kPa 时，在长径比 $L/D=10$ 的条件下两者的平均误差为 2.2%，在长径比 $L/D=12$ 的条件下两者的平均误差为 3.5%；当 $s_u=(3+2z)$kPa 时，两者的平均误差为 3.0%。

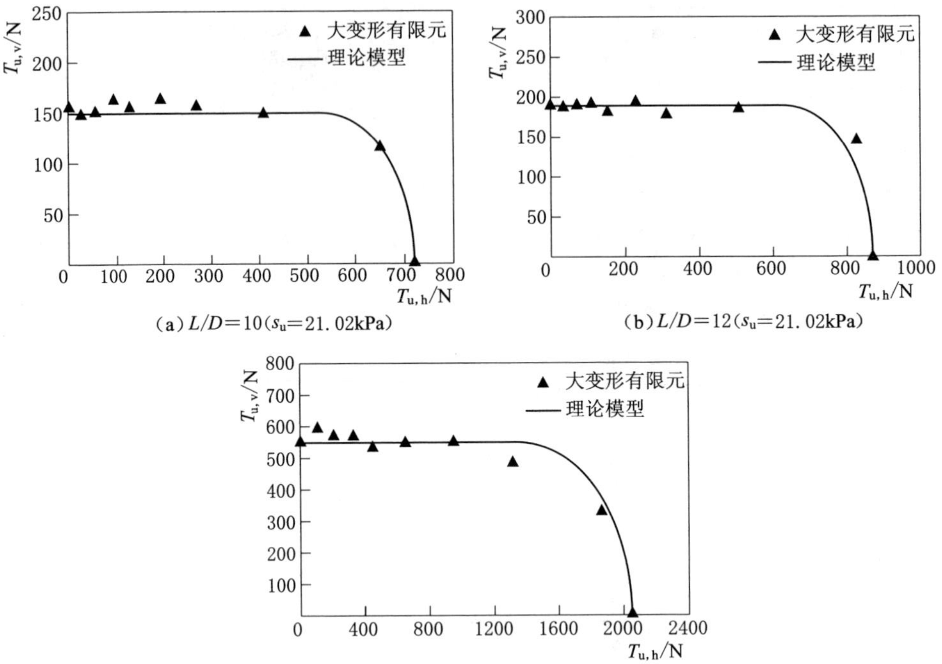

(a) $L/D=10$($s_u=21.02$kPa)

(b) $L/D=12$($s_u=21.02$kPa)

(c) $L/D=12$[$s_u=(3+2z)$kPa]

图 4.10 水平承载力和竖向承载力对比分析

4.3.3 最佳系缆点与桩顶处承载力对比

图 4.11 展示了大变形有限元分析求得的荷载作用点在最佳系缆点和桩顶处的承载力曲线。计算结果显示，当 $\theta\leqslant 40°$时，最佳系缆点和桩顶处桩锚的承载力近似相等；当 $\theta>40°$时，最佳系缆点处桩锚的承载力大于桩顶处的承载

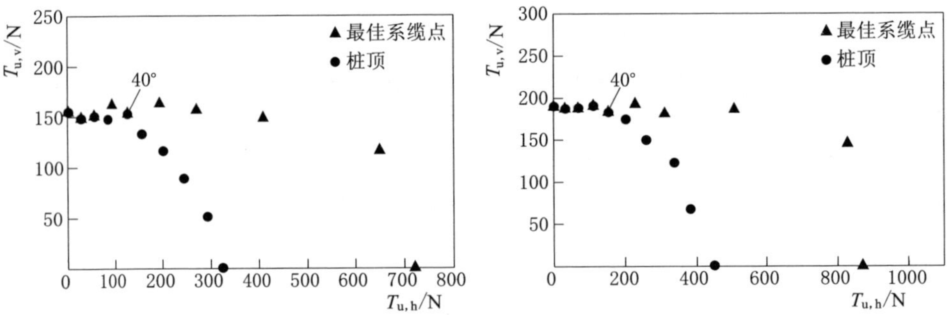

(a) $L/D=10$($s_u=21.02$kPa)

(b) $L/D=12$($s_u=21.02$kPa)

图 4.11 荷载作用点在最佳系缆点和桩顶处的承载力曲线

力。当 s_u=21.02kPa 和 L/D=10 时，系缆点位于桩顶时的水平承载力（θ=90°）是竖向承载力（θ=0°）的 2.1 倍；当 s_u=21.02kPa 和 L/D=12 时，系缆点位于桩顶时的水平承载力是竖向承载力的 2.3 倍。而当 s_u=21.02kPa 和 L/D=10 时，最佳系缆点处的侧向承载力是水平向承载力的 4.7 倍；当 s_u=21.02kPa 和 L/D=12 时，最佳系缆点处的水平承载力是竖向承载力的 4.6 倍。Keaveny 等[40]在针对吸力锚的大比尺模型实验中同样发现，荷载作用于最佳系缆点时的承载力为作用在桩顶时的 2 倍。对于张力腿平台，荷载作用方向 θ 接近 0°，桩锚的承载力不受最佳系缆点的影响，即桩锚上任意一点均为最佳系缆点，但考虑到施工的便捷性，通常系缆点设置在桩顶。对于悬链式和绷紧式系泊系统，荷载作用方向通常为 45°～60°，因此需谨慎选择系缆点的位置。

第 5 章

拖曳锚在海床中的运动特性和嵌入机理

由于在抗拔承载力和安装方式方面的优势，拖曳锚尤其是法向承力锚被广泛用作海洋浮式平台的锚固结构[1]。拖曳锚的安装方式如图 1.3（a）所示，通过安装船缓慢的水平移动，锚板在安装缆绳的作用下逐渐下嵌直至目标深度。拖曳锚的承载力主要由其嵌入深度和方位角决定，因此，对拖曳锚在海床中运动行为的研究主要体现在对其运动轨迹的预测。目前国际上主要采用理论和实验手段来探究拖曳锚的运动轨迹和嵌入机理，数值研究较少。其主要原因有两个：①安装缆绳作为拖曳锚安装过程中必须考虑的因素，通常只传递轴力不传递弯矩，较难采用有限元模拟；②拖曳锚安装过程中，缆绳和锚周围的土体将产生极大变形，传统的有限元分析方法在计算过程中很难收敛，最终导致计算失败。

拖曳锚通常由锚板和锚胫两部分构成，在理论分析拖曳锚的运动轨迹和嵌入机理时，研究者通常将复杂的锚板结构简化成矩形板[46-48,55,153]。然而，拖曳锚的运动方向（图 5.1）受锚板截面形状的影响，进而影响锚的运动轨迹。O′Neill 等[66]以及 O′Neill 和 Randolph[68]在离心机实验中发现，Vryhof Stevpris 锚（商用拖曳锚）沿着其锚板上下表面间的某一平面运动，且更接近下表面。O′Neill 等[53]采用塑性极限法分析拖曳锚的嵌入机理时发现，当锚达到极限嵌入深度时，锚板截面为矩形的锚的方位角为 24°，锚板截面为楔形的锚的方位角为 4.5°。Liu 等[83]同时通过理论和实验研究考察了拖曳锚的运动方向，且理论和实验研究的结论一致，即锚板截面为矩形的锚沿着锚板表面行进，锚板截面为楔形的锚沿着锚板的下表面行进。拖曳锚运动轨迹对其运动方向极其敏感，运动方向轻微地减小，将导致其极限嵌入深度（ultimate embedment depth，UED）（图 5.1）急剧减小，进而使得运动轨迹产生较大差别[150]。

拖曳锚安装过程中，锚与缆绳在系缆点处相互作用，这种相互作用可以通

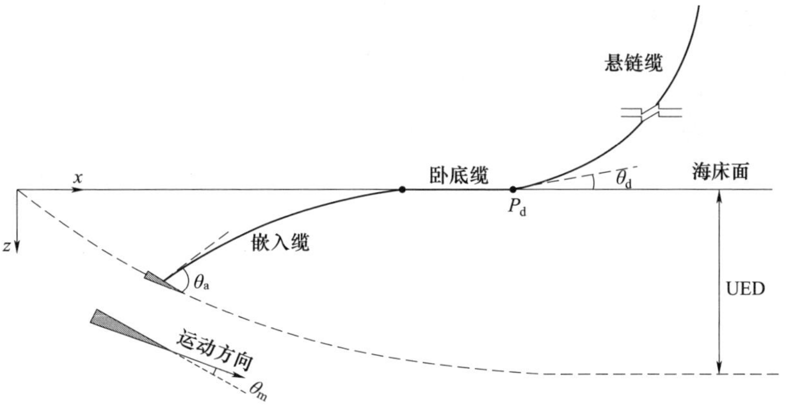

图 5.1 拖曳锚安装过程中涉及的物理概念和参数的定义

过分析系缆点处的拖曳角 θ_a 和拖曳力来量化[84]，见图 5.1。拖曳锚的运动轨迹也受 θ_a 的影响，锚的嵌入深度随着 θ_a 的增大而增大[47,62]。θ_a 的大小与锚的几何特性相关，如锚胫角。Neubecker 和 Randolph[47]、O′Neill 等[53,66] 以及 O′Neill 和 Randolph[68] 发现 θ_a 小于拖曳锚的锚胫角。Aubeny 等[54] 以及 Elkhatib 和 Randolph[154] 发现 θ_a 比锚胫角分别大 3°～8°和 12°。Liu 等[71] 在小比尺实验中发现，采用软锁锚胫的拖曳锚在整个安装过程中其 θ_a 为一常数，且等于锚胫角。Zhang 等[84] 通过理论推导建立的分析模型可以预测拖曳锚安装过程中 θ_a 的变化规律及大小，且 θ_a 的表达式与锚的锚胫角及锚胫与锚板的连接方式相关。

拖曳锚安装过程中主要涉及锚的运动轨迹、运动方向、系缆点处拖曳力和拖曳角等物理参数，且四者之间相互联系。本章基于第 3 章构造的安装缆绳，模拟拖曳锚的安装过程。通过考察网格密度、拖曳锚的安装速度及土体尺寸，得出有限元模拟拖曳锚安装时模型中上述参数的取值规律；通过与理论解对比，考察模型的可靠性和精度，同时探讨锚板截面形状对拖曳锚的运动轨迹、运动方向、系缆点处拖曳力和拖曳角的影响；通过分析安装过程中锚板的嵌入深度和拖曳角的关系，建立极限嵌入深度的经验表达式。

5.1 数值建模及考察

本节将基于第 3 章的缆绳模型，建立模拟拖曳锚安装过程的有限元模型。通过考察网格密度、拖曳速度及土体尺寸，得出有限元模拟拖曳锚安装时模型中上述参数的取值规律；通过与理论解对比，考察模型的可靠性和精度。

5.1.1 数值模型

安装过程中，安装缆绳通常分为三部分：位于海水中、由于缆绳自重形成悬链形态的悬链缆；平卧在海床表面的水平卧底缆；嵌入在海床中、由于土抗力作用形成反悬链形态的嵌入缆，如图 1.4（a）所示。实际安装过程中，水平卧底缆和嵌入缆是影响锚运动行为的主要因素，因此，在本节的数值分析中，安装缆绳仅包含水平卧底缆和嵌入缆两部分。安装缆绳的构造方式如图 3.2（a）所示，其中 $L_u=5d$。本章设计了 4 种拖曳锚。其中一个锚的锚板截面为矩形，简称矩形锚；3 个为楔形截面，简称楔形锚，如图 5.2 所示。楔形锚 1 的上表面长于下表面；楔形锚 2 的截面为等腰三角形；楔形锚 3 的上表面短于下表面。4 种锚的几何尺寸见表 5.1，其中 L、B 和 t 分别为锚板的长、宽和厚，L_s、H_s 和 t_s 分别为锚胫的长、高和厚，θ_s 为锚的锚胫角，L_1 和 L_2 分别为楔形锚上下表面的长度，θ_w 为楔形锚的楔形角的大小，如图 5.2 所示。

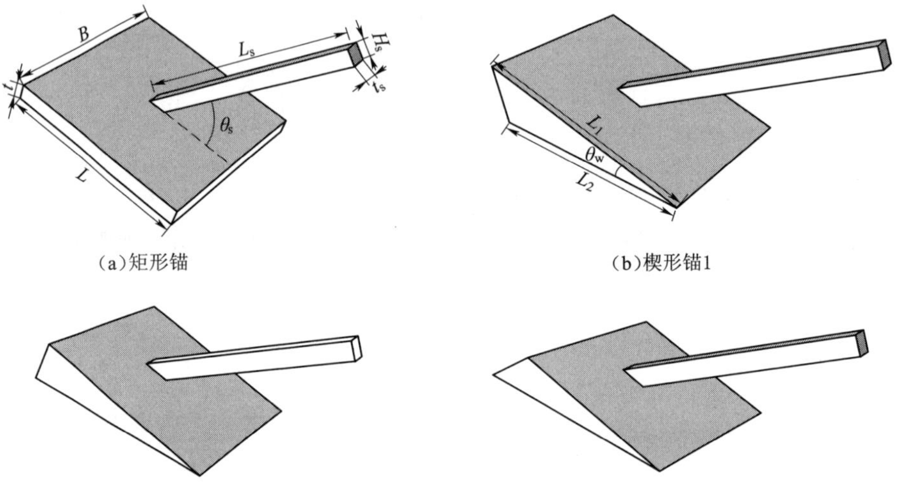

(a)矩形锚　(b)楔形锚1　(c)楔形锚2　(d)楔形锚3

图 5.2 模型锚

表 5.1 模型锚的几何尺寸

参数	矩形锚	楔形锚 1	楔形锚 2	楔形锚 3
L 或 L_2/m	2	1.7	2	2
L_1/m	2	2	2	1.7
B/m	2	2	2	2
t/m	0.2	—	—	—

续表

参数	矩形锚	楔形锚 1	楔形锚 2	楔形锚 3
L_s/m	2.4	2.4	2.4	2.4
H_s/m	0.2	0.2	0.2	0.2
t_s/m	0.2	0.2	0.2	0.2
θ_s/(°)	45	45	45	45
θ_w/(°)	—	12	12	12

土体为饱和黏土，视为不排水条件，采用基于 Mises 屈服准则的理想弹塑性模型，并服从相关联流动法则。土体弹性模量采用 $E=500s_u$，泊松比取 0.49。由于所分析问题具有对称性，将采用对称模型，值得注意的是，为了提高计算效率将土体设置为 T 形，模型设置如图 5.3 所示。其中，L_{soil1} 和 L_{soil2} 分别为土体 T 形截面的最大和最小长度，W_{soil1} 和 W_{soil2} 分别为土体模型的最大和最小宽度，H_{soil} 为土体模型的高度。计算所需参数见表 5.2，其中，L_i 为初始时刻平铺在海床上的安装缆绳的长度，γ'_{anchor} 为拖曳锚的浮容重，v 为在拖曳点处施加的拖曳速度。

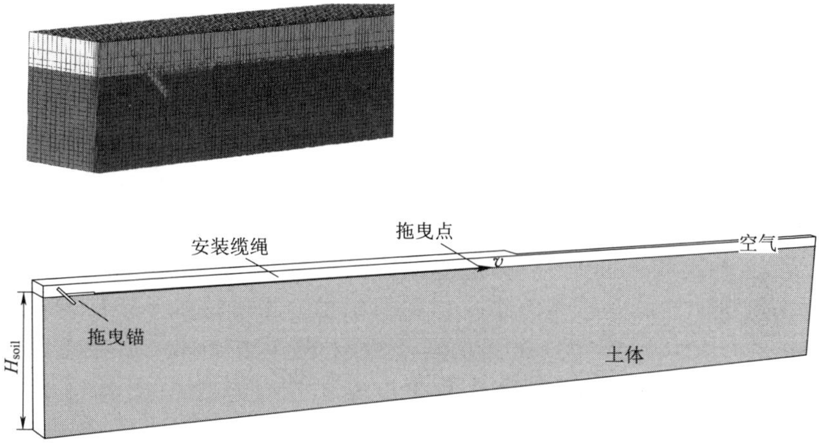

(a)全视图

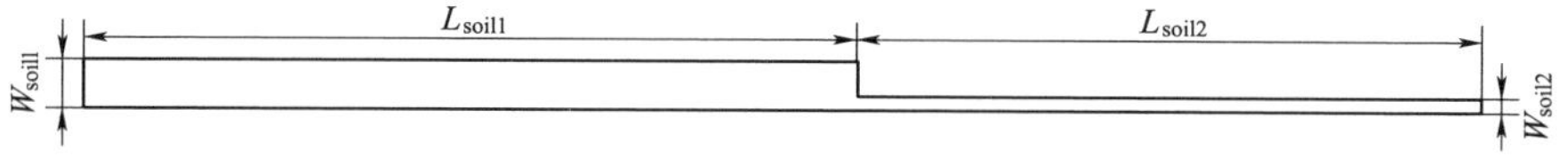

(b)俯视图

图 5.3 模拟拖曳锚安装过程的有限元模型

表 5.2 拖曳锚安装过程模拟所需参数

L_{soil1} /m	L_{soil2} /m	W_{soil1} /m	W_{soil2} /m	H_{soil} /m	L_i /m	s_u /kPa	d /m	γ'_{soil}/(kN/m³)	μ	γ'_{line}/(kN/m³)	γ'_{anchor}/(kN/m³)
47	38	3	0.85	13	37.8	$5+1.5z$	0.1	7	0.1	68	68

5.1.2 网格密度、土体尺寸和拖曳速度的影响

在系统研究拖曳锚的嵌入机理和运动特性之前，需要先考察网格密度、土体尺寸和拖曳速度对数值计算结果的影响。在保证计算精度的前提下，以期获得计算效率最优的数值分析模型。考察的物理量包括锚的运动方向、系缆点处拖曳力和拖曳角以及锚的运动轨迹。锚的运动方向指拖曳锚锚板重心的嵌入方向与锚板上表面的夹角，用 θ_m 来表示，规定顺时针为正，逆时针为负；拖曳角指系缆点处拖曳力与锚板上表面的夹角，用 θ_a 来表示，如图 5.1 所示。考察中土体不排水抗剪强度取 $s_u=(5+1.5z)$kPa。

1. 网格密度对数值计算结果的影响

本节采用了 3 种疏密程度不同的土体网格，网格设置见表 5.3，数值计算结果如图 5.4 所示。图 5.4 (a) 和 (b) 表明，不同土体网格密度下，锚的运动方向 θ_m 和系缆点处拖曳角 θ_a 在拖曳距离 $S \geqslant 2B$ 时近似为常数，因此，θ_m 和 θ_a 的平均值$\overline{\theta_m}$和$\overline{\theta_a}$也列于表 5.4 以展示网格密度、土体尺寸和拖曳速度对锚的运动方向和拖曳角的影响。计算结果表明，随着网格密度的增大，数值计算结果趋于收敛。综合计算精度和计算效率，接下来的分析中将采用 Mesh B。值得注意的是，本节中土体网格的划分均以锚板和缆绳的几何特征参数为参照，如：锚板宽度 B、缆绳直径 d 和离散柱体的长度 L_u。因此，可以将该网格划分标准作为数值模拟拖曳锚安装过程时土体网格划分的参考。

表 5.3 土体网格设置

工况	垂直于拖曳锚运动平面所在方向的网格密度				全局网格	网格数
	缆绳下方	锚胫下方	锚板下方	锚板以外		
Mesh A	$d/2$	$d/2$	$d/2 \sim B/10$	$B/10$	$L_u/3$	415124
Mesh B	$d/4$	$d/4$	$d/4 \sim B/10$	$B/10$	$L_u/4$	875420
Mesh C	$d/6$	$d/6$	$d/6 \sim B/10$	$B/10$	$L_u/5$	1648640

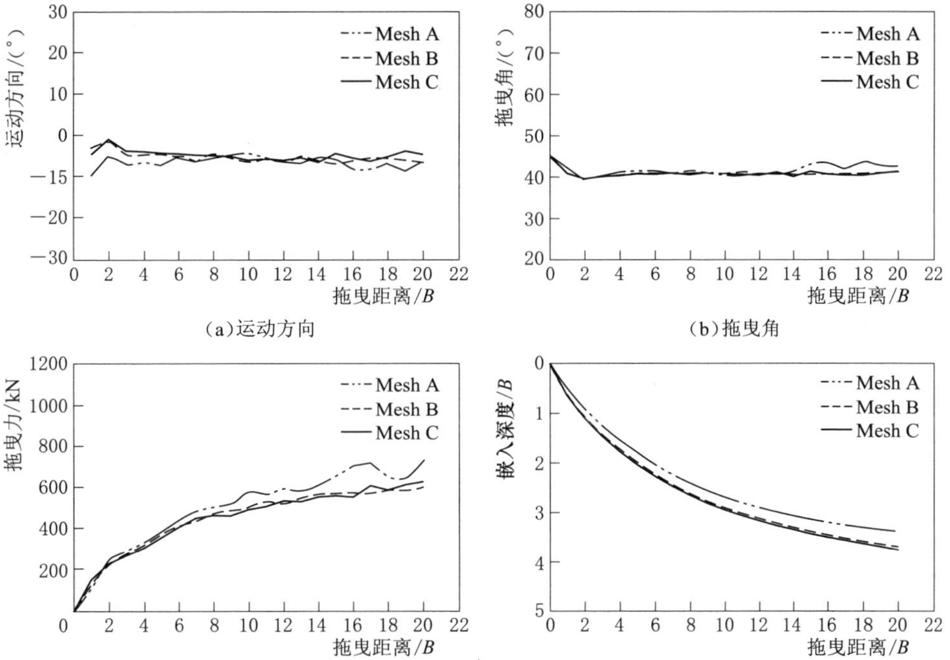

(a)运动方向 (b)拖曳角

(c)系缆点处拖曳力 (d)运动轨迹

图 5.4 网格密度对数值计算结果的影响

2. 土体尺寸对数值计算结果的影响

在保证计算精度的前提下，如何提高模型的计算效率在数值分析中显得尤为重要。模型土体尺寸的定义如图 5.3 所示，土体的深度 H_{soil} 由锚的最终嵌入深度 z_{end} 决定，建议 H_{soil} 取 $z_{end}+2B$；土体宽度 W_{soil2} 由缆绳的直径决定，第 3 章构建缆绳的工作表明，W_{soil2} 取 $8.5d$ 能够保证缆绳模拟的精度。在分析条形基础承载力时，研究者通常建议土体宽度取 $6B$ 。然而，拖曳锚的嵌入深度受土体侧壁的影响要小于其受土体长度的影响，W_{soil1} 直接采用 $6B$ 可能会降低模型的计算效率。本节设置了 3 个 W_{soil1} 值以考察其对数值计算结果的影响，见表 5.4 和图 5.5。计算结果表明，W_{soil1} 几乎不影响数值计算结果，因此，建议 W_{soil1} 取 $1.5B$。

表 5.4 网格密度、土体尺寸和拖曳速度对 $\overline{\theta_m}$ 和 $\overline{\theta_a}$ 的影响

网格密度	W_{soil1} /B	拖曳速度/s^{-1}	$\overline{\theta_m}$/(°)	$\overline{\theta_a}$/(°)
Mesh A	1.5	$B/2$	−6.3	41.3
Mesh B	1.5	$B/2$	−5.4	40.7
	3.5		−5.5	40.7

续表

网格密度	W_{soil1}/B	拖曳速度/s^{-1}	$\overline{\theta_m}$/(°)	$\overline{\theta_a}$/(°)
Mesh B	6.5	$B/2$	−5.4	40.7
	1.5	B	−5.5	40.8
		$B/4$	−4.7	40.6
		$B/8$	−4.5	40.5
Mesh C	1.5	$B/2$	−5.1	40.5

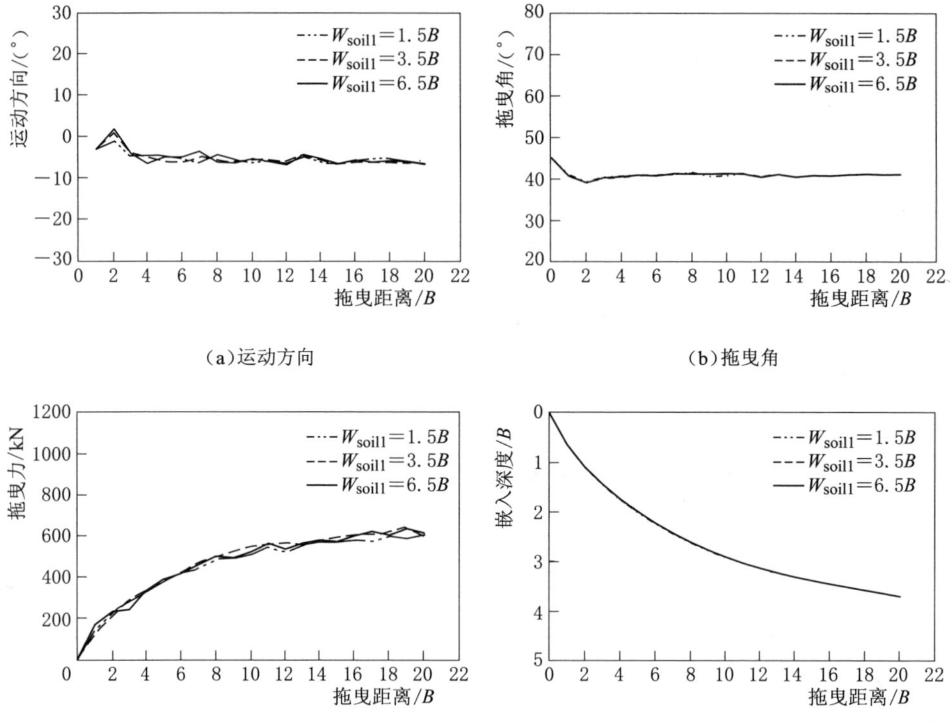

(a)运动方向　(b)拖曳角

(c)系缆点处拖曳力　(d)运动轨迹

图 5.5　土体尺寸对数值计算结果的影响

3. 拖曳速度对数值计算结果的影响

拖曳锚的拖曳安装速度直接影响锚的嵌入特性，如锚的嵌入深度和拖曳力[49,73]。本书通过在拖曳点处施加拖曳速度 v 来模拟锚的实际拖曳过程，如图 5.3 (a) 所示。采用了 4 个拖曳速度 $v=B\ s^{-1}$、$B/2\ s^{-1}$、$B/4\ s^{-1}$和$B/8\ s^{-1}$来考察其对拖曳锚运动特性的影响，见表 5.4 和图 5.6。计算结果表明，$\overline{\theta_m}$和$\overline{\theta_a}$随着拖曳速度的减小发生轻微的减小，不同拖曳速度下$\overline{\theta_m}$和$\overline{\theta_a}$的差值分别不

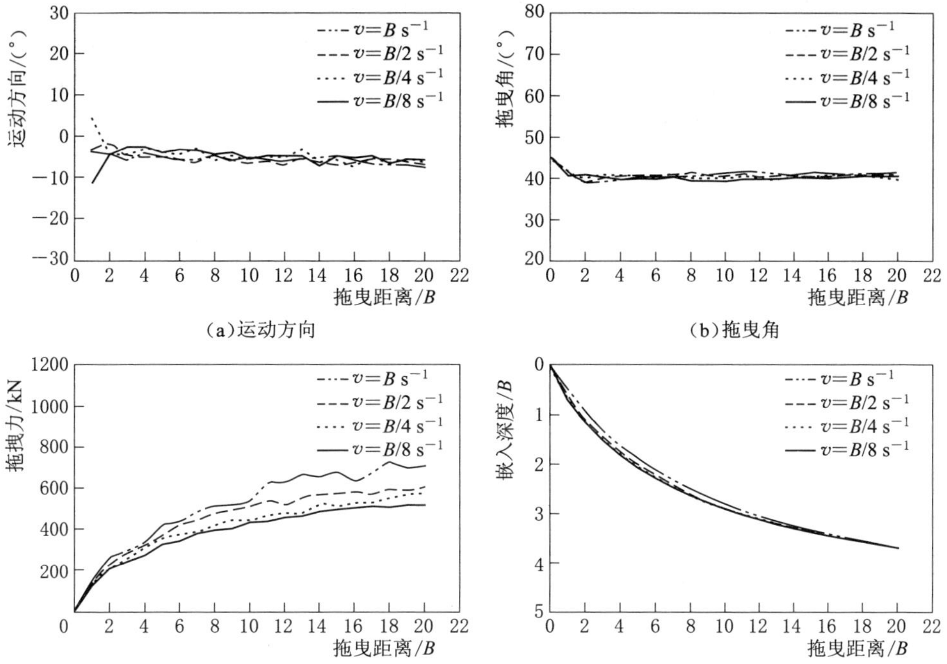

(a)运动方向　(b)拖曳角　(c)系缆点处拖曳力　(d)运动轨迹

图 5.6　拖曳速度对数值计算结果的影响

超过1°和0.3°。然而，拖曳速度对拖曳力的影响较大，拖曳力随着拖曳速度的减小而减小，且有收敛的趋势。锚的运动轨迹随着拖曳速度的减小而逐渐收敛，$v=B\ s^{-1}$时的运动轨迹在拖曳前期与其他3个速度下的运动轨迹区别较大，但四者的最终嵌入深度相同。这是由于在拖曳锚嵌入过程的前期，速度较大时，土体的承载力不足以使锚在海床中形成稳定的嵌入，继续增大拖曳速度，锚可能在嵌入初始就倾覆于海床面上，无法下嵌。为了与基于静力分析的理论解对比以及进行确定性分析，拖曳速度建议采用 $v=B/4s^{-1}$。为了保证 $v=B/4s^{-1}$ 下的分析为准静态分析，检测了整个计算过程中模型动能与内能的比值，其最大值为1.8%，满足ABAQUS对准静态分析的要求，即模型动能与内能的比值需小于10%[138]。

5.1.3　对比考察

Murff 等[153]针对拖曳锚的运动轨迹和拖曳力进行了对比研究，该研究采用了5个机构或个人的预测方法。其中预测者1、2、4、5采用了极限平衡法，预测者3采用了塑性极限法。5个预测者的计算结果差异很大，但计算结果的规律一致。在 Murff 等[153]设计的对比工况中，锚胫角 $\theta_s=50°$的工况下，拖曳距离和锚的嵌入深度分别达到了 400m 和 75m，但采用 CEL 法模拟该工况极其费时。所以，采用锚胫角 $\theta_s=35°$的工况（对应于 Murff 等[153]所设计工况中的 Case4）来考察并得出本书的计算结果。对比研究中所采用的拖曳锚如图 5.7 所示，计算参数见表 5.5。

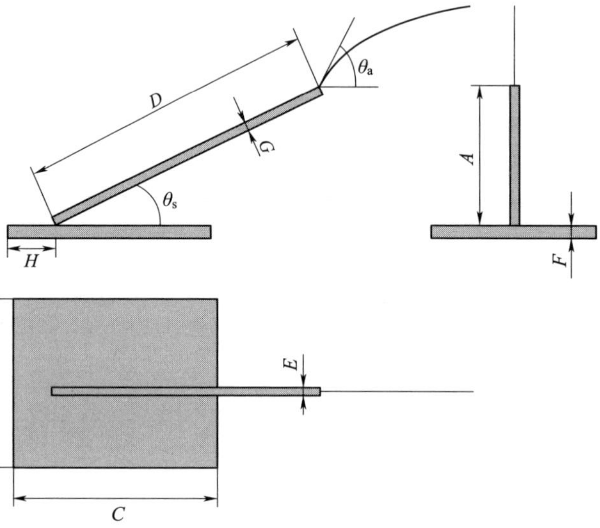

图 5.7 拖曳锚示意图[153]

表 5.5 计 算 参 数[153]

θ_s/(°)	A/m	B/m	C/m	D/m	E/m	F/m	G/m	H/m	d/m	L_i/m	s_u /kPa	μ	v/s^{-1}
35	2.23	3.0	1.5	3.89	0.2	0.2	0.2	0	0.05	120	1.5z	0.1	B/4

本书的计算结果与 5 个预测者的结果对比如图 5.8 所示。Murff 等[153]只提供了预测者 3 所计算的完整曲线，但同时给出了其他预测者计算的系缆点的极限嵌入深度 z_{UED} 和达到极限嵌入深度时的拖曳力 T_{UED}。因此，在对比时给出了预测者 3 的完整计算曲线和 5 个预测者预测的 z_{UED} 和 T_{UED} 的最大和最小值，如图 5.8 所示。计算结果表明，本文计算的系缆点的运动轨迹和拖曳力与预测者 3 的计算结果的规律一致，即系缆点的嵌入深度和拖曳力均随着拖曳距离的增大而增大，最终达到一个极限值。本文计算的 z_{UED} 和 T_{UED} 分别为 13.03m 和 471kN，均落在 5 个预测者计算结果的范围内。因此，可以证明本书数值模型的可靠性。值得注意的是，本节只是数值模型考察的一部分，5.2 节将会对模型作进一步的考察。

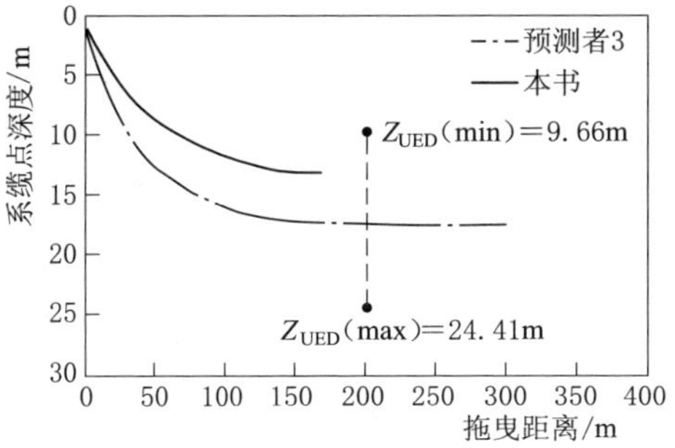

(a)运动轨迹

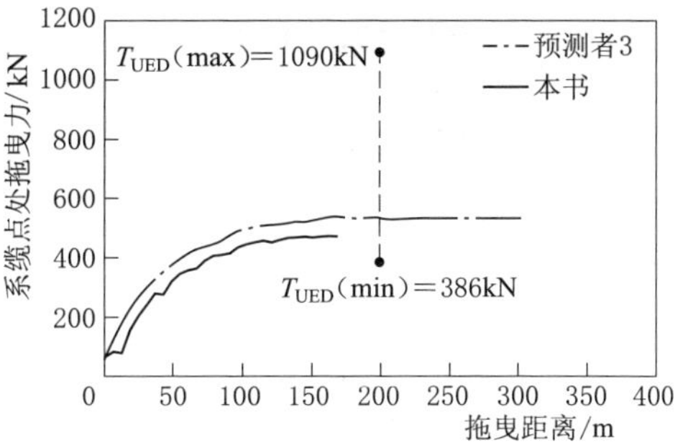

(b)系缆点处拖曳力

图 5.8 本书的计算结果与 Murff 等[153]的对比

5.2 锚板截面形状对锚的运动特性和嵌入机理的影响

本节采用 5.1.1 节设计的 4 种不同截面形状的拖曳锚（图 5.2）及模型参数（表 5.1 和表 5.2）来研究锚板截面形状对锚运动特性和嵌入机理的影响。与此同时，与 Liu 等[13,83]、Zhang 等[84]以及 Neubecker 和 Randolph[12]的用于分析拖曳锚运动方向、拖曳角、运动轨迹和拖曳力的理论解进行对比。最终达到两个目的：①进一步考察本书数值模型的可靠性和精度；②通过对比分析，获得锚板截面形状对拖曳锚运动特性和嵌入机理影响的一般性规律。

在对比分析之前，对 Liu 等[13,83]、Zhang 等[84]以及 Neubecker 和 Randolph[12]的理论模型中含有的两个重要参数进行讨论，即缆绳承载力系数 N_{cl} 和锚板承载力系数 N_{cf}。对于嵌入在海床中的铁链和铁缆，Vivatrat 等[7]、Yen 和 Tofani[155]以及 DNV[50]分别建议 N_{cl} 的取值范围为 9～11、8.4～11 和 9～14。Degenkamp 和 Dutta[8]在分析嵌入缆的反悬链形态时，直接采用了 $N_{cl}=7.6$。因此，N_{cl}的取值范围为 7.6～14，在本节的对比分析中，理论解采用 N_{cl} 的中间值 10.8。

对于深埋锚板，Rowe[156]和 Merifield 等[157]分别建议 N_{cf} 的取值范围为 10.28～11.42 和 11.16～11.86。Neubecker 和 Randolph[47]以及 O'Neill 等[53]在分析拖曳锚运动轨迹时，N_{cf} 分别取 9 和 11.87。Elkhatib 和 Randolph[154]认为 N_{cf} 与锚板的宽厚比相关，宽厚比为 7 和 20 的锚板的 N_{cf} 值分别为 9.1 和 11.7。而 Thorne[48]和 Ruinen[51]在其分析拖曳锚运动轨迹时，N_{cf} 采用了 7.6。调研表明，N_{cf} 的取值范围为 7.6～11.87，所以，在本文的对比分析中理论解采用 N_{cf} 的中间值 9.7。

5.2.1 对运动方向的影响

拖曳锚的运动方向通常指锚板重心的嵌入方向与锚板上表面的夹角[83]，然而锚板上不同点的嵌入方向可能不同。在研究锚的运动方向之前，先考察锚板上不同点的运动方向。本书拟采用锚板上6个位置不同的点来研究锚的运动方向，如图5.9所示。以楔形锚1为例，其锚板上6个点的运动方向如图5.10所示。计算结果表明，锚的运动方向 θ_m 在拖曳距离 $S \geqslant 2B$ 时近似为常数。4种锚板上的6个典型点的 $\overline{\theta_m}$ 值均列于表5.6中。从表中可以看出Point 1和Point 5以及Point 2和Point 4的运动方向近似相等，这说明锚板上下表面相同位置处的点的运动方向相同。除了楔形锚1外，其他锚上Point 3的运动方向稍大于Point 1的运动方向。但总体来讲，锚板上不同点的运动方向相同，不受锚板截面形状的影响。因此，采用锚板重心的运动方向作为锚的运动方向是合理的，接下来如果没有特别说明，锚的运动方向的定义均采用该原则。

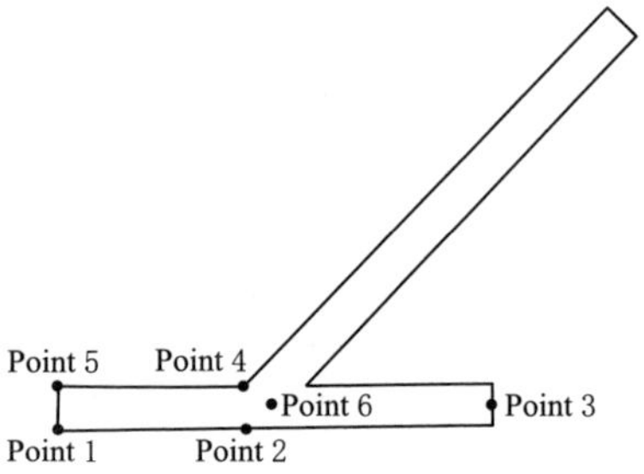

(a)矩形锚

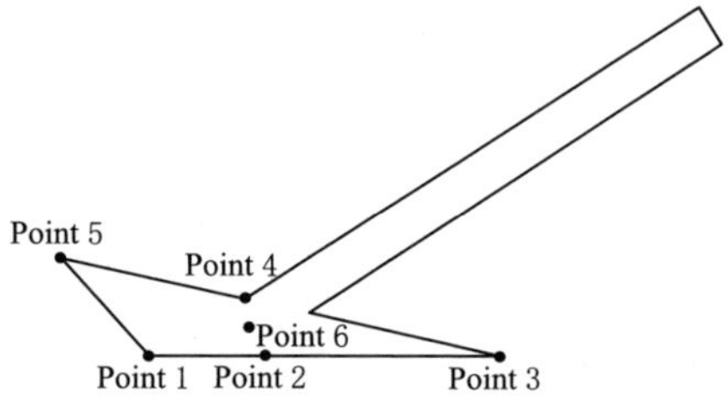

(b)楔形锚1

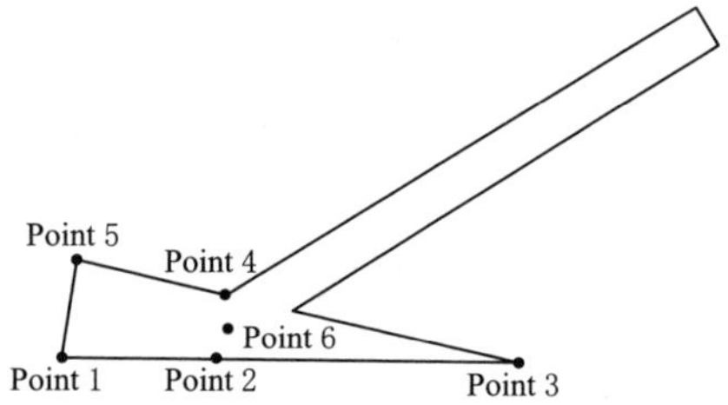

(c)楔形锚2

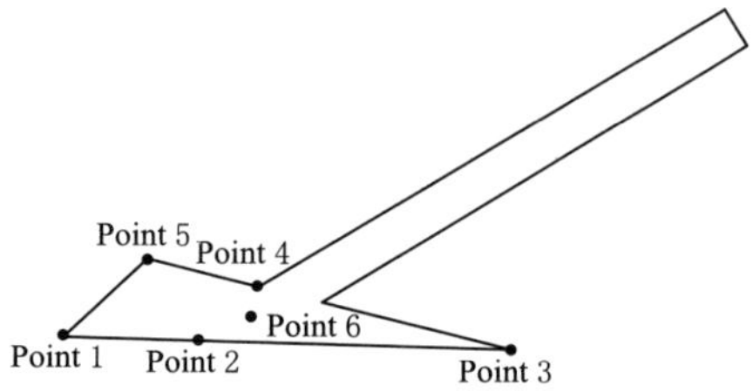

(d)楔形锚3

图5.9 模型锚锚板上典型点的示意图

本节同时采用了Liu等[83]的理论模型来计算4种锚的运动方向。值得注意的是，Liu等[83]的理论模型中黏滞系数 α 的定义与本文数值模型中摩擦系数 μ 的定义不同。因此，理论模型中的 α 通过公式 $\alpha = F_s/A_s$ 来求解，式中，F_s 为数值求得的锚所受到的摩擦力，A_s 为锚的有效摩擦面积。数值模型求得矩形锚、楔形锚1、楔形锚2和楔形锚3对应的 α 分别为0.42、0.46、0.51和0.47。

表 5.6 锚板上典型点的$\overline{\theta_m}$值

锚	Point 1	Point 2	Point 3	Point 4	Point 5	Point 6
矩形锚	−4.2°	−4.7°	−5.3°	−4.8°	−4.3°	−4.7°
楔形锚 1	−10.4°	−10.3°	−10.2°	−10.4°	−10.4°	−10.4°
楔形锚 2	−10.2°	−10.6°	−11.3°	−10.5°	−10.3°	−10.6°
楔形锚 3	−11.3°	−11.5°	−11.8°	−11.5°	−11.4°	−11.5°

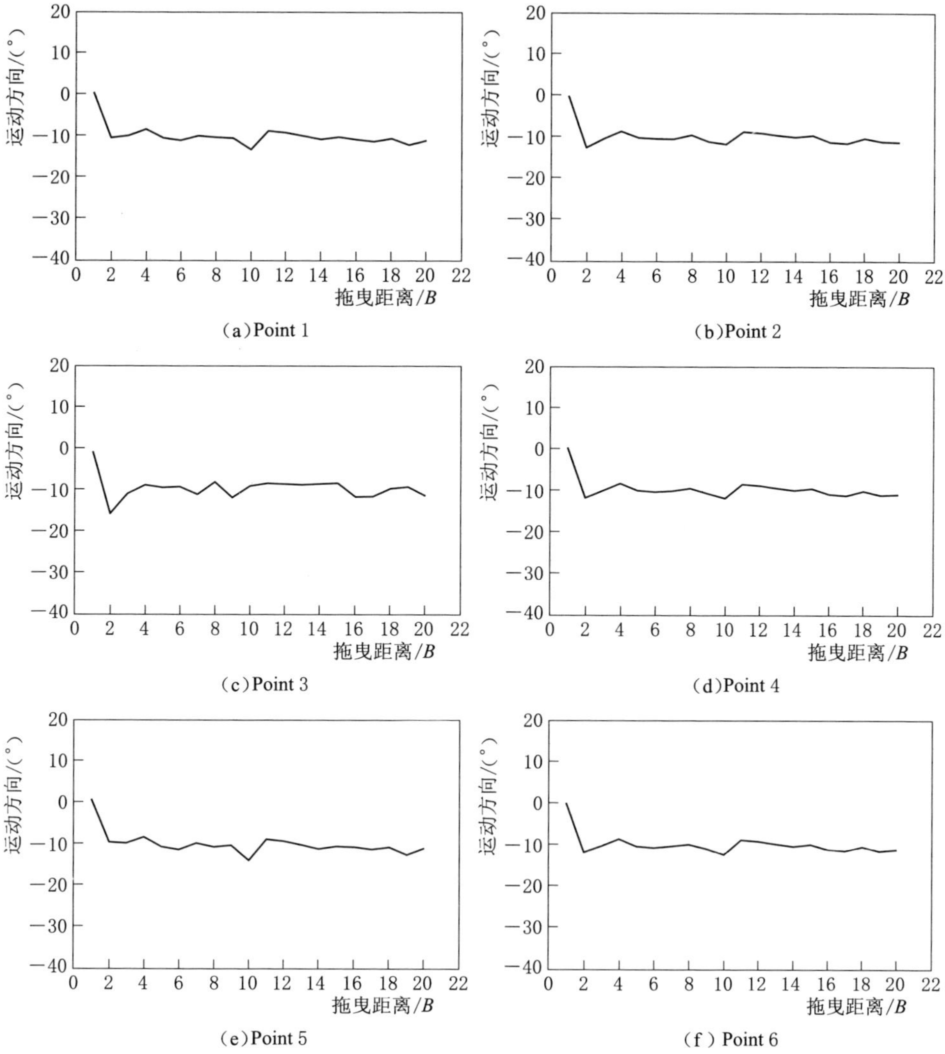

图 5.10 楔形锚 1 上典型点的运动方向

数值和理论计算求得的 4 种锚的运动方向如图 5.11 所示。图 5.11 (a) 表明，对于矩形锚来说，数值计算求得锚的运动方向近似为常数，且 $\overline{\theta_m}=-4.7°$，即锚沿着与锚板下表面成逆时针 4.7°的方向运动。Liu 等[83]求得矩形锚的运动方向为常数 0°，即锚沿着锚的上表面或者下表面运动。数值与理论计算出现的差异可能是数值计算中矩形锚较钝的锚尖造成的。图 5.11（b）表明，数值计算求得的楔形锚的运动方向也近似为常数，楔形锚 1、楔形锚 2 和楔形锚 3 的 $\overline{\theta_m}$ 分别为−10.4°、−10.6°和−11.5°，3 种楔形锚的楔形角均为 12°，因此楔形锚沿着锚板上下表面之间的某一方向运动，且更接近锚的下表面。Liu 等[83]求得楔形锚的运动方向为常数 12°，等于楔形锚的楔形角，即锚沿着锚板的下表面运动。

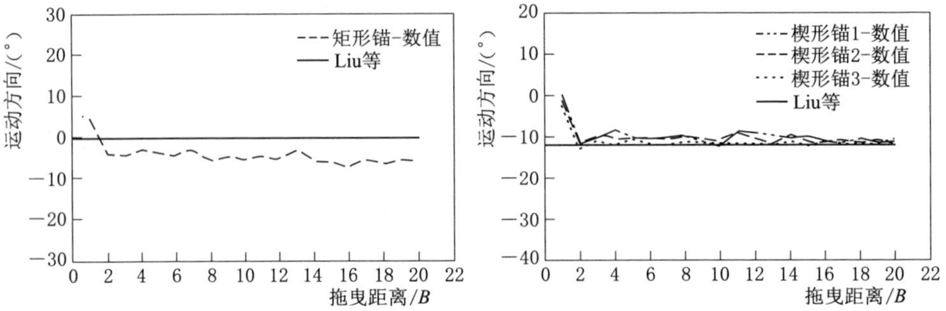

(a)矩形锚　　(b)楔形锚

图 5.11　数值和理论计算求得的四种锚的运动方向

5.2.2　对拖曳角的影响

Zhang 等[84]推导了系缆点处拖曳角 θ_a 的解析表达式，通过锚的几何特征参数可以求得 θ_a 的值，即

$$\theta_a=\arctan\left(\frac{y_{\text{shackle}}-y_m}{x_{\text{shackle}}-x_m}\right)=\arctan\left[\frac{(2+m_s/m_f)\sin\theta_s}{(2+m_s/m_f)\cos\theta_s-2L_1/L_s}\right] \tag{5.1}$$

式中：（x_m，y_m）和（x_{shackle}，y_{shackle}）分别锚的质心和系缆点的坐标值；m_f 和 m_s 分别为锚板和锚胫的质量；L_1 为质心到锚板-锚胫连接点的距离；L_s 为锚胫的长度。

由于本文所采用的 4 种锚的锚胫中轴线均通过锚板的质心，所以 $L_1/L_s=0$，进而通过式（5.1）求得 $\theta_a=\theta_s=45°$，如图 5.12 所示。

数值和理论计算求得的 4 种锚的拖曳角如图 5.12 所示。计算结果表明，数值求得的拖曳角在 $S\geqslant 2B$ 时近似为常数，矩形锚、楔形锚 1、楔形锚 2 和楔形锚 3 对应的 $\overline{\theta_a}$ 分别为 40.6°、35.4°、39.2°和 39.4°。除了楔形锚 2 以外，数值求得其他锚的拖曳角近似相等，且小于锚的锚胫角 45°。Zhang 等[84]的理

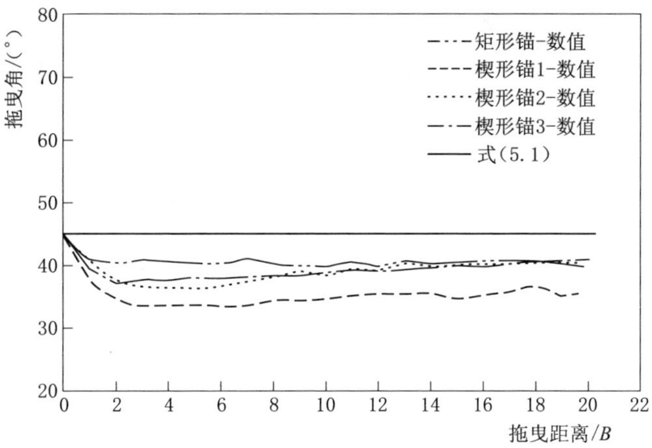

图 5.12　数值和理论计算求得的 4 种锚的拖曳角

论解求得 4 种锚的拖曳角均等于锚的锚胫角 45°。值得注意的是，所采用的 4 种锚均有相同的锚胫角和锚板-锚胫连接方式（锚胫中轴线通过锚板质心）。数值和理论分析均表明，拖曳锚安装过程中，拖曳角与锚的锚胫角以及锚板-锚胫的连接方式直接相关。

5.2.3　对系缆点处拖曳力的影响

Neubecker 和 Randolph[12] 推导出饱和黏土中系缆点处系缆力的解析表达式，当嵌入点处缆绳与海床面的夹角为 0 时，系缆点处系缆力可以通过式（3.1）求得，式（3.1）所用参数见表 5.7。数值计算和式（3.1）求得的系缆点处拖曳力如图 5.13 所示。计算结果表明，数值计算求得的拖曳力均大于 Neubecker 和 Randolph[12] 的理论解，这是由于理论计算中采用了工程中 N_{cl} 取值范围的中间值 10.8，而且数值结果并没有超过其最大值 $N_{cl}=14$ 时求得的拖曳力。另外，数值计算求得的拖曳力受拖曳速度的影响，并随着拖曳速度的减小而减小（5.1.2 节），式（3.1）不能反映该点。如何在理论分析中考虑拖曳速度对拖曳力的影响将在第 6 章中给予解答。

表 5.7　　Liu 等[13] 的理论模型预测拖曳锚运动轨迹时所需参数

锚	b/m	s_u/kPa	N_{cl}	N_{cf}	ε/m	θ_a/(°)	θ_m/(°)	α
矩形锚	0.1	5+1.5z	10.8	9.7	3.33	45	0	0.42
楔形锚 1							−12	0.46
楔形锚 2								0.51
楔形锚 3								0.47

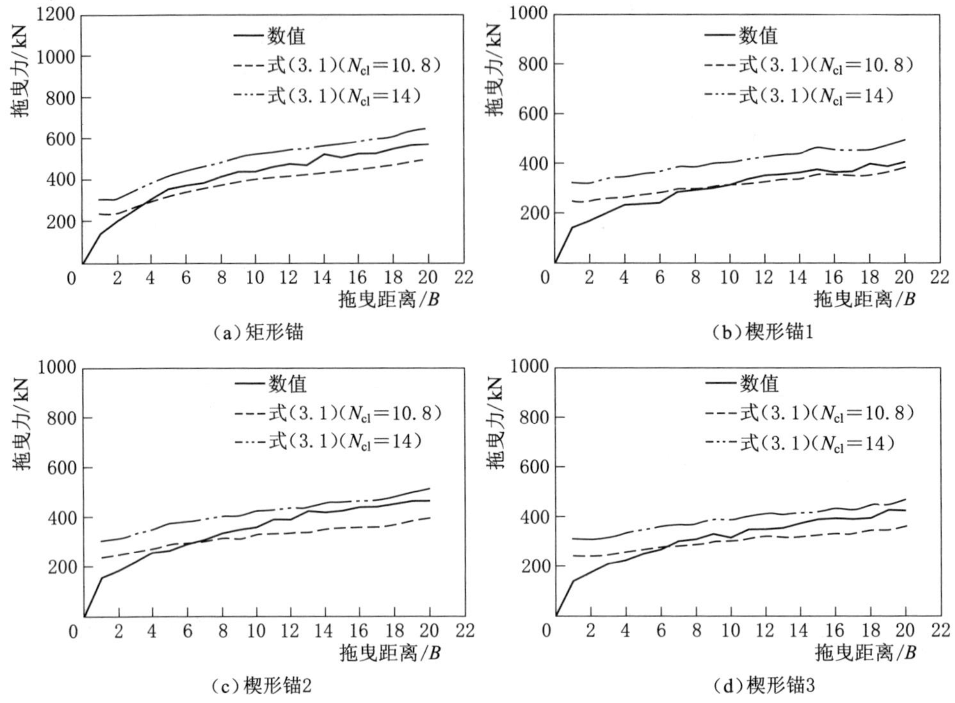

图 5.13 数值计算和式（3.1）求得的系缆点处拖曳力

5.2.4 对运动轨迹的影响

Liu 等[13]的理论模型将与本书的数值模型一同来预测拖曳锚的运动轨迹。Liu 等[13]计算拖曳锚的运动轨迹时所需参数见表 5.1 和表 5.7，其中，b 为安装缆绳的有效承载宽度，$b=d$ [12,13]；ε 为与安装缆绳和土体性质相关的参数，$\varepsilon=(s_{u0}+k\zeta)/k$，$\zeta$ 为缆绳的初始下嵌深度（图 3.8）。用数值模型和理论模型求得的拖曳锚运动轨迹如图 5.14 所示，对于 4 种类型的拖曳锚两者均有很好的吻合。

图 5.14（e）和（f）表明，矩形锚的嵌入效率要高于楔形锚的嵌入效率，即相同拖曳距离下，矩形锚的嵌入深度更大。这是由于拖曳锚的运动方向 θ_m 和拖曳角 θ_a 对锚的嵌入深度影响较大，锚的嵌入深度随着 θ_m 和 θ_a 的增大而增大。因此，$\theta_a+\theta_m$ 可以作为衡量拖曳锚嵌入效率的一个指标。矩形锚、楔形锚 1、楔形锚 2 和楔形锚 3 的 $\theta_a+\theta_m$ 值分别为 35.9°、25.0°、28.6°和 27.9°。数值和理论计算均显示楔形锚 2 的嵌入深度最深，这是由于楔形锚 2 的有效承载面积大于其他两种楔形锚。数值分析显示楔形锚 1 的嵌入深度最小，而理论分析显示楔形锚 3 的嵌入深度最小。表 5.7 显示，理论分析中 3 种楔形锚的 θ_a+

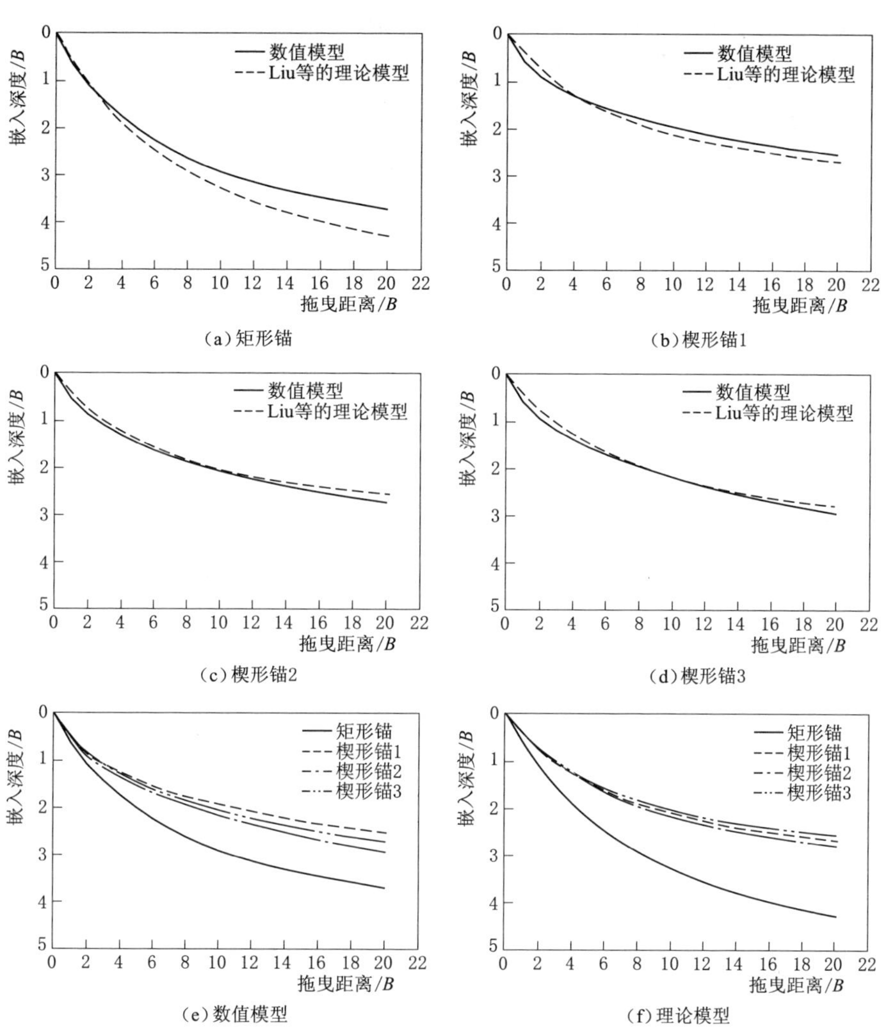

图 5.14 用数值模型和理论模型求得的运动轨迹

θ_m 值相等，那么承载面积将决定锚嵌入深度的大小，而楔形锚 3 的承载面积最小，因此，理论求得楔形锚 3 的嵌入深度最小；数值分析中，3 种楔形锚的 $\theta_a+\theta_m$ 值不同，且楔形锚 1 的 $\theta_a+\theta_m$ 值明显小于其他两个楔形锚，相较于承载面积，$\theta_a+\theta_m$ 的值起主导作用，因此，数值分析中楔形锚 1 的嵌入深度最小。

表 5.8 给出了拖曳结束（$S=20B$）时，用数值模型和理论模型分别求得的锚的水平位移 x_a。数值和理论计算结果均表明锚的水平位移大于其拖曳距离，但差距较小，不超过 4.05%。楔形锚水平位移与拖曳距离的差别要比矩形锚的小，这是由于楔形锚的嵌入深度较小。在拖曳锚的安装过程中，锚的运

动轨迹是不可见的，但拖曳距离可以由安装船来控制。通过表5.8的计算结果，我们可以认为锚的水平位移与其拖曳距离近似相等，这样在实际工程中可以通过拖船的拖曳距离来控制锚的水平位移，为锚的精确定位提供理论支撑。

表5.8　　拖曳距离和锚水平位移的对比

锚	S/B		x_a/B		$(x_a-S)/S$/%	
	数值	理论	数值	理论	数值	理论
矩形锚	20		20.63	20.81	3.15	4.05
楔形锚1	20		20.38	20.40	1.90	2.00
楔形锚2	20		20.43	20.43	2.15	2.15
楔形锚3	20		20.41	20.37	2.05	1.85

5.3 拖曳锚安装过程中土体的流动机制

图5.15展示了拖曳锚安装过程中，$S=0B$、$S=10B$和$S=20B$时拖曳锚

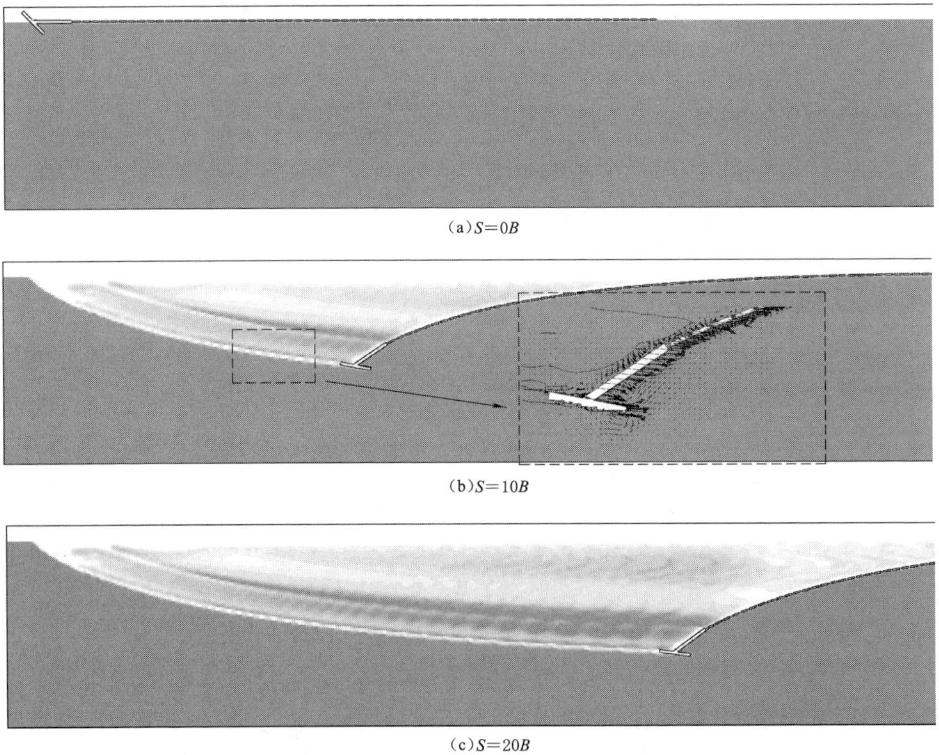

(a)$S=0B$

(b)$S=10B$

(c)$S=20B$

图5.15　拖曳锚安装过程中土体的流动机制

的运动轨迹、安装缆绳的变形和土体的流动机制。在安装缆绳的拖曳作用下，锚和部分安装缆绳逐渐嵌入海床中，且安装缆绳在海床土中形成反悬链形态。图 5.15（b）给出了当 $S=10B$ 时，拖曳锚安装过程中锚板周围土体的流动机制，如图所示，安装过程中锚板几乎沿着锚板表面行进，这与 5.2.1 节的结论一致。锚板上下表面附近的土体的运动方向与锚板的运动方向一致，即沿着板面方向流动；锚板前端土体随着锚的嵌入回流至锚板上、下表面尤其是下表面，土体的这种破坏模式与条形基础嵌入的破坏模式相同，间接证明了理论分析中采用条形基础承载力公式计算锚板所受土抗力的合理性；锚和缆绳后方的土体在自重的作用下向下运动，回流至锚和缆绳周围。

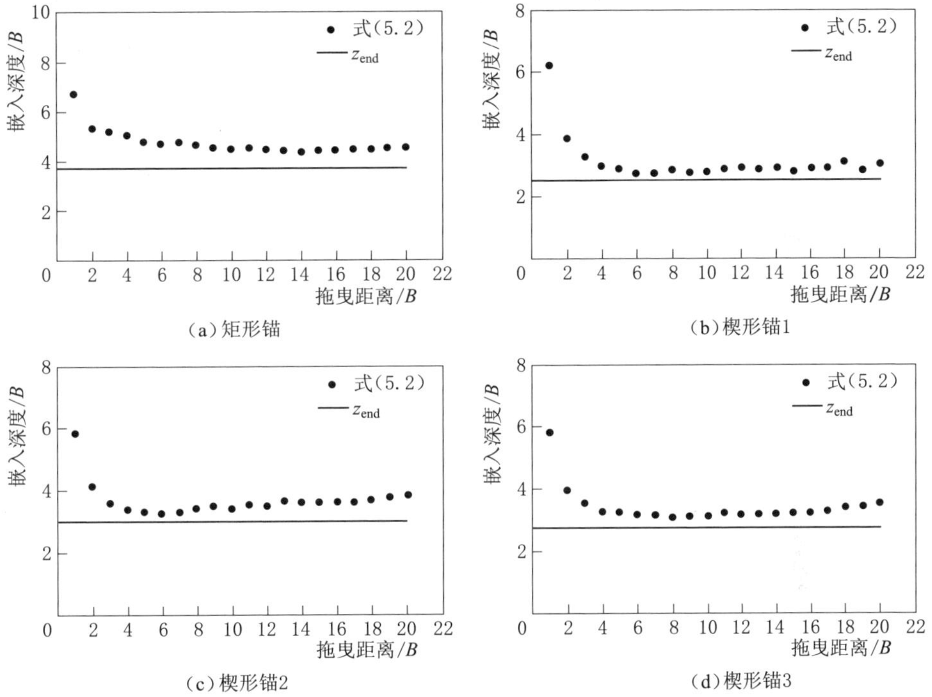

图 5.16　极限嵌入深度的经验表达式的验证

5.4　极限嵌入深度的经验表达式

拖曳锚的极限嵌入深度 UED 指在安装缆绳足够长的前提下，锚所能达到的最大嵌入深度，如图 5.1 所示。拖曳锚的极限嵌入深度是衡量其承载性能的一个重要指标[150]。当锚达到极限嵌入深度时，锚板将沿着水平方向移动而不再向下嵌入，该特性被广泛应用于分析拖曳锚的运动轨迹[46-48,53]。本节基于有限元计算结果得出极限嵌入深度的经验表达式，为拖曳锚的安装和定位提供理论支撑。

拖曳锚的整个安装过程满足两个边界条件，即：拖曳初始，$z_a=0$，$\theta_{ah}=0°$；拖曳结束，$z_a=z_{UED}$，$\theta_{ah}=\theta_a$。z_a 和 θ_{ah} 分别为锚板的嵌入深度及系缆点处缆绳与水平面的夹角。基于数值计算结果，极限嵌入深度 z_{UED} 可以表示为

$$z_{UED}=z_a\left(\frac{\theta_a}{\theta_{ah}}\right)^2 \tag{5.2}$$

拖曳结束时，矩形锚、楔形锚 1、楔形锚 2 和楔形锚 3 的运动方向与水平面的夹角分别为 3.8°、2.3°、3.6°和 3.4°，可以近似认为 4 个锚均已到达极限嵌入深度。图 5.16 给出了式（5.2）计算的 z_{UED} 和拖曳结束时锚的嵌入深度 z_{end}，式（5.2）求得的 z_{UED} 在整个拖曳过程中近似为常数，该现象符合物理实际，即锚的极限嵌入深度是一个唯一值。矩形锚、楔形锚 1、楔形锚 2 和楔形锚 3 的 z_{end} 值分别为 3.70B、2.53B、2.95B 和 2.74B；通过式（5.2）求得矩形锚、楔形锚 1、楔形锚 2 和楔形锚 3 的 z_{UED} 的平均值 $\overline{z_{UED}}$ 分别 4.64B、2.98B、3.52B 和 3.28B，z_{end} 和 $\overline{z_{UED}}$ 的差别在合理范围内。因此，式（5.2）可以用来预估锚的极限嵌入深度，同时式（5.2）还给出了锚的嵌入深度 z_a 和系缆点处缆绳与水平面夹角 θ_{ah} 的关系式。

第6章

拖曳效应对拖曳锚运动特性和嵌入机理的影响

拖曳锚的安装方式如图1.3（a）所示，安装船缓慢地水平移动，锚板在安装缆绳的作用下逐渐下嵌，直至目标深度。安装过程中，拖船、安装缆绳和锚三者相互作用，缺一不可。拖船和安装缆绳直接影响锚在海床中的嵌入行为，如运动方向、系缆点处的拖曳角和拖曳力、运动轨迹以及极限嵌入深度。拖船和安装缆绳产生的影响包括拖船拖曳速度的影响，安装缆绳与海床面夹角的影响以及安装缆绳直径和长度的影响，在这里统称为拖曳效应。准确把握拖曳效应对拖曳锚运动行为的影响，能够提高锚的安装效率，并对锚进行精确定位。目前国际上，针对拖曳锚在海床中的运动特性已有较完善的理论和实验研究，包括对运动方向的研究[53,66,68,69,83]、对系缆点处拖曳角[47,53,54,66,68,84,154]和拖曳力[5-8,10-12,84]的研究、对锚运动轨迹的研究[13,46-48,51-80,153]以及对极限嵌入深度的研究[47,53,150,158]。但研究者们并未系统地研究过拖曳效应对拖曳锚嵌入行为的影响。

拖曳锚在拖船的拖曳作用下逐渐嵌入到海床中，锚在海床中的嵌入行为必然会受到拖船拖曳速度的影响，例如拖曳力和锚的运动轨迹。Aubeny等[73]在小比尺实验中发现，当拖曳锚安装速度（拖曳速度）由0.13m/s增大到0.19m/s时，拖曳力相应增大4.4～35.6N；Dahlberg和Strom[80]同样发现拖曳力随着拖曳速度的增加而增大，拖曳速度每增加10倍，拖曳力增大15%～20%；5.1.2节的数值分析也表明了拖曳力随着拖曳速度的增大而增大。与此同时，Aubeny等[73]、Dahlberg和Strom[80]以及本书的数值分析均表明拖曳速度对锚的最终嵌入深度没有影响。然而，拖曳力和拖曳速度是否存在某种定量关系？拖曳速度是否还会影响拖曳锚的其他嵌入特性？这些问题均悬而未解。

作为安装系统的一部分，安装缆绳通过两种方式影响锚在海床中的嵌入行为，即由缆绳传递至系缆点的拖曳力和嵌入缆在海床中的反悬链形态，两者直接受到安装缆绳直径、拖曳角 θ_d（图 5.1）和长度的影响。

安装过程中，安装缆绳随着锚的嵌入一起嵌入到海床中，安装缆的类型（铁链或钢缆）和直径对锚的嵌入轨迹影响很大[50]。在名义直径相同的前提下，钢缆所受到的土抗力通常小于铁链受到的土抗力，因此，相同拖曳距离下使用钢缆作为安装缆绳的嵌入深度较铁链更大[13,54,62,153]。由于铁链和钢缆的等效直径不同，所以安装缆绳类型对拖曳锚嵌入行为的影响可以通过考察缆绳直径的方式来实现。

DNV[50]研究表明，拖曳锚的运动轨迹受安装缆绳与海床面夹角（简称安装角）θ_u 的影响较大。如果 θ_u 过大，锚的嵌入深度将严重减小。DNV[50]建议在整个安装过程中 θ_u 的值不能超过 10°。当 $\theta_u>0°$时，海床表面的卧底缆将消失，此时 $\theta_u=\theta_d$，如图 5.1 所示。为了提高拖曳锚的安装效率，进一步研究 θ_u 对拖曳锚嵌入行为的影响势在必行。

理论分析拖曳锚的运动轨迹时，研究者们[13,54,62,153]通常假设安装缆绳足够长，即整个安装过程中海床面始终存在卧底缆，可以使锚达到极限嵌入深度 UED。但实际工程中，由于拖曳距离或安装缆绳长度的限制，锚很少能达到 UED。O'Neill 等[66]和 Liu 等[150]分别在黏土和砂土模型实验中观测到了拖曳锚的 UED。由于实验水槽的限制，O'Neill 等[66]和 Liu 等[150]观测到的 UED 值仅为 2.5B 和 1.3B，均未达到研究者所定义的深埋条件（即嵌入深度大于 3B），B 为锚板的宽度。Neubecker 和 Randolph[47]、Ruinen 和 Degenkamp[158]以及 Liu 等[150]给出了 UED 的计算公式，但均未考虑安装缆绳长度对 UED 的影响，即假设安装缆绳足够长。然而，安装缆绳的长度固然会影响锚的 UED，如果安装缆绳的长度小于理论公式[47,150,158]计算的 UED，很难想象锚可以达到 UED。Aubeny 和 Chi[55]采用塑限极限法计算拖曳锚运动轨迹时，分析了有限缆长对锚运动轨迹的影响。研究表明，安装缆绳越短，缆绳的安装角 θ_u 越大，导致锚的嵌入深度减小，最终影响锚的承载性能。调研表明，有 3 个问题仍需要进一步探讨：①UED 是否存在；②安装缆绳长度对拖曳锚嵌入行为尤其是 UED 的影响；③如何确定拖曳锚安装缆绳的最优长度。

综上所述，研究者们并未系统地研究拖曳效应对拖曳锚嵌入行为的影响。其原因在于：①理论分析方法很难直接反映拖曳速度和安装缆绳长度的影响；②由于模型水槽尺寸的限制，实验中锚很难达到 UED；③拖曳锚的安装造价极高，且受安装船牵引力的限制，所以很难在实际工程中通过变换拖曳速度来获得拖曳效应对拖曳锚嵌入行为的影响。

第 5 章系统地考察了 CEL 法在模拟拖曳锚安装过程时的可靠性，证明了其在分析拖曳锚嵌入机理和运动特性方面的有效性。所建立的有限元模型能够考虑安装缆绳、锚和土体三者的耦合作用，且基于动力学分析框架，因此适合分析拖曳效应对拖曳锚嵌入行为的影响。本章将基于第 5 章建立的有限元模型，系统地研究拖曳效应对拖曳锚嵌入行为的影响。拖曳过程中，土体与缆绳和锚直接发生作用，因此，本章末尾还将考察土体强度对拖曳锚嵌入行为的影响。

6.1 数值建模及工况设计

为了探究拖曳效应对拖曳锚嵌入行为的影响，本章设计了表 6.1 所列的计算工况。工况 1～工况 4 分别用来考察拖船拖曳速度以及缆绳直径、安装角和长度对拖曳锚嵌入行为的影响。有限元模型的构造与第 5 章相同，如图 5.3 所示，模型中所用拖曳锚如图 5.2（a）所示。各工况下模型的尺寸和计算中所需参数见表 6.2，锚的特征参数见表 6.3。土体为饱和黏土，视为不排水条件，采用基于 Mises 屈服准则的理想弹塑性模型，并服从相关联流动法则，弹性模量 $E=500s_u$，泊松比取 0.49。利用欧拉网格对土体进行离散，网格划分遵照表 5.3 中 Mesh B 的划分方式。

表 6.1　考察拖曳效应的数值工况

<table>
<tr><th>工况</th><th>v/s^{-1}</th><th>d/m</th><th>θ_u/(°)</th><th>L_i/m</th><th>S/B</th></tr>
<tr><td rowspan="5">1</td><td>B</td><td rowspan="5">0.12</td><td rowspan="8">0</td><td rowspan="11">84</td><td rowspan="11">20</td></tr>
<tr><td>$B/2$</td></tr>
<tr><td>$B/4$</td></tr>
<tr><td>$B/8$</td></tr>
<tr><td>$B/12$</td></tr>
<tr><td rowspan="3">2</td><td rowspan="9">B</td><td>0.08</td></tr>
<tr><td>0.12</td></tr>
<tr><td>0.16</td></tr>
<tr><td rowspan="3">3</td><td rowspan="6">0.12</td><td>0</td></tr>
<tr><td>15</td></tr>
<tr><td>30</td></tr>
<tr><td rowspan="3">4</td><td rowspan="3">0</td><td>21</td><td rowspan="3">60</td></tr>
<tr><td>63</td></tr>
<tr><td>126</td></tr>
</table>

表 6.2　　拖曳效应考察中模型的尺寸及所需参数

<table>
<tr><th>工况</th><th>d/m</th><th>L_i/m</th><th>L_{soil1} /m</th><th>L_{soil2} /m</th><th>W_{soil1} /m</th><th>W_{soil2} /m</th><th>H_{soil} /m</th><th>s_u /kPa</th><th>γ'_{soil} /(kN/m³)</th><th>μ</th><th>γ'_{line} /(kN/m³)</th></tr>
<tr><td>1</td><td>0.12</td><td>84</td><td rowspan="5">73</td><td rowspan="5">82</td><td rowspan="8">4.5</td><td>1.02</td><td rowspan="5">22.5</td><td rowspan="8">5+1.5z</td><td rowspan="8">7</td><td rowspan="8">0.1</td><td rowspan="8">68</td></tr>
<tr><td rowspan="3">2</td><td>0.08</td><td rowspan="4">84</td><td>0.68</td></tr>
<tr><td>0.12</td><td>1.02</td></tr>
<tr><td>0.16</td><td>1.36</td></tr>
<tr><td>3</td><td>0.12</td><td rowspan="4">1.02</td></tr>
<tr><td rowspan="3">4</td><td rowspan="3">0.12</td><td>21</td><td rowspan="3">193</td><td>18</td><td rowspan="3">27</td></tr>
<tr><td>63</td><td>60</td></tr>
<tr><td>126</td><td>123</td></tr>
</table>

表 6.3　　拖曳效应考察中拖曳锚的特征参数

参数	L/m	B/m	t/m	L_s/m	H_s/m	t_s/m	θ_s/(°)	γ'_{anchor}/(kN/m³)
数值	3	3	0.27	3.6	0.24	0.24	50	68

通过在拖曳点处施加拖曳速度的方式来模拟拖船的拖曳作用，如图 5.3 (a) 所示。本书的数值模型可以同时获得安装缆绳的反悬链形态、锚的运动方向、系缆点处拖曳力和拖曳角、锚的运动轨迹和极限嵌入深度等物理量。接下来将分别探讨拖船拖曳速度以及安装缆绳的直径、安装角和长度对拖曳锚嵌入行为的影响。

6.2 拖曳速度的影响

本节有两部分工作组成：一是分析拖曳速度对拖曳锚嵌入行为的影响；二是建立拖曳速度和拖曳力的关系式。

6.2.1 拖曳速度对锚嵌入行为的影响

本节设计了 5 个拖曳速度，用于考察其对拖曳锚嵌入行为的影响，见表 6.1 中的工况 1。不同拖曳速度下的数值计算结果如图 6.1 所示，图 6.1 (a) 和 (b) 显示，锚的运动方向 θ_m 和系缆点处拖曳角 θ_a 在拖曳距离 $S \geqslant 2B$ 时近似为常数，因此，θ_m 和 θ_a 的平均值 $\overline{\theta_m}$ 和 $\overline{\theta_a}$ 也列于表 6.4 中以展示拖曳速度对锚的运动方向和拖曳角的影响。计算结果表明，拖曳速度对锚的运动方向和拖曳角几乎没有影响。5 个不同拖曳速度下，$\overline{\theta_m}$ 和 $\overline{\theta_a}$ 的差别分别不超过 0.7°和 0.6°。图 6.1 (c) 显示，不同拖曳速度下，锚的运动轨迹在前期差别较大，但

锚的最终嵌入深度 z_{end} 几乎相同（表 6.4），5 个拖曳速度下 z_{end} 的最小值和最大值仅相差 2.9%。总体来说，锚的嵌入深度随着拖曳速度的减小而增大，当 $v \leqslant B/4\mathrm{s}^{-1}$ 时，运动轨迹已几乎重合。图 6.1（d）显示，系缆点处拖曳力随着拖曳速度的增大而增大，尤其在拖曳后期差距较大。

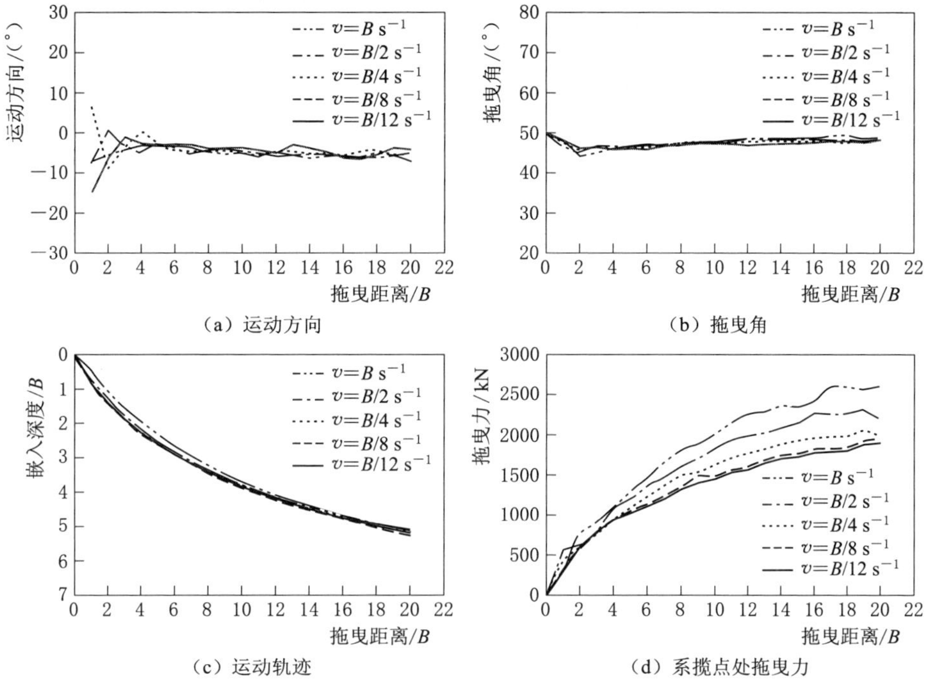

（a）运动方向　（b）拖曳角　（c）运动轨迹　（d）系揽点处拖曳力

图 6.1　拖曳速度对拖曳锚嵌入行为的影响

表 6.4　　拖曳速度对 $\overline{\theta_m}$ 和 $\overline{\theta_a}$ 的影响

v/s^{-1}	$\overline{\theta_m}$/(°)	$\overline{\theta_a}$/(°)	$\overline{\theta_a}+\overline{\theta_m}$/(°)	z_{end}/B
B	−5.0	47.8	42.8	5.12
$B/2$	−4.6	47.6	43.0	5.10
$B/4$	−4.7	47.3	42.6	5.16
$B/8$	−4.3	47.2	42.9	5.25
$B/12$	−4.4	47.3	42.9	5.20

6.2.2　拖曳力与拖曳速度之间的关系

图 6.1（d）表明，拖曳力随着拖曳速度的增大而增大。该现象同样被 Dahlberg 和 Strom[80] 以及 Aubeny 等[73] 分别在针对拖曳锚的大比尺和小比尺实验中发现。将拖曳速度和拖曳力之间的关系定量化有益于优化拖曳锚的安装技术。Vryhof Anchors[45] 认为结构的加载速率将引起土体孔压、土体颗粒间黏滞力和土体惯性力的变化。数值分析中，拖曳速度（加载速率）越大，土体的应变率和惯性力越大，最终导致拖曳力增大。先前的研究者们通过考虑应变率对土体不排水抗剪强度的影响来计算加载速率对土抗力的影响，该方法将土体强度以对数或指数经验公式的方式进行放大或缩小[159,160]。本书认为拖曳速度对拖曳力的影响主要由土体应变率和惯性力引起，这两者的影响效应可以通过 CEL 法的力学控制方程来实现[138]。值得注意的是，数值分析中拖曳速度也会轻微影响锚的嵌入深度、拖曳角和锚板的方位角，这些因素也会引起拖曳力的轻微变化。

图 6.1（d）显示，拖曳力随着拖曳速度的减小而减小，且有收敛的趋势。Briaud 和 Garland[161] 在研究饱和黏土中桩基承载力时也发现了该现象，并给出了加载速率与桩基承载力的关系式 $Q_1/Q_2=(v_1/v_2)^n$，式中，Q_1 和 Q_2 分别为桩基在加载速率 v_1 和 v_2 下的承载力，n 为一无量纲常数，Briaud 和 Garland[161] 建议 n 的取值范围为 0.02～0.1。基于同样的原则，本书认为拖曳力与拖曳速度的关系如下：

$$T_{\mathrm{d}}=T_{\mathrm{dr}}(v/v_{\mathrm{r}})^n \tag{6.1}$$

式中：T_{d} 和 T_{dr} 分别为拖曳速度 v 和 v_{r} 下的拖曳力。

基于本书的数值计算结果，选取一个参数速度 v_{r}，即可拟合得到 n 的最佳取值。不同参考速度下拟合得的 n 值见表 6.5。数值结果和按式（6.1）得到的拟合曲线如图 6.2 所示，不同拖曳速度下两者均有很好的吻合。表 6.5 表明，$n=0.12$ 和 $n=0.13$ 为拟合所得最优取值，在数值分析或工程实践中，两个值均可使用。

表 6.5　　n 的拟合值及拟合值下的误差分析

$v_{\mathrm{r}}/\mathrm{s}^{-1}$	n	平均相对误差/%				
B	0.13	—	3.8	3.9	4.8	4.2
$B/2$	0.13	3.7	—	3.0	4.2	4.7
$B/4$	0.12	4.7	3.3	—	3.4	4.7
$B/8$	0.13	5.0	4.7	4.0	—	2.6
$B/12$	0.12	4.8	4.6	5.1	2.3	—

式（6.1）给出了拖曳力与拖曳速度的定量关系，该方程同时考虑了土体应变率、惯性力、锚的嵌入深度和方位角对拖曳力的影响。式（6.1）对数值分析和工程实践意义重大。选取一个较大的拖曳速度为参考速度，并获取该速

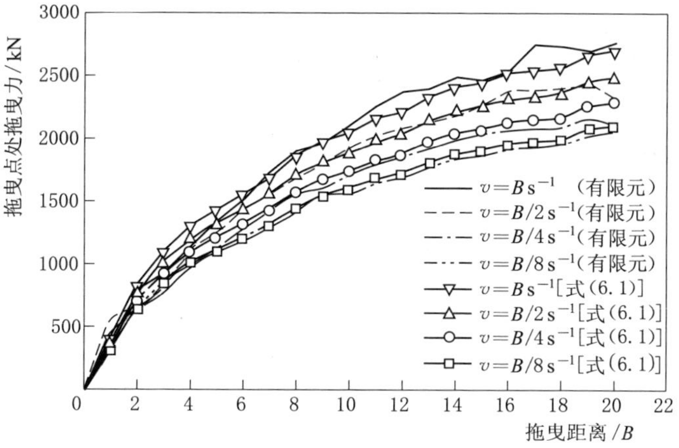

图 6.2 拖曳速度与拖曳力的关系（$v_r=B/12s^{-1}$）

度下的拖曳力。基于该参考速度下的拖曳力，可以由式（6.1）获得任意速度下的拖曳力，这样可以节省大量的施工或计算时间。实际工程中，锚的安装速度可以由拖船的拖曳速度来控制。一个较大的拖曳速度可以减少施工时间，但同时需要较大的拖曳力，对拖船提出更高的要求。式（6.1）给出拖曳力和拖曳速度的定量关系，设计者可以根据拖船的实际安装能力，选择一个最优的安装时间以节省施工成本。

6.3 安装缆绳直径的影响

之前的研究者虽然已经证明安装缆绳直径对拖曳锚的运动轨迹影响很大，但安装缆绳的直径是否影响锚的其他嵌入特性，如锚的运动方向和拖曳角，尚属未知。安装缆绳的类型对锚嵌入行为的影响可以等效为分析缆绳直径对锚嵌入行为的影响。本节设计了 3 个缆绳直径，见表 6.1 中的工况 2。

图 6.3 给出了不同安装缆绳直径下的数值计算结果。图 6.3（a）和（b）表明，缆绳直径对锚的运动方向和拖曳角几乎没有影响。在 d 为 0.08m、0.12m 和 0.16m 的条件下，$\overline{\theta_m}$ 和 $\overline{\theta_a}$ 分别为 $-5.9°$ 和 $47.6°$、$-5.0°$ 和 $47.8°$、$-5.5°$ 和 $48.2°$。不同缆绳直径下 $\overline{\theta_m}$ 和 $\overline{\theta_a}$ 的差值分别不超过 $0.9°$ 和 $0.6°$。图 6.3（c）和（d）表明，缆绳直径越小，锚的嵌入深度越大，因此拖曳力也越大。$d=0.08$m 时，锚的最终嵌入深度比 $d=0.16$m 时锚的最终嵌入深度大 $0.79B$。缆绳直径越大，其受到的土抗力越大，使得锚板较早抬平，从而限制了锚的嵌入深度和承载力。

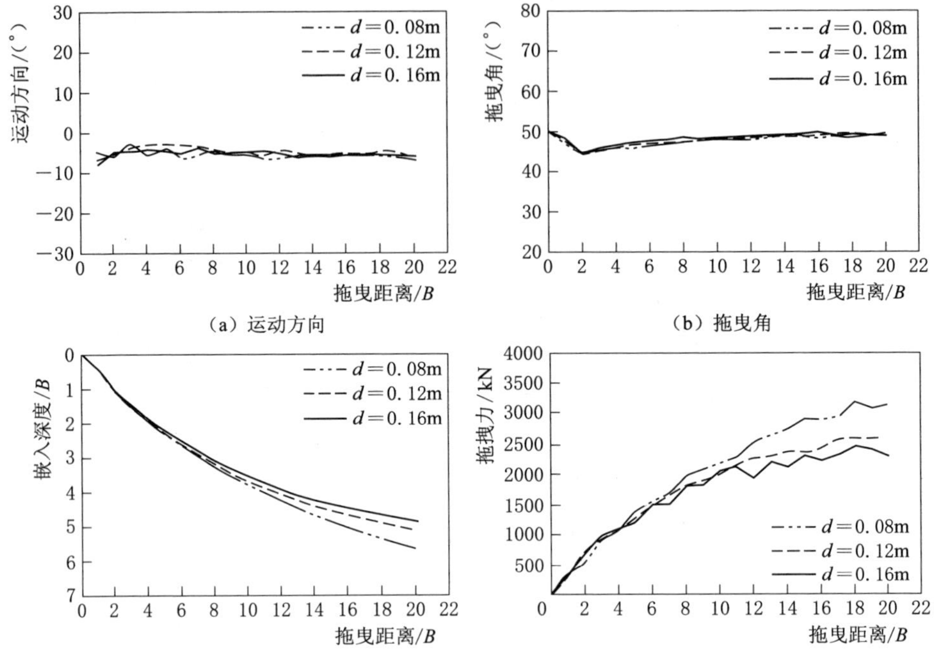

（a）运动方向 （b）拖曳角

（c）运动轨迹 （d）系揽点处拖曳力

图 6.3 安装缆绳直径 d 对拖曳锚嵌入行为的影响

6.4 拖曳角的影响

如 5.1.1 节所述，安装过程中安装缆绳通常可以分为三部分：悬链缆、水平卧底缆和嵌入缆。由于安装缆绳长度的限制或锚嵌入深度的要求，卧底缆并非总是存在。当不存在卧底缆时，安装缆绳与海床面形成一个夹角，本书定义为安装角，用 θ_u 表示，很显然安装角会影响锚的嵌入深度。为了考察安装角 θ_u 对拖曳锚嵌入行为的影响，本节设置了 3 个安装角来考察其影响效应，见表 6.1 中的工况 3。有限元模型中安装角的设置如图 6.4 所示，将其直接施加在系缆点处。

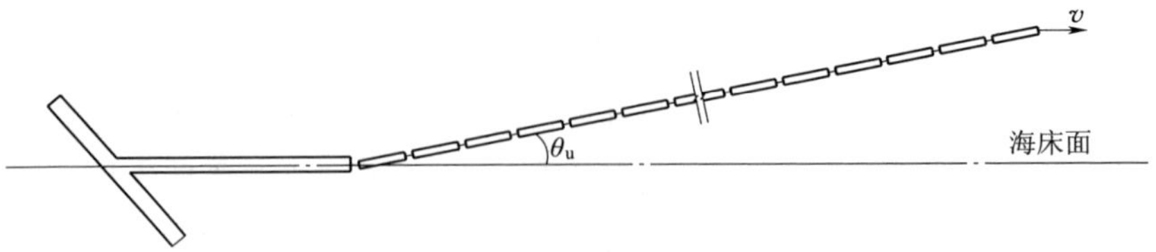

图 6.4 有限元模型中安装角的设置

图 6.5 给出了不同安装角下嵌入缆的形态演变图，由于嵌入缆对锚的嵌入行为影响最大，因此，当 $\theta_u=15°$ 和 $\theta_u=30°$ 时只给出了嵌入缆在海床中的形态。拖曳结束时，安装角由 0°、15°和 30°分别变为 0°、19.5°和 31.4°。图 6.5 显示，安装角越大，嵌入缆在海床中的反悬链形态越不明显，当 $\theta_u=30°$ 时嵌

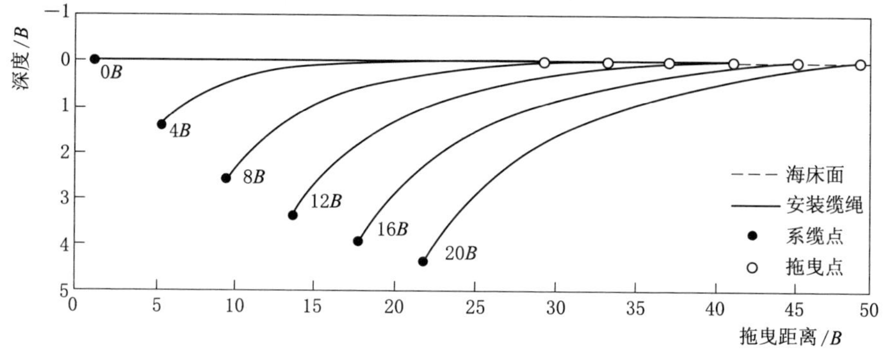

(a) $\theta_u=0°$

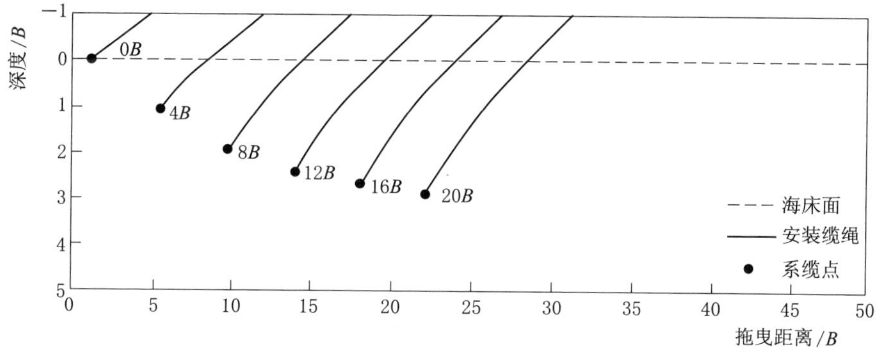

(b) $\theta_u=15°$

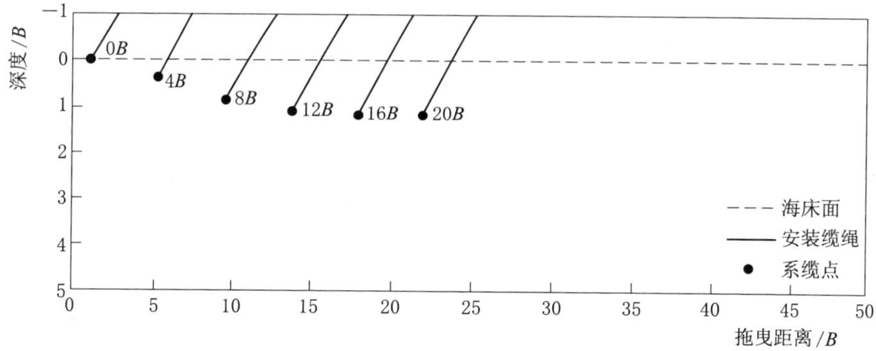

(c) $\theta_u=30°$

图 6.5 不同安装角下嵌入缆的形态演变

入缆在海床中的形状几乎为直线，这使得锚板较 $\theta_u=0°$时更早抬平，降低了锚的嵌入深度。

图 6.6 给出了安装角对拖曳锚嵌入行为的影响图，并在表 6.6 中对锚的运动方向、拖曳角和嵌入深度做了统计。计算结果表明，$\theta_u \leqslant 15°$时，安装角对锚的运动方向和拖曳角几乎没有影响；如果安装角继续增大，锚的运动方向将随着安装角的增大而减小，而拖曳角将随着安装角的增大而增大。图 6.6（c）和表 6.6 表明，锚的嵌入深度随着安装角的增大迅速减小，当 $\theta_u=15°$和 $\theta_u=30°$时锚的最终嵌入深度仅为 $\theta_u=0°$时的 72.7%和 41.2%。因此，为了提高拖曳锚的嵌入效率，安装角要尽可能保持 0°，即整个安装过程中，水平卧底缆始终存在。

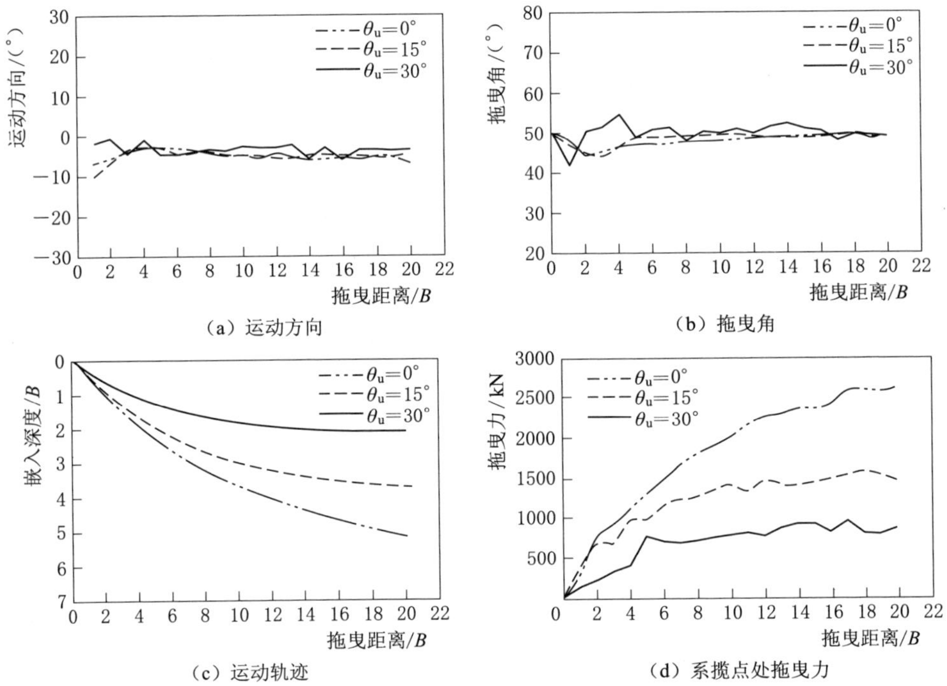

（a）运动方向 （b）拖曳角 （c）运动轨迹 （d）系揽点处拖曳力

图 6.6 安装角对拖曳锚嵌入行为的影响

表 6.6 **安装角对锚嵌入行为的影响**

θ_u/(°)	L_i/m	$\overline{\theta_m}$/(°)	$\overline{\theta_a}$/(°)	z_{end}/B
0	84	−5.0	47.8	5.12
15		−4.9	48.4	3.72
30		−3.7	50.3	2.11

6.5　安装缆绳长度的影响

本节由三部分构成：①安装缆绳长度对锚嵌入行为的影响；②安装缆绳长度对锚极限嵌入深度的影响；③对临界缆长的研究。理论分析拖曳锚运动轨迹时，研究者们[13,54,62,153]通常假设安装缆绳足够长，即整个安装过程中海床面始终存在水平卧底缆，锚可以达到其极限嵌入深度 UED，此时的 UED 定义为理论 UED，用 UED_t 表示。在实际工程中，由于拖曳距离或者安装缆绳长度的限制，锚很少能达到 UED_t。因此，本节将通过数值研究来解决以下问题：①安装缆绳长度对拖曳锚嵌入行为的影响；②UED 是否存在；③如何确定临界缆长以优化拖曳锚的安装技术？

6.5.1　对拖曳锚嵌入行为的影响

本节设置了 3 个缆绳长度，见表 6.1 中的工况 4，其中，$L_i = 126$m 足以使锚达到 UED_t。图 6.7 给出了不同安装缆绳长度下锚的运动方向、拖曳角、

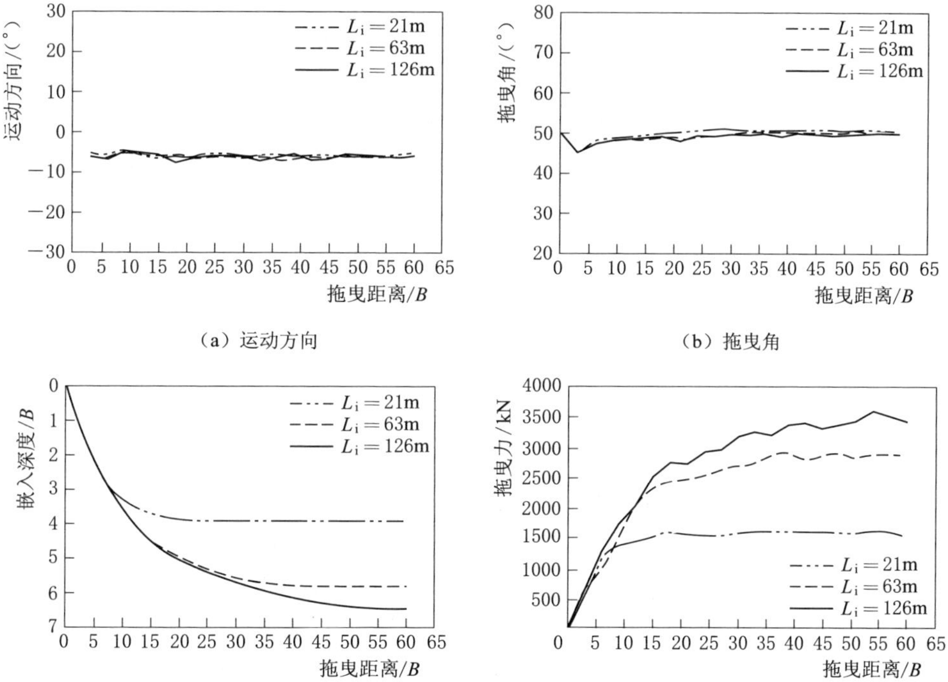

(a) 运动方向　　(b) 拖曳角

(c) 运动轨迹　　(d) 系揽点处拖曳力

图 6.7　安装缆绳长度对拖曳锚嵌入行为的影响

运动轨迹和拖曳力。图 6.7（a）和图 6.7（b）表明，安装缆绳长度对锚的运动方向和拖曳角的影响较小。当 $L_i=21m$、63m 和 126m 时，$\overline{\theta_m}$ 和 $\overline{\theta_a}$ 分别为－5.7°和 50.0°、－6.0°和 49.3°、－5.5°和 48.2°。表 6.1 中工况 4 的拖曳距离长于工况 1～工况 3 的，随着拖曳距离的增大，拖曳角更接近于锚的锚胫角。因此，与本书结构形式相似的拖曳锚，在理论分析中可以认为其拖曳角在整个拖曳过程中为常数且等于锚胫角。

图 6.7（c）和图 6.7（d）表明，安装缆绳长度对锚的运动轨迹和拖曳力的影响很大。减小安装缆绳的长度，将严重限制锚的嵌入深度，使锚不能达到 UED_t。因此，所有假设安装缆绳足够长使得锚可以达到 UED_t 的理论模型，在缆绳长度受限时将不再适用。

6.5.2 极限嵌入深度

理论分析中，极限嵌入深度 UED 对预测拖曳锚的运动轨迹及衡量锚的承载性能有着重要的意义[13,62]，其大小由锚的结构形式、安装缆绳的几何尺寸和土体性质决定[150]。之前计算拖曳锚极限嵌入深度的方法有经验公式法[158]和极限平衡法[47,150]，但这些方法均未考虑安装缆绳长度对锚的 UED 的影响。如果缆绳长度有限，锚是否可以达到 UED_t 尚不可知。

图 6.8 给出了锚的运动轨迹和嵌入缆的形态，如图 6.8（c）所示，当 $L_i=126m$ 时，整个拖曳过程中海床面始终存在水平卧底缆，因此锚可以达到 UED_t，且 $UED_t=6.44B$。如图 6.8（a）和图 6.8（b）所示，在缆绳受限的情况下锚依然存在 UED，且 UED 随着安装缆绳长度的减小而减小，此时（受限情况下）的 UED 称为真实的 UED，为了区别于 UED_t，用 UED_r 表示。当 $L_i=21m$ 和 $L_i=63m$ 时，UED_r 分别为 $3.92B$ 和 $5.80B$，均小于 UED_t。当 $L_i=21m$ 且 $S>12B$ 时，嵌入缆的形状几乎为直线，使得锚板迅速抬平，其 UED_r 值仅为 UED_t 的 60.9%。

拖曳锚达到极限嵌入深度之后的运动行为很少受到研究者们的关注。表 6.7 给出了拖曳锚达到 UED 和拖曳结束时锚的各项物理参数，包括拖曳距离 S、嵌入深度 z、方位角 θ_o 和运动方向 θ_m。当锚达到 UED 之后，锚板的方位角几乎不再变化，且小于 6.0°。锚板方位角与锚运动方向的夹角 $\theta_o+\theta_m$ 近似等于 0°，因此，达到 UED 之后锚的运动轨迹近似为直线，如图 6.8 所示。考虑到数值计算的波动和达到 UED 之后锚运动轨迹的稳定性，可以认为拖曳锚达到 UED 之后，如果继续拖曳，锚的嵌入深度将一直维持在 UED 且不会被拔出。

本节研究表明，对于拖曳锚来说，UED 始终存在，但其 UED_r 不同于 UED_t，且 UED_r 始终小于 UED_t。因此，先前没有考虑缆绳长度对 UED_t 的影响、用于预测 UED_t 的公式将无法准确计算缆绳受限时锚的 UED_r 值。

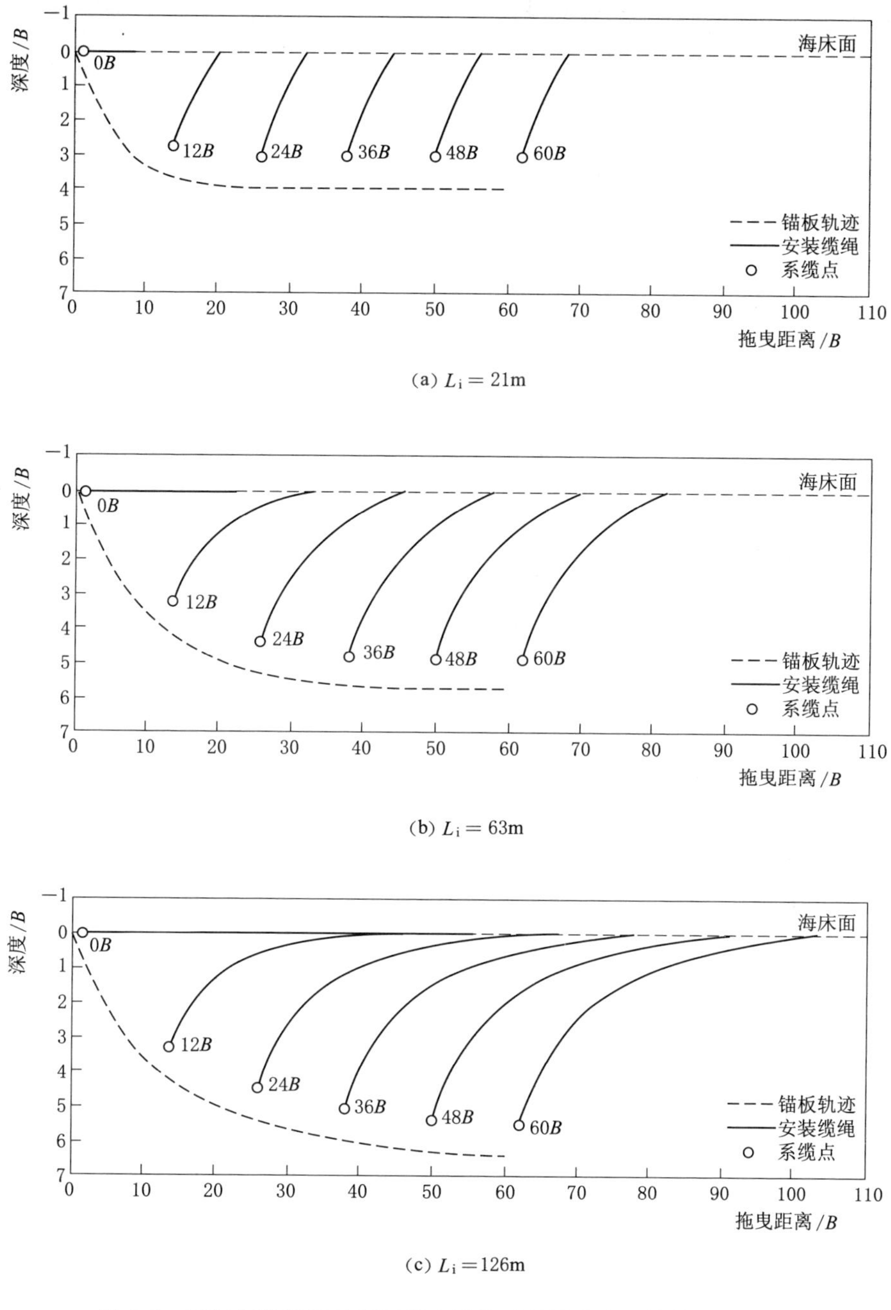

(a) $L_i=21m$

(b) $L_i=63m$

(c) $L_i=126m$

图 6.8 不同安装缆绳长度下嵌入缆的反悬链形态和锚的运动轨迹

表 6.7 拖曳锚达到极限嵌入深度和拖曳结束时的嵌入特性

参数	$L_i=126m$		$L_i=63m$		$L_i=21m$	
	UED	拖曳结束	UED	拖曳结束	UED	拖曳结束
S/B	57	60	42	60	27	60
z/B	6.44	6.43	5.80	5.79	3.92	3.91
$\theta_o/(°)$	5.9	6.0	5.9	5.9	5.5	5.5
$\theta_m/(°)$	−6.2	−5.9	−5.9	−5.7	−5.5	−5.5
$\theta_o+\theta_m/(°)$	−0.3	0.1	0.0	0.2	0	0

6.5.3 临界缆长

拖曳锚在实际应用中总是期望能够发挥其最大承载力，而承载力与锚的嵌入深度直接相关，嵌入深度越大，锚的承载力越高。如 6.5.2 节所述，$L_i=126m$ 足够使锚达到 UED_t，然而当缆绳受限时，锚的嵌入深度将会迅速降低，无法达到 UED_t。因此，将能够保证拖曳锚达到 UED_t 时所需的最小缆绳长度定义为理论缆长，用 L_t 来表示。如果安装缆绳的长度小于 L_t，那么拖曳锚将永远无法达到 UED_t，进而使锚的承载力受到限制。

由于拖船安装能力的限制或锚安装深度的要求，安装缆绳的长度通常小于理论缆长 L_t。因此，引入临界缆长的定义，即以最高的拖曳效率保证拖曳锚达到目标深度 z_r 所需的最小缆绳长度，用 L_c 来表示。当 $z_r=UED_t$ 时，$L_c=L_t$。图 6.9 给出了临界缆长的示意图。当 $L_i=126m$ 时，锚可以达到 UED_t，而 $L_i=21m$ 时锚的运动轨迹与 $L_i=126m$ 时锚的运动轨迹在 P_1 点处分离，P_1 点对应于 $S=5B$ 和 $z=2.23B$。换句话说，$L_i=21m$ 和 $L_i=126m$ 时，在 $S<$

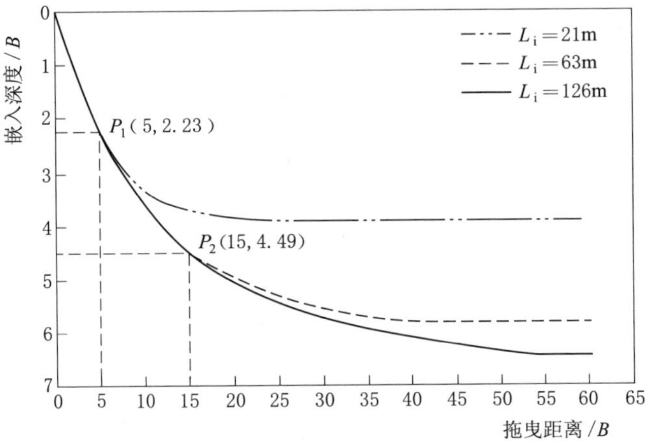

图 6.9 临界缆长的示意图

$5B$ 条件下锚的运动轨迹完全重合。因此，$L_i=21$m 即为保证锚可以达到 $2.23B$ 的安装深度的临界缆长。如果安装缆绳的实际长度小于 21m，锚要想达到 $2.23B$ 的安装深度将需要更长的拖曳距离，或者无法达到 $2.23B$ 的安装深度。如图 6.9 所示，$L_i=63$m 和 $L_i=126$m 时锚的运动轨迹在 P_2 点处分离，同理，$L_i=63$m 即为保证锚可以达到 $4.49B$ 的安装深度的临界缆长。

6.6 土体强度的影响

拖曳锚安装过程中，土体与缆绳和锚直接作用，其强度大小直接决定了锚的嵌入深度，本节设计了 6 个土体强度用于考察其对拖曳锚嵌入行为的影响。其中 4 个均质黏土，2 个正常固结黏土，见表 6.8。模型计算所需参数及模型尺寸见表 6.1 和表 6.2 中工况 1。

表 6.8　　土体强度对锚嵌入行为的影响

s_u/kPa	η/m	$\overline{\theta_m}$/(°)	$\overline{\theta_a}$/(°)	z_{end}/B
5	∞	−6.5	50.4	4.58
7.5		−6.6	49.8	4.42
10		−6.5	49.6	4.36
20		−6.3	48.0	4.04
$5+0.5z$	10	−6.0	48.7	5.03
$5+1.5z$	3.3	−5.0	47.8	5.12

不同土体强度下锚的嵌入行为如图 6.10 和图 6.11 所示，部分关键参数的计算结果列于表 6.8 中，其中 $\eta=s_{u0}/k$，式中，s_{u0} 和 k 分别表示土体表面抗剪强度和土体抗剪强度梯度。图 6.10 和表 6.8 表明，对于均质黏土来说，当 $s_u\leqslant10$kPa 时，锚的运动方向和拖曳角几乎不受土体强度的影响；锚的嵌入深度随着土体强度的增大会轻微地减小，不同强度下锚的最终嵌入深度的差别不超过 $0.22B$；由于拖曳力与土体强度直接相关，因此土体强度增大时拖曳力会明显增大。当土体强度继续增大（$s_u=20$kPa）时，锚在初始时刻（$S\leqslant1B$）的运动方向为−36.8°，几乎与锚的方位角相同，因此，锚在 $S\leqslant1B$ 时的运动轨迹几乎为水平直线，当 $S=1B$ 时锚的嵌入深度仅为 $0.06B$，进而影响锚的后续嵌入，使得锚的最终嵌入深度明显减小。该现象符合物理实际，即当土体强度极大时锚很难嵌入土体，如果继续增大土体强度，锚将无法下嵌甚至倾覆于海床面。

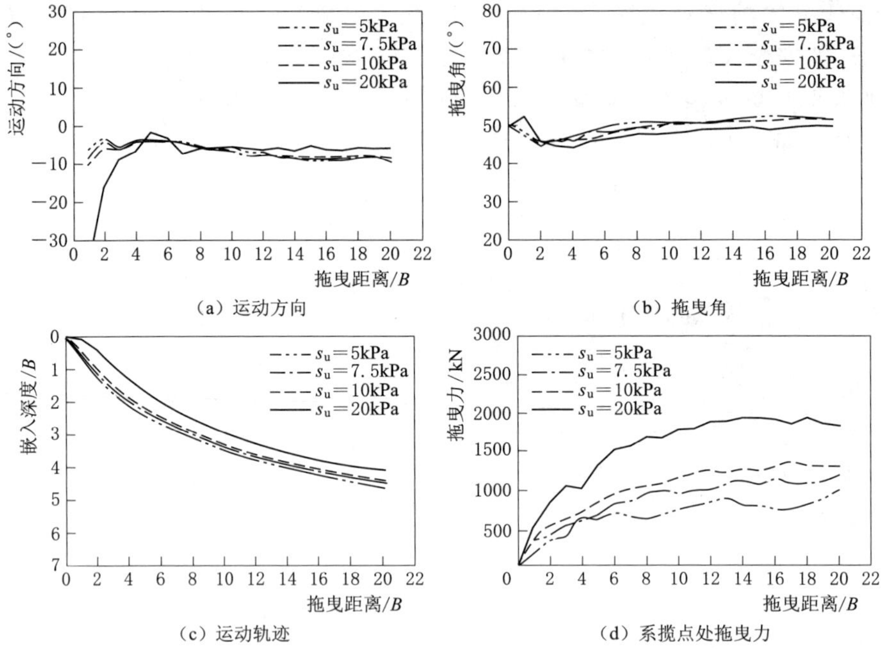

图 6.10 均质黏土中拖曳锚的嵌入行为

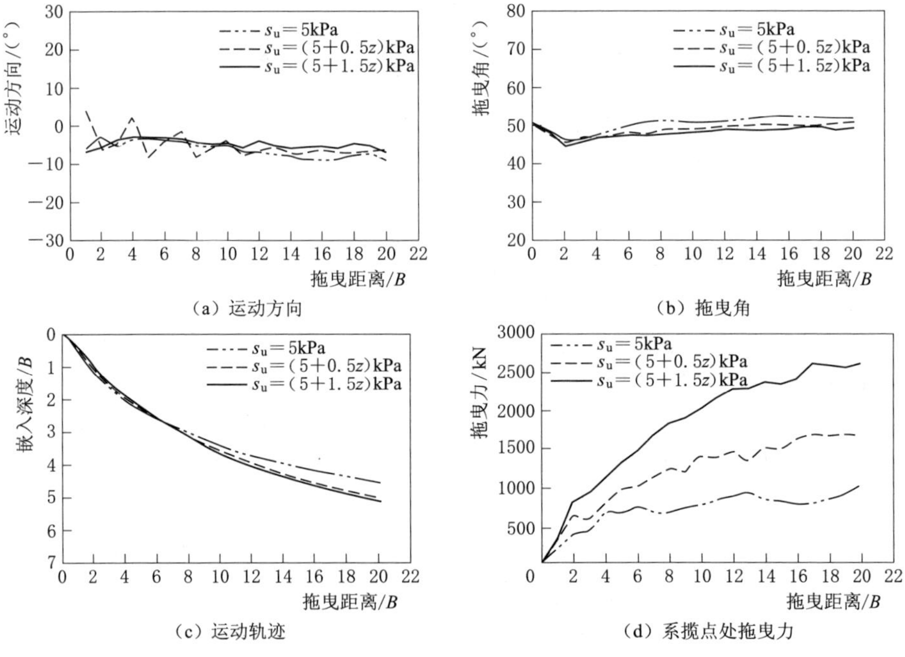

图 6.11 正常固结黏土中拖曳锚的嵌入行为

图 6.11 和表 6.8 表明，对于正常固结黏土来说，锚的运动方向和拖曳角随着 η 的增大而轻微地增大，不同 η 下$\overline{\theta_m}$和$\overline{\theta_a}$的最大差值分别为 1.6°和 2.6°。值得注意的是，s_u=5kPa 代表土体抗剪强度梯度 k=0kPa/m 的情况。图 6.11（c）显示，当 $S\leqslant 6B$ 时，锚的嵌入深度随着 η 的增大而增大。这是由于 η 较大时，海床附近土体强度较小，有益于锚的嵌入，这与均质黏土中的结论一致［图 6.10（c）］。但随着拖曳距离 S 的继续增大，锚的嵌入深度将随着 η 的增大而减小，这与 Liu 等[62,150]的理论分析结论一致。

第7章

重力贯入锚在海床中的安装特性和贯入机理

重力贯入锚是指从距海床面一定高度投放并自由下落，依靠自身重力产生贯入动力从而实现安装的一类深水锚的总称，目前常见的重力贯入锚包括DPA、鱼雷锚和OMNI-Max锚，如图1.6所示。图7.1所示为重力贯入锚的安装过程。重力贯入锚通常从距离海床面30～150m的高度释放，到达海床面的速度（入土速度）可以达到19～35m/s。重力贯入锚的安装可以分为3个阶段：阶段1为锚在水中的运动过程；阶段2为锚局部贯入海床的过程；阶段3为锚完全贯入海床的过程。重力贯入锚的初始贯入深度直接决定了锚承载力的大小。因此，为了准确评估锚的承载性能，需事先合理预测锚的初始贯入深度。预测重力贯入锚初始贯入深度的难点在于：①锚的贯入速度较大，导致土体应变率高达$25s^{-1}$；②锚高速贯入过程中受到水流拖曳力的影响。锚所受拖曳力影响锚的入土速度（阶段1）。另外，当锚处于阶段2时，锚同时受到水流拖曳力及土体阻力的作用。如何合理考虑锚所受水流拖曳力及土体高应变率对锚的影响是本章的

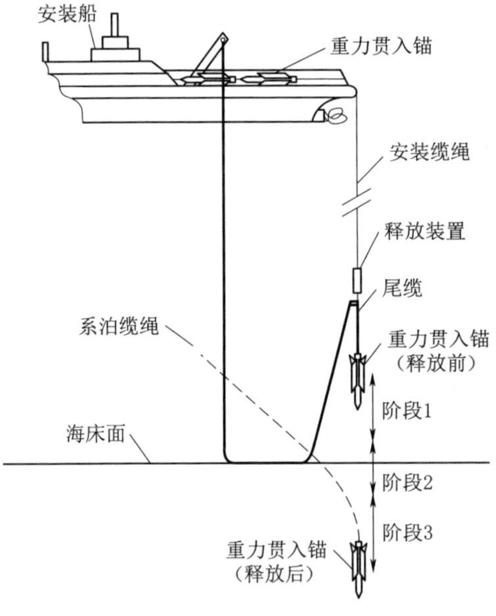

图7.1 重力贯入锚在海床中的安装过程示意图[111]

难点和重点。

重力贯入锚的安装过程会导致土体产生极大变形，大变形有限元分析是最常用的数值分析手段，包括基于小变形模型的网格重划分和插值（RITSS）法[123]、任意的拉格朗日-欧拉（ALE）法[120]和耦合的欧拉-拉格朗日（CEL）法[119]。Sabetamal 等[106]采用 ALE 法模拟了无翼板鱼雷锚的安装过程，土体采用了有效应力分析，考虑了安装过程中土体孔压的变化，同时分析了安装完成后土体的固结效应。Chang 等[107]采用 RITSS 法同样对无翼板鱼雷锚的安装过程进行了有效应力分析，在总应力分析的基础上，通过对土体有效应力和孔压进行分解实现了孔压的计算。ALE 法和 RITSS 法均停留在二维轴对称分析，对于复杂的三维结构，如有翼板的鱼雷锚及 OMNI - Max 锚，ALE 法和 RITSS 法很难处理土体网格畸变的问题。CEL 法在处理网格畸变方面较 ALE 法和 RITSS 法更为灵活，可以模拟形状复杂的结构与土相互作用问题。Kim 等[109]、Kim 和 Hossain[110]和 Liu 等[111]采用 CEL 法模拟了有翼板的鱼雷锚及 OMNI - Max 锚在海床中的安装过程。与 ALE 法和 RITSS 法严格处理锚-土接触面不同，CEL 法在处理锚-土接触面时较为宽松，因此精度较低。在 Kim 等[109]、Kim 和 Hossain[110]的分析中，整个安装过程中，锚-土界面摩擦设置为常值 τ_{max}。然而，锚贯入过程中，锚-土界面摩擦随着锚贯入深度的增加而增大。在 Liu 等[111]的分析中，通过用户自定义摩擦来控制锚-土界面摩擦，即通过在锚尾部施加集中力来实现摩擦力随着锚贯入深度的增加而增大的效果，同时，Liu 等[111]还考虑了阶段 2 过程中水流拖曳力的影响。

大变形有限元分析方法虽然可以有效模拟重力贯入锚在海床中的安装过程，但计算极其耗时。理论分析模型作为一种有效的分析手段，可以快速预测锚的初始贯入深度。True[103]和 O′Loughlin 等[162]提出了承载力分析理论，通过分析重力贯入锚贯入过程中的土抗力及牛顿第二定律，预测了锚的初始贯入深度。该方法被广泛应用于重力贯入锚初始贯入深度的预测[101,109-111]。通过分析重力贯入锚贯入过程中的动能与重力势能的转换关系，O′Loughlin 等[162]、Kim 等[109]、Kim 和 Hossain[110]建立起用于预测锚初始贯入深度的能量法。然而，已建立的能量法不能反映锚-土界面摩擦对锚初始贯入深度的影响。锚-土界面摩擦对锚初始贯入深度的影响较大，需合理地反映在能量法中。

本章首先采用 Liu 等[111]的 CEL 模型，分析重力贯入锚在海床中的贯入过程，预测锚的初始贯入深度。其次，基于建立的 CEL 模型，开展参数考察，在认识参数影响规律的基础上，将锚-土界面摩擦的影响嵌入到能量分析模型中，以实现快速预测重力贯入锚初始贯入深度的目的。

7.1 数值模型及验证

7.1.1 数值模型

本章建立的数值模型仅模拟重力贯入锚（包括鱼雷锚和 OMNI - Max 锚）从海床面贯入土体的过程，即阶段 2 和阶段 3，如图 7.1 所示。考虑到模型的对称性，针对鱼雷锚建立起四分之一模型；针对 OMNI - Max 锚建立起二分之一模型。鱼雷锚和 OMNI - Max 锚的几何尺寸标注如图 7.2 所示，参数取值见表 7.1。图 7.3 给出了重力贯入锚安装过程的 CEL 模型，模型中设置了 3m 的空气层，用于捕捉锚贯入过程中海床面的变形。在锚贯入海床过程中，假设土体处于不排水状态，采用理想弹塑性土体模型，服从 Tresca 屈服准则。土体泊松比为 0.49，弹性模量取 $E=500s_u$。模型中土体强度随着深度线性变化，即 $s_u=s_{u0}+kz$；土体浮容重为 $6kN/m^3$。

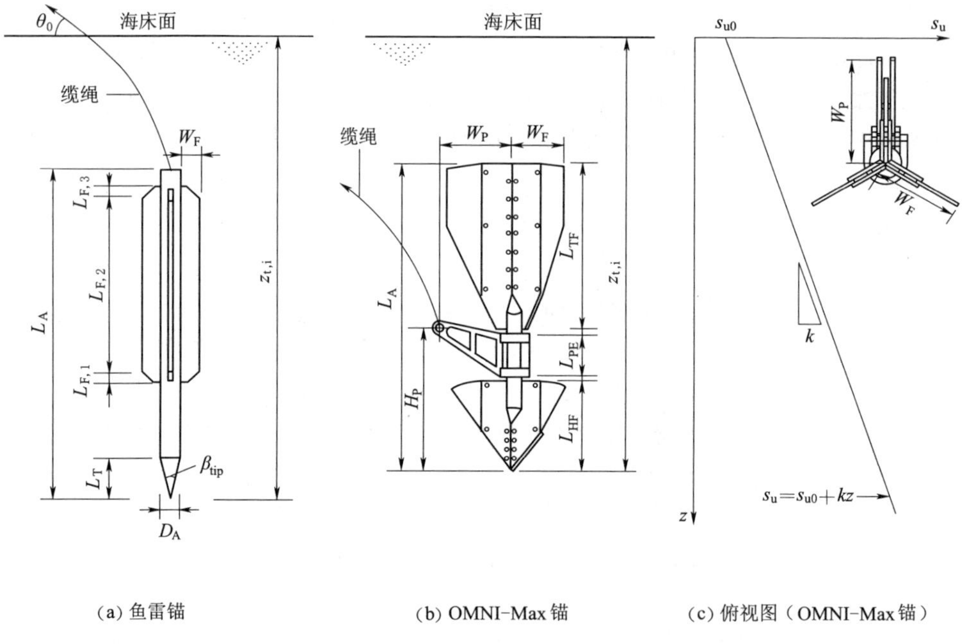

图 7.2 鱼雷锚及 OMNI - Max 锚的几何尺寸标注图

重力贯入锚贯入海床时会导致土体产生很大的应变率及应变软化效应，通

表 7.1　　鱼雷锚及 OMNI－Max 锚的参数取值

参　数	鱼雷锚	参　数	OMNI－Max 锚
锚长（L_A）	17.00m	锚长（L_A）	9.15m
翼板长（L_{TF}）	10.00m	前翼板长（L_{HF}）	2.47m
		后翼板长（L_{TF}）	5.12m
$L_{F,1}$，$L_{F,3}$	0.50m	加载臂长（L_{PE}）	1.00m
$L_{F,2}$	9.00m	加载臂高（H_P）	4.59m
翼板宽（W_F）	0.90m	翼板宽（W_F）	1.96m
翼板厚（t_f）	0.10m	翼板厚（t_f）	0.10m
尖端长度（L_{HF}）	1.99m	加载臂宽（W_P）	2.18m
锚直径（D_A）	1.07m	锚有效直径（D_A）	1.56m
锚前端投影面积（A_P）	1.25m^2	锚前端投影面积（A_P）	1.91m^2
锚的表面积（A_s）	123.76m^2	锚的表面积（A_s）	51.50m^2
锚重（W_d）	961kN	锚重（W_d）	390kN
锚浮重（W_s）	850kN	锚浮重（W_s）	341kN

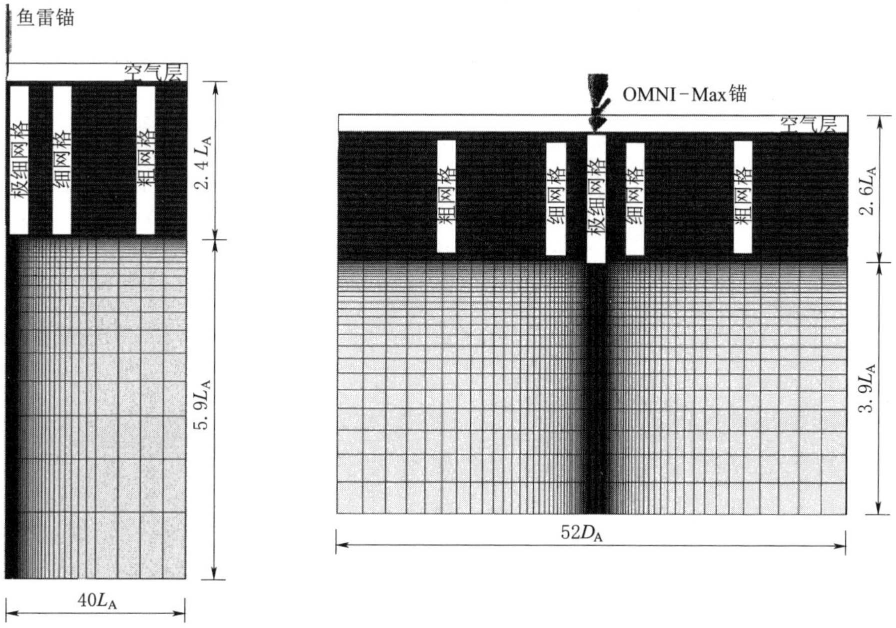

(a) 鱼雷锚　　(b) OMNI－Max锚

图 7.3　重力贯入锚安装过程的 CEL 模型

过式（7.1）反映：

$$s_u = \underbrace{\frac{1}{1+\eta}\left\{1+\eta\left[\frac{\max(\dot{\gamma},\ \dot{\gamma}_{ref})}{\dot{\gamma}_{ref}}\right]^{\beta}\right\}}_{f1}\underbrace{\left[\delta_{rem}+(1-\delta_{rem})e^{-3\xi/\xi_{95}}\right]}_{f2}s_{u,ref} \tag{7.1}$$

式中：η 为土体的黏性特性指数，建议取值为 0.1～1.5；β 为土体的剪切特性指数，建议取值为 0.05～0.2[109-111]；δ_{rem} 为土体灵敏度 S_t 的倒数。式（7.1）和式（3.4）的区别在于前者为指数形式，适合模拟土体高应变率对应的情况；后者为对数形式，适合模拟土体低应变率对应的情况。土体应变率 $\dot{\gamma}$ 可由式（7.2）计算：

$$\dot{\gamma} = \frac{\Delta\varepsilon_1 - \Delta\varepsilon_3}{\Delta t} \tag{7.2}$$

式中：$\Delta\varepsilon_1$ 和 $\Delta\varepsilon_3$ 分别为时间增量 Δt 内对应的最大土体累积应变和最小土体累积应变增量。

式（7.1）中 f_1 为锚贯入过程中产生的土体应变率效应；f_2 为锚贯入过程中产生的土体应变软化效应，ξ_{95} 建议取值 10～30[109-111]。基于用户子程序 VUSDFLD，可以将式（7.1）的结果导入至 Tresca 土体本构模型中以反映土体应变率和应变软化的影响。

重力贯入锚贯入阶段 2（图 7.1）过程中所受水流拖曳力由式（7.3）反映：

$$F_{hd} = \frac{1}{2}\frac{L_w}{L_A}C_{dw}\rho_w A_F v^2 \tag{7.3}$$

式中：L_w 为锚在水中的浸没长度；L_A 为锚长；C_{dw} 为水流拖曳系数，鱼雷锚和 OMNI－Max 锚分别取 0.63 和 0.65[111]；ρ_w 为水的密度；A_F 为锚端投影面积，包括翼板和锚轴的投影面积；v 为当前状态下锚的速度。

CEL 法中仅提供了库仑摩擦算法，界面摩擦通过 $\tau=\mu\sigma$ 计算，式中，μ 为摩擦系数，σ 为接触正应力。在库仑摩擦中允许设置摩擦上限值 τ_{max}，但 τ_{max} 不能随着时间和空间进行变化。因此，本章将摩擦系数 μ 设置为 0，采用在锚尾部施加集中力的方式模拟锚-土界面摩擦：

$$\left.\begin{aligned} F &= \alpha R_{f2}(s_{u,sA}A_A + s_{u,sF}A_{sF}) \\ R_{f2} &= 1.2R_{f1} \end{aligned}\right\} \tag{7.4}$$

式中：$s_{u,sA}$ 为锚轴与土体接触面 A_A 上的平均土体强度；$s_{u,sF}$ 为翼板与土体接触面 A_{sF} 上的平均土体强度；R_{f2} 为土体应变率和应变软化对锚-土界面摩擦的影响系数；R_{f1} 为土体应变率和应变软化对锚所受端阻力的影响系数。

$$R_{f1}=\frac{1}{1+\eta}\left[1+\eta\left(\frac{nv/D_A}{\dot{\gamma}_{ref}}\right)^{\beta}\right]\left[\delta_{rem}+(1-\delta_{rem})e^{-3\xi_a/\xi_{95}}\right] \tag{7.5}$$

其中，D_A 为锚轴的直径，对于 OMNI-Max 锚，$D_A=D_p$，D_p 为锚的等效直径，$D_p=\sqrt{4A_F/\pi}$；$n=1.0$，$\xi_a=0.35$。

水流拖曳力［式（7.3）］和摩擦力［式（7.4）］可由用户子程序 VUAMP 导入至 CEL 模型中。

7.1.2 模型验证

Brandao 等[163]现场测得 8 枚四翼板鱼雷锚在入土速度 $v_i=26.8\text{m/s}$ 时，锚的最终贯入深度 $z_{t,i}=35.2\text{m}$。锚的相关参数见表 7.1，土体参数见表 7.2。图 7.4 给出了 CEL 模型求得的鱼雷锚贯入深度随时间的变化曲线，同时与现场实测数据及 Kim 等[109]的数值结果进行了对比。对比显示 CEL 模型计算结果与现场实测数据相差 3.1%，比 Kim 等[109]的数值结果浅 4.5%，证明了所建立的 CEL 模型可以有效地分析鱼雷锚海床中的初始贯入过程，并有效预测锚的初始贯入深度。

表 7.2　　验证工况表

工况	现场实测		CEL 模型				
	$s_{u,ref}$/kPa	v_i/(m/s)	η；β	α	ξ_{95}	S_t	$\dot{\gamma}_{ref}/s^{-1}$
鱼雷锚	$5+2z$	26.8	1.0；0.1	0.2	20	5	0.1
OMNI-Max 锚	$2.4+1.1z$	19	1.0；0.1	0.33	20	3	0.1

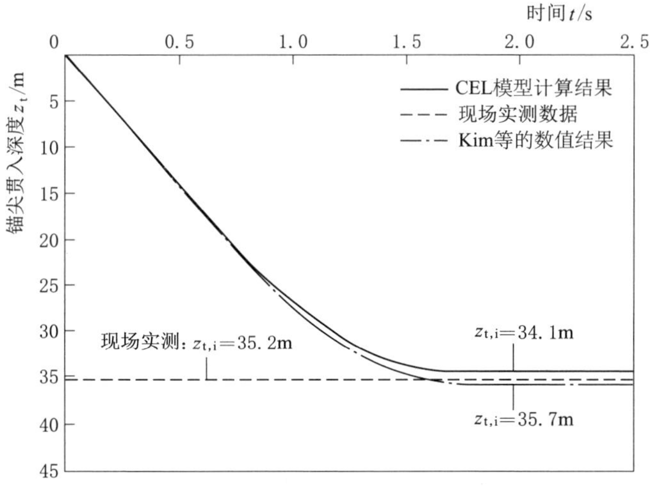

图 7.4　鱼雷锚的对比验证

Zimmerman 等[87]的报告指出，在墨西哥湾已有大约 160 枚 OMNI - Max 锚被应用于深水系泊系统，锚的平均入土速度约为 19m/s，锚的平均贯入深度约为 16.2m。通过与 Zimmerman 等[87]针对 OMNI - Max 锚的测试数据进行对比，验证所建立 CEL 模型在模拟 OMNI - Max 锚初始贯入行为方面的有效性。锚的相关参数见表 7.1，土体参数见表 7.2。图 7.5 给出了 CEL 模型计算结果与现场实测数据及 Kim 和 Hossain[110]的数值结果对比。对比结果显示，CEL 模型计算结果比现场实测结果浅 0.5%，比 Kim 和 Hossain[110]的数值结果浅 4.6%。

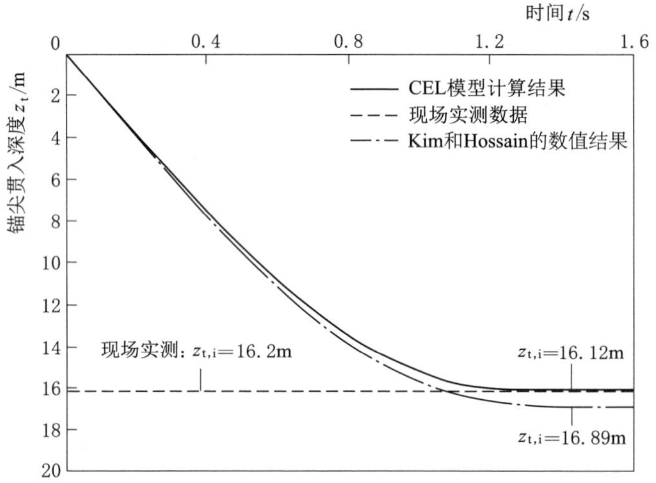

图 7.5 OMNI - Max 锚的对比验证

7.2 数值结果分析

图 7.6 给出了 OMNI - Max 锚的数值计算结果，旨在分析土体应变率与应变软化［式（7.1）］、水流拖曳力［式（7.3）］和锚-土界面摩擦［式（7.4）］的影响。本节设置了基本工况：$v_i=19\text{m/s}$，$s_{u,ref}=(2.4+1.1z)\text{kPa}$，$\alpha=\delta_{rem}=0.33$，$\dot{\gamma}_{ref}=0.1\text{s}^{-1}$，$\xi_{95}=20$，$\eta=1.0$，$\beta=0.1$，$C_{wd}=0.65$。图 7.6（a）表明，不考虑土体应变率与应变软化、水流拖曳力和摩擦力的影响，锚的贯入深度比基本工况深 9.3%、4.5%和 23.5%。图 7.6（b）表明，存在一个临界深度 d_c，将锚的贯入过程分为一个加速贯入过程和一个减速贯入过程。d_c 几乎不受土体应变率与应变软化的影响，但随着水流拖曳力的增大而减小。式（7.3）表明，随着锚贯入深度的增大，水流拖曳力随之增大，使得锚受到的阻力增大，锚的加速过程将缩短。

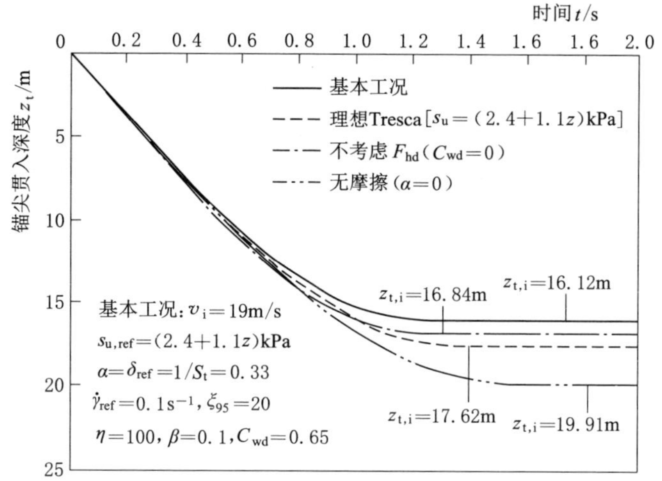

(a) 时间-贯入深度关系

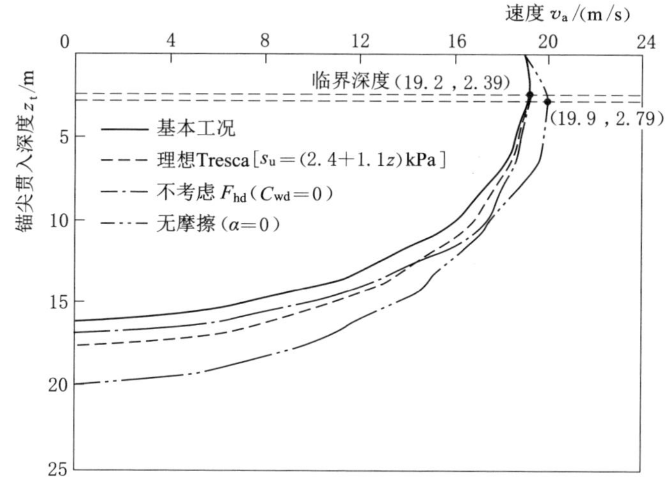

(b) 速度-贯入深度关系

图 7.6 OMNI-Max 锚的数值计算结果

本节设置了 7 个数值工况用于考察不同参数对 OMNI-Max 锚初始贯入深度 $z_{t,i}$的影响，见表 7.3。考察的参数包括参考应变率 $\dot{\gamma}_{ref}$、应变率参数 η 和β、应变软化参数 $S_t=\delta_{rem}$和 ξ_{95}、入土速度 v_i、土体黏滞系数 α 和土体参考强度 $s_{u,ref}$。表 7.3 中的计算结果显示，锚的初始贯入贯入深度 $z_{t,i}$随着 $\dot{\gamma}_{ref}$、S_t 和 v_i 的增大而增大，随着 η、β、ξ_{95}、α 和 $s_{u,ref}$的增大而减小。将初始贯入深度 $z_{t,i}$ 的变化率定义为 $r_d=(z_{t,i}-z_{t,base})/z_{t,base}$，式中，$z_{t,base}$为在基本工况下求得的锚的初始贯入深度。对于工况 1～工况 7，r_d 的变化范围分别为－4.8%～

4.7%、−10.0%～7.8%、−0.5%～0.4%、−0.6%～1.4%、−9.9%～10.1%、−21.9%～7.7%和−35.4%～0%，如图7.7所示。计算结果表明，土体应变软化的影响最小。数值模型求得土体应变率的影响大于Kim和Hossain[110]的计算结果，这是由于所采用的摩擦处理方式与Kim和Hossain[110]不同。首先，数值模型中考虑了应变率对锚-土界面摩擦的影响，见式（7.4），摩擦力随着土体应变的增加而增大，从而增大土体应变对 $z_{t,i}$ 的影响。另外，模型中假设当锚完全贯入土体中时锚-土接触面积等于锚的表面积，与锚不发生脱离。图7.7表明，入土速度 v_i、土体黏滞系数 α 和土体强度对锚的初始贯入深度影响很大。因此，这3个因素对鱼雷锚初始贯入深度的影响也进行了考察，见表7.4。由于鱼雷锚的单位接触面积 $A_{s,unit}$ 大于OMNI－Max锚的单位接触面积，导致土体黏滞系数 α 对鱼雷锚初始贯入深度的影响更大，如图7.8所示。对于OMNI－Max锚，$\alpha=1$ 时锚的初始贯入深度比 $\alpha=0.2$ 时浅27.5%；对于鱼雷锚，$\alpha=1$ 时锚的初始贯入深度比 $\alpha=0.2$ 时浅39.0%。$A_{s,unit}$ 表示单位锚长上锚-土的平均接触面积，$A_{s,unit}=A_s/L_A$。

表7.3　　不同参数对OMNI－Max锚初始贯入深度的影响

工况	$\dot{\gamma}_{ref}/s^{-1}$	η；β	S_t	ξ_{95}	v_i/(m/s)	α	$s_{u,ref}$/kPa	$z_{t,i}$/m
1	0.01	1.0；0.1	3	20	19	0.33	2.4+1.1z	15.35
	0.1	1.0；0.1	3	20	19	0.33	2.4+1.1z	16.12
	1	1.0；0.1	3	20	19	0.33	2.4+1.1z	16.87
2	0.1	0.1；0.05	3	20	19	0.33	2.4+1.1z	17.38
	0.1	1.0；0.1	3	20	19	0.33	2.4+1.1z	16.12
	0.1	1.5；0.2	3	20	19	0.33	2.4+1.1z	14.50
3	0.1	1.0；0.1	2	20	19	0.33	2.4+1.1z	16.04
	0.1	1.0；0.1	3	20	19	0.33	2.4+1.1z	16.12
	0.1	1.0；0.1	5	20	19	0.33	2.4+1.1z	16.19
4	0.1	1.0；0.1	3	30	19	0.33	2.4+1.1z	16.02
	0.1	1.0；0.1	3	20	19	0.33	2.4+1.1z	16.12
	0.1	1.0；0.1	3	10	19	0.33	2.4+1.1z	16.34
5	0.1	1.0；0.1	3	20	15	0.33	2.4+1.1z	14.53
	0.1	1.0；0.1	3	20	19	0.33	2.4+1.1z	16.12
	0.1	1.0；0.1	3	20	23	0.33	2.4+1.1z	17.75
6	0.1	1.0；0.1	3	20	19	0.2	2.4+1.1z	17.36
	0.1	1.0；0.1	3	20	19	0.33	2.4+1.1z	16.12
	0.1	1.0；0.1	3	20	19	0.5	2.4+1.1z	14.93
	0.1	1.0；0.1	3	20	19	1	2.4+1.1z	12.59

续表

工况	$\dot{\gamma}_{ref}/s^{-1}$	η; β	S_t	ξ_{95}	$v_i/(m/s)$	α	$s_{u,ref}/kPa$	$z_{t,i}/m$
7	0.1	1.0; 0.1	3	20	19	0.33	$2.4+1.1z$	16.12
	0.1	1.0; 0.1	3	20	19	0.33	$5+1.1z$	13.98
	0.1	1.0; 0.1	3	20	19	0.33	$10+1.1z$	11.56
	0.1	1.0; 0.1	3	20	19	0.33	$5+2z$	11.84
	0.1	1.0; 0.1	3	20	19	0.33	$5+3z$	10.42

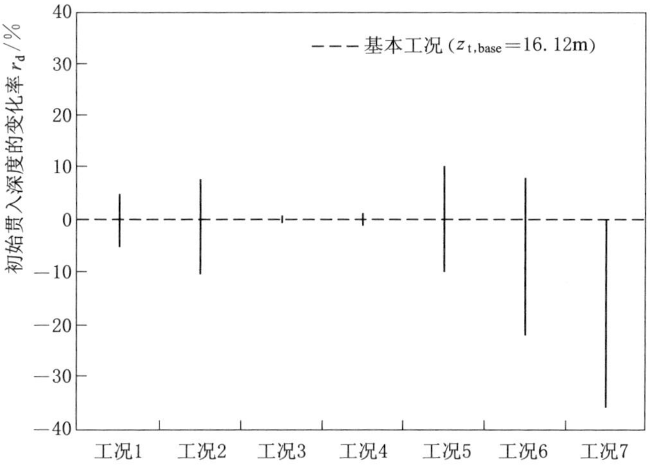

图 7.7 不同工况下 OMNI - Max 锚初始贯入深度的变化率

表 7.4 不同参数对鱼雷锚初始贯入深度的影响

工况	$\dot{\gamma}_{ref}/s^{-1}$	η; β	S_t	ξ_{95}	$v_i/(m/s)$	α	$s_{u,ref}/kPa$	$z_{t,i}/m$
1	0.1	1.0; 0.1	3	20	12	0.33	$5+2z$	22.21
	0.1	1.0; 0.1	3	20	20	0.33	$5+2z$	26.13
	0.1	1.0; 0.1	3	20	26.8	0.33	$5+2z$	29.83
2	0.1	1.0; 0.1	3	20	26.8	0.2	$5+2z$	34.13
	0.1	1.0; 0.1	3	20	26.8	0.33	$5+2z$	29.83
	0.1	1.0; 0.1	3	20	26.8	0.5	$5+2z$	26.16
	0.1	1.0; 0.1	3	20	26.8	1	$5+2z$	20.81
3	0.1	1.0; 0.1	3	20	26.8	0.33	$2.4+2z$	30.94
	0.1	1.0; 0.1	3	20	26.8	0.33	$5+2z$	29.83
	0.1	1.0; 0.1	3	20	26.8	0.33	$10+2z$	27.39
	0.1	1.0; 0.1	3	20	26.8	0.33	$5+3z$	25.94
	0.1	1.0; 0.1	3	20	26.8	0.33	$5+4z$	23.61

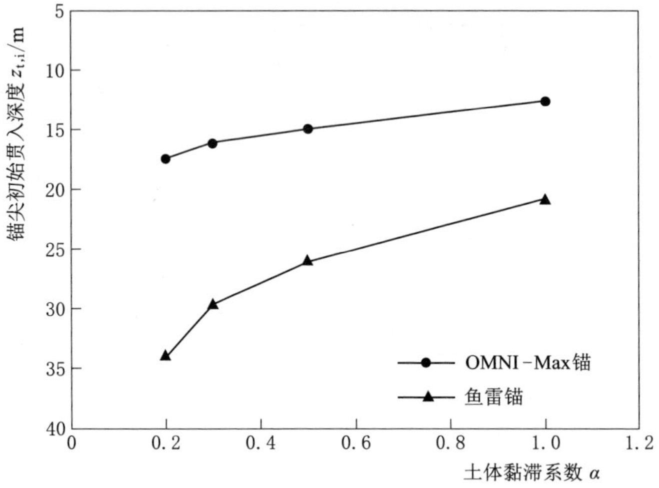

图 7.8 土体黏滞系数对锚初始贯入深度的影响

7.3 修正的能量分析模型

O'Loughlin 等[162]基于重力贯入锚在贯入海床过程中动能与势能的转换关系，率先建立起了预测锚初始贯入深度的能量模型：

$$\left.\begin{aligned}\frac{z_{\mathrm{t,i}}}{D_{\mathrm{p}}} &\approx \left(\frac{E_{\mathrm{total}}}{kD_{\mathrm{p}}^{4}}\right)1/3 \\ E_{\mathrm{total}} &= mv_{\mathrm{i}}^{2}/2+m'gz_{\mathrm{t,i}}\end{aligned}\right\} \tag{7.6}$$

式中，m 和 m' 分别为锚的质量及有效质量。

Kim 等[109]、Kim 和 Hossain[110]对式（7.6）进行了修正：

$$\left.\begin{aligned}\frac{z_{\mathrm{t,i}}}{D_{\mathrm{p}}} &\approx q\left(\frac{E_{\mathrm{total}}}{k_{\mathrm{eff}}A_{\mathrm{s}}D_{\mathrm{p}}^{2}}\right)^{r} \\ k_{\mathrm{eff}} &= (s_{\mathrm{u0}}+kz_{\mathrm{t,i}})/z_{\mathrm{t,i}}\end{aligned}\right\} \tag{7.7}$$

式中：k_{eff} 为土体有效抗剪强度梯度。

基于大变形有限元分析数据，对于 OMNI - Max 锚，q 和 r 的标定值为 2.46 和 0.37；对于鱼雷锚，q 和 r 的标定值为 4.0 和 0.389。

图 7.8 表明，土体黏滞系数对重力贯入锚的初始贯入深度影响很大，而式（7.6）和式（7.7）均不能反映土体黏滞系数影响。因此，本节将能量模型修正为

$$\frac{z_{\mathrm{t,i}}}{D_{\mathrm{p}}} \approx q\left(\frac{E_{\mathrm{total}}}{k_{\alpha}A_{\mathrm{s}}D_{\mathrm{p}}^{2}}\right)^{r} \tag{7.8}$$

其中，$k_\alpha=(s_{u0}+\alpha k z_{t,i})/z_{t,i}$，$k_\alpha$ 用于反映土体强度及土体黏滞系数的影响。

基于常见的土体应变率和应变软化参数 $\delta_{rem}=0.33$，$\dot{\gamma}_{ref}=0.1s^{-1}$，$\xi_{95}=20$，$\eta=1.0$，$\beta=0.1$，通过表 7.3 中的工况 5～工况 7，标定出 OMNI - Max 锚对应的 q 和 r 分别为 2.08 和 0.30；通过表 7.4 中的工况 1～工况 3，标定出鱼雷锚对应的 q 和 r 分别为 3.60 和 0.32。图 7.9 给出了式（7.8）与数值模型计算结果的相关性，对于 OMNI - Max 锚，相关系数 R^2 为 0.96；对于鱼雷锚，相关系数 R^2 为 0.99。

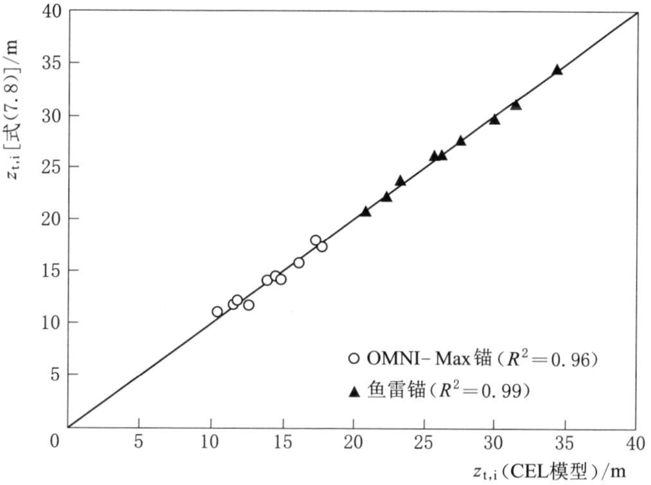

图 7.9　式（7.8）与 CEL 模型计算结果对比

另外，将式（7.8）计算结果与 Zimmerman 等[87]和 Brandao 等[163]现场实测数据对比，以验证所修正能量法的有效性。Zimmerman 等[87]的现场测试中，8 支 OMNI - Max 锚安装点的土体强度成线性变化，即 $s_u=s_{u0}+kz$（$k=0.93$～1.16kPa/m），锚的入土速度 $v_i=19$m/s。现场实测数据与式（7.8）计算结果的对比结果如图 7.10 所示，考虑到土体黏滞系数会随着土体性质而发生变化，即不同的 k 值对应不同的 α 值，式（7.8）分别计算了 α 为 0.2、0.3 和 0.5 时对应的锚的初始贯入深度。图 7.10 表明，式（7.8）中 $\alpha=0.2$～0.3 时计算结果与现场实测数据吻合较好。Brandao 等[163]测得的鱼雷锚的实测数据同样用于验证式（7.8）的有效性。实测场地土体强度 $s_u=(5+2z)$kPa，锚的入土速度 $v_i=26.8$m/s，入土深度为 35.2m。式（7.8）中 $\alpha=0.2$ 时计算结果与鱼雷锚的现场实测数据吻合较好。相较于大变形有限元分析方法 CEL 法，式（7.8）可以快速预测重力贯入锚的初始贯入深度，不擅长有限元分析的工程师可以方便使用。

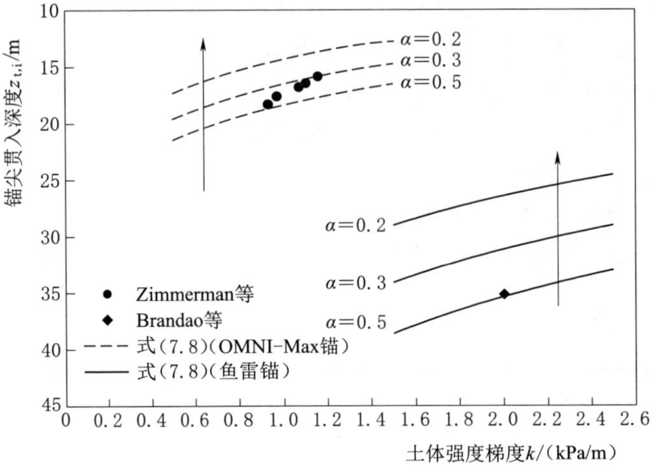

图 7.10 式（7.8）计算结果与现场实测数据对比

第 8 章

重力贯入锚在海床中的运动特性

重力贯入锚具有其他深水锚难以企及的综合优势。一方面，重力贯入锚在深水安装方面具有无法比拟的经济性和高效性[3,85-87]；另一方面，重力贯入锚具有很高的承载性能，尤其具备可抵御灾害条件的特殊能力。如 OMNI－Max 锚作为重力贯入锚的最新发展，不仅拥有可以 360°旋转的锚胫，能够承受来自任意方向的荷载[86,87]。当系泊系统受到破坏性荷载作用时，OMNI－Max 锚不但可以调整锚胫角度以适应系泊需要，同时能够通过在海床土中的旋转和嵌入达到更大的埋深，如图 8.1 所示，从而提供更高的承载性能。OMNI－Max 锚这种可抵御灾害条件的特殊能力，已在 2008 年墨西哥湾密西西比峡谷的现场测试中得到证实[87]。

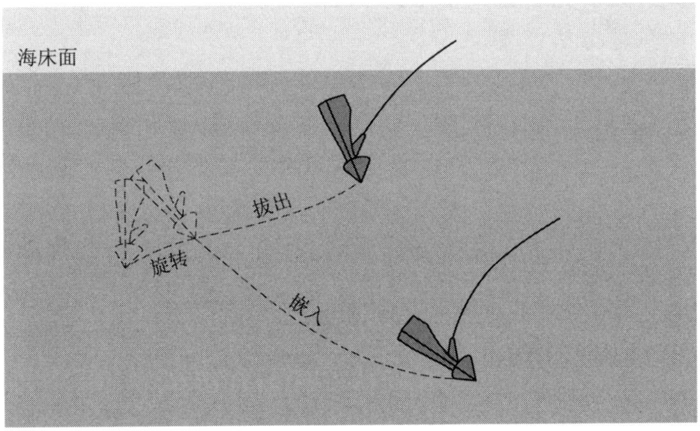

图 8.1　OMNI－Max 锚在海床中运动行为的示意图

目前，针对 OMNI－Max 锚旋转和嵌入行为的实验研究仅有 Shelton[86] 开展的小比尺实验和现场测试、Zimmerman 等[87] 的现场测试、Gaudin 等[112] 的离心机实验及 Liu[113]等的小比尺实验。实验研究表明，当锚胫位置设计合理时，对锚施加超过其设计承载力的荷载，锚可以通过在海床土中的旋转和嵌入达到更大的埋深，承载性能也相应增大；但是当锚的初始贯入深度不足 1 倍锚长时，则会发生失稳破坏直至被拔出，如图 8.1 所示。虽然 Gaudin 等[112]提供了详细的实验数据，但其与 Shelton[86]和 Zimmerman 等[87]的实验结果存在较大分歧。Gaudin 等[112]测得锚的极限嵌入深度为 1.1 倍的锚长，而 Zimmerman 等[87]在现场测试中测得锚的嵌入深度可以达到 2.2 倍的锚长，其极限嵌入深度将更大。Shelton[86]发现当上拔角度等于 25°时，OMNI－Max 锚仍可在旋转调节自身位置后重新嵌入土体，但在 Gaudin 等[112]的离心机实验中，上拔角度等于 15.3°时锚发生失稳破坏，被拔出土面。Wei 等[114]通过塑性极限法并结合缆绳的反悬链方程分析了系泊缆绳对 OMNI－Max 锚旋转和嵌入行为的影响，结果表明，系泊缆绳的系泊角对 OMNI－Max 锚发生嵌入行为后的嵌入深度影响显著。Liu 等[115]同样采用塑限极限法研究了 OMNI－Max 锚的旋转行为和极限承载性能，且塑性极限法的有效性事先通过大变形有限元分析方法 RITSS 法进行了验证，最终给出了 OMNI－Max 锚的极限承载力系数，以及嵌入点处拖曳角、系缆点偏心率和土体强度对锚的旋转行为的影响规律。

调研表明，重力贯入锚在海床中运动特性的研究尚属起步阶段。然而，研究重力贯入锚在海床中的运动特性，不仅可以优化其安装技术和系泊性能，而且可以作为大型浮式结构物在灾害性海洋条件下重要的安全保障。本章将以 OMNI－Max 锚为研究对象，基于第 3 章的缆绳模型，建立重力贯入锚在海床中运动特性的数值分析模型。

8.1 关键技术的验证

OMNI－Max 锚在海床中的运动行为涉及缆绳、锚和土体三者的耦合作用，任何一个环节的模拟出现问题，均会导致计算结果与物理实际背离。因此，在算例分析之前，对模型中的两个关键点进行验证。

8.1.1 水中缆绳的模拟

目前调研到的工程案例中，OMNI－Max 锚均用于绷紧式系泊基础。绷紧式系泊系统中，近似认为水中缆绳为完全绷直状态，本节提到的水中缆绳均属于该情况。ABAQUS 中提供了 BEAM 连接单元，该连接单元使得被连两点之间的 6 个自由度保持完全相同，适合模拟绷直状态下的水中缆绳。本节将以拖曳锚为例，考察水中缆绳模拟的有效性。有限元模型设置和参数均与 6.4 节一致，唯一的区别是本节采用了 BEAM 连接单元来模拟水中缆绳，如图 8.2 所示。其中，L_1 代表 LINK 连接单元所构造缆绳的长度，用于模拟缆绳在土体中的反悬链形态；L_2 代表水中缆绳的长度。表 8.1 设计了两个工况，工况 1 用于考察 BEAM 单元的属性，工况 2 用于考察水中缆绳模拟的有效性。

表 8.1　　水中缆绳考察工况及计算结果

工况	θ_u/(°)	L_1/m	L_2/m	L_2/L_1	$\overline{\theta_m}$/(°)	$\overline{\theta_a}$/(°)	z_{end}/m
1	0	84	0	0	−5.0	47.8	5.12
			252	3	−5.0	47.8	5.12
2	20	336	0	0	−4.8	48.2	3.67
		84	252	3	−5.0	48.5	3.57
		33.6	302.4	9	−4.9	48.5	3.47

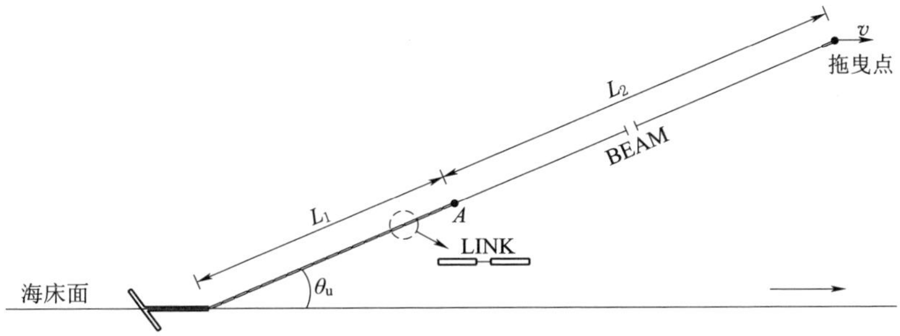

图 8.2　考察水中缆绳的有限元模型设置

工况 1 中，$\theta_u=0°$代表缆绳完全平卧在海床面上。图 8.3 给出了工况 1 的计算结果，包括锚的运动方向、系缆点处拖曳角和拖曳力以及锚的运动轨迹。如图 8.3 所示，当 $L_2=0$m 和 $L_2=252$m 时，两者的计算结果几乎没有区别。其中，当 $L_2=0$m 时，拖曳点和 A 点（图 8.2）重合。因此也可以说，在拖曳点处施加拖曳速度和在 A 点施加拖曳速度的效果一样，即 ABAQUS 中提供的 BEAM 连接单元可以保证被连两点的 6 个自由度完全相同。

图 8.4 给出了工况 2 的计算结果。工况 2 中，当 $L_2=0$m 时，安装缆绳（包括水中缆绳）均由 LINK 连接单元和离散柱体构成。当水中缆绳大部分由 BEAM 单元代替时，即当 $L_2=252$m 和 302.4m 时，锚的运动方向和拖曳角几乎不受影响，而锚的嵌入深度会随着 L_2 的增大而轻微减小，见表 8.1。$L_2=302.4$m 时的嵌入深度比 $L_2=0$m 时小 5.4%。该影响是由缆绳重量引起的。当 $L_2=0$m 时，用于构造缆绳的离散柱体更多，缆绳整体重量更大，导致海床面处安装角 θ_u 更小，锚的嵌入深度更深。该影响会随着缆绳重量的降低而减弱。本节考察中，离散柱体密度与钢的密度一致，而绷紧式系泊系统中，通常

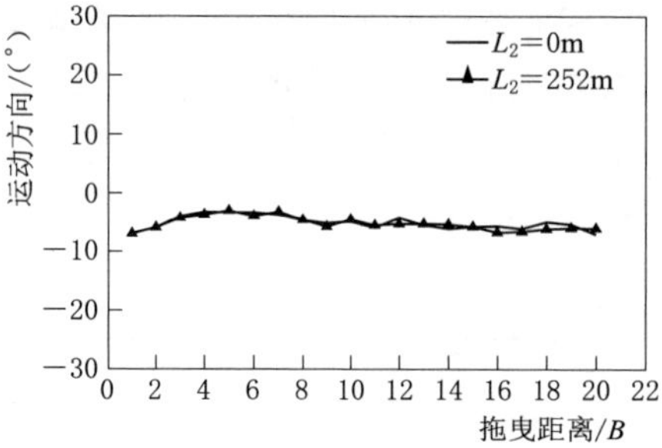

(a) 运动方向

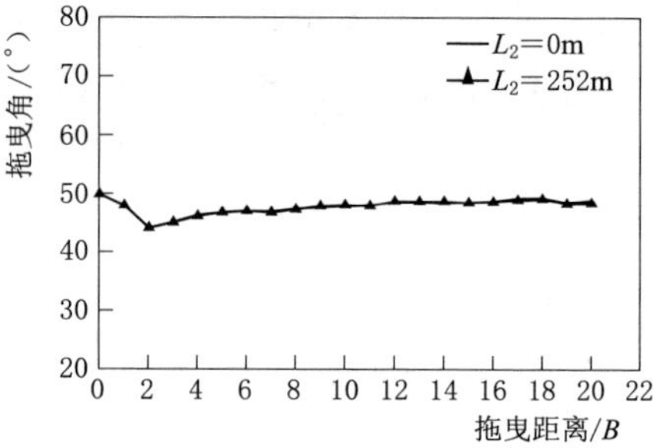

(b) 系缆点处拖曳角

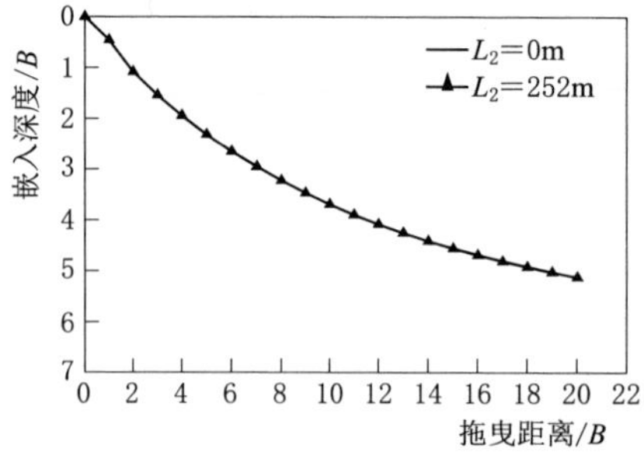

(c) 运动轨迹

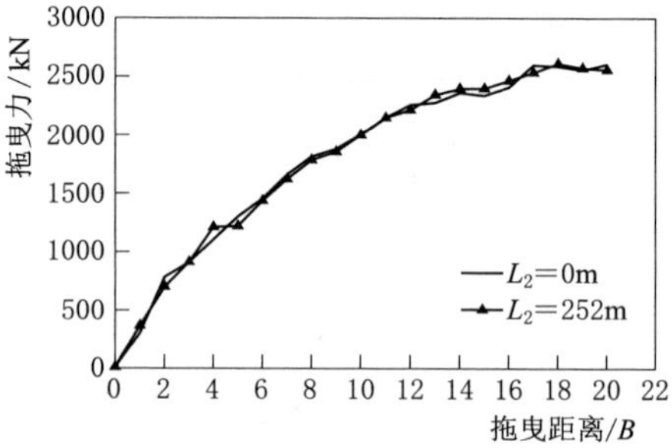

(d) 系缆点处拖曳力

图 8.3 工况 1 的计算结果

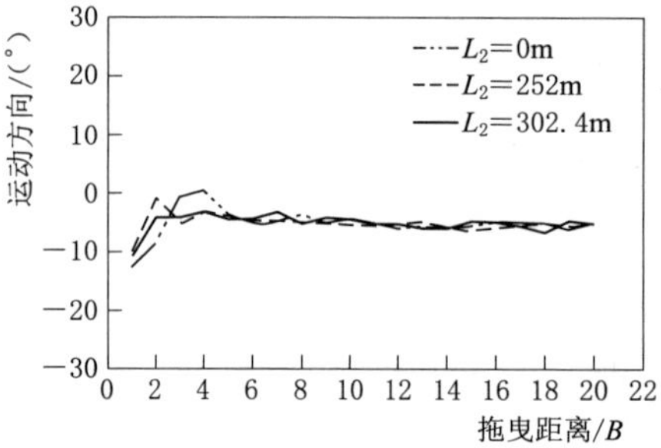

(a) 运动方向

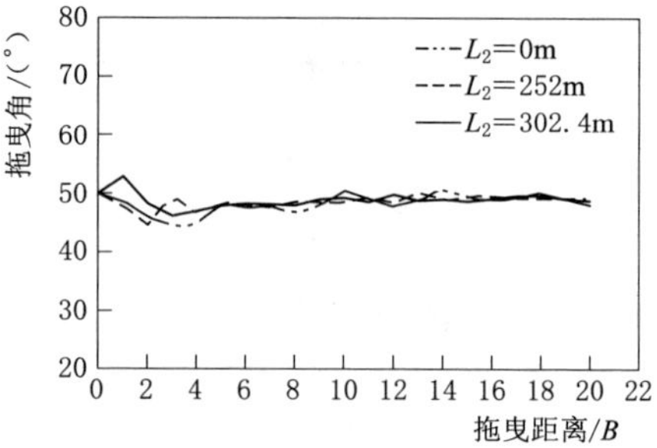

(b) 拖曳角

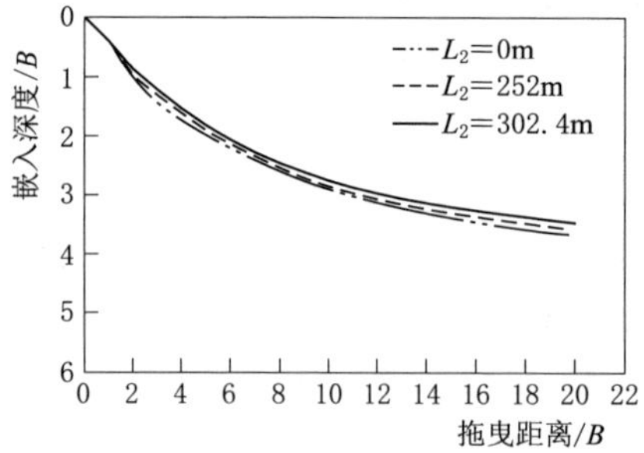

(c) 运动轨迹

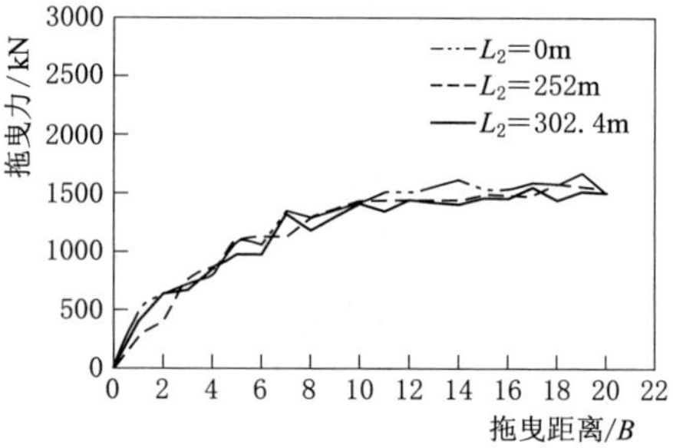

(d) 系缆点处拖曳力

图 8.4 工况 2 的计算结果

采用合成纤维缆绳。合成纤维缆绳的重量更轻，该影响将会降低。因此，本节提出的模拟水中缆绳的方案可行，且具有较高精度。在接下来的分析计算中，由 BEAM 单元模拟的水中缆绳的重量对计算结果的影响可以忽略。

8.1.2 旋转行为的验证

如图 8.1 所示，OMNI - Max 锚在嵌入或拔出土体之前，均有一个类似于吸力嵌入式板锚（SEPLA）的旋转调节过程。调研表明，直接用于验证 OMNI - Max 锚运动行为的实验数据较为匮乏，且有一定分歧。因此，本节模拟 SEPLA 的旋转调节过程，并与已有的实验数据和有限元结果进行对比，以验证本书模型模拟锚在土中旋转行为的有效性。

Song 等[164]采用离心机实验研究了当 $\theta=60°$ 和 90°时荷载作用下方形 SEPLA 在土体中的旋转调节过程，SEPLA 有限元模型设置和锚的尺寸如图 8.5 所示。其中，土体不排水抗剪强度 $s_u=18\text{kPa}$，土体浮容重 $\gamma'_{soil}=9.2\text{kN/m}^3$，缆绳直径 $d=0.1\text{m}$。Song 等[164]和 Wang 等[148]还采用了二维 RITSS 法模拟了该实验工

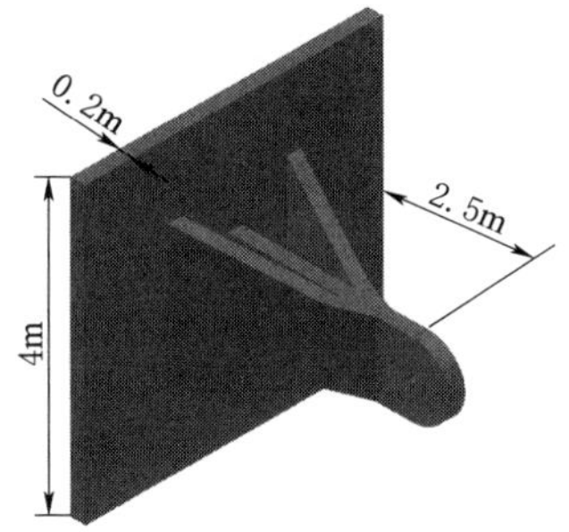

(a) 离心机实验中SEPLA的尺寸

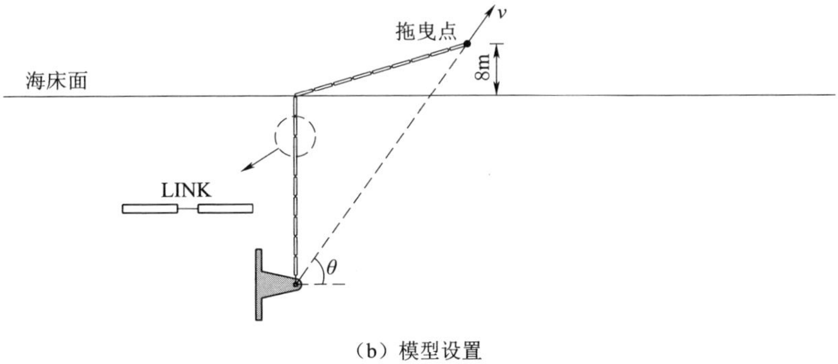

(b) 模型设置

图 8.5　有限元模型设置

况。本节将同时采用离心机实验和 RITSS 有限元计算结果来验证模型在模拟 SEPLA 旋转调节过程时的有效性。在 Song 等[164]和 Wang 等[148]的分析中，土体采用了服从 Tresca 屈服准则的理想弹塑性模型，本书亦然。

1. 拖曳速度和摩擦系数的影响

CEL 法为动力分析方法，而 RITSS 法通常为静力分析法，因此，需要考察拖曳速度对计算结果的影响。图 8.6（a）给出了锚的埋深损失比 $\Delta z/B$ 与其方位角 β 的关系曲线，锚的埋深损失比 $\Delta z/B$ 随着拖曳速度的减小而增大，最终趋于收敛。因此，可以认为 $v=0.25$m/s 时为准静态模拟。在 Song 等[164]和 Wang 等[148]的计算中，锚与土体的摩擦接触设置为完全粗糙。摩擦系数对本文计算结果的影响如图 8.6（b）所示，结果表明，锚的埋深损失比 $\Delta z/B$ 随着摩擦系数的增大而减小，最终趋于收敛。因此，可以认为 $\mu=0.3$ 与 Song 等[164]和 Wang 等[148]的完全粗糙条件相似。接下来的对比分析中，拖曳速度和摩擦系数分别采用 $v=0.25$m/s 和 $\mu=0.3$。

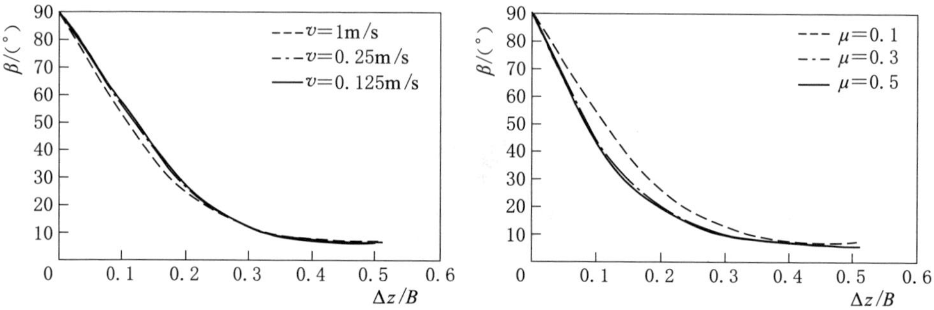

（a）拖曳速度的影响　　（b）摩擦系数的影响

图 8.6　拖曳速度和摩擦系数对计算结果的影响

2. 对比结果与讨论

图 8.7（a）和图 8.7（b）给出了竖向荷载（$\theta=90°$）作用下，离心机实验、Song 等[164]和 Wang 等[148]的有限元解和本文的计算结果，其中，图 8.7（a）为锚埋深损失-方位角关系的对比曲线，图 8.7（b）为锚荷载-拖曳距离关系的对比曲线。图 8.7（a）表明，本书的计算结果与离心机实验结果吻合较好。离心机实验中锚的最终埋深损失 $\Delta z=0.4B$，锚板的最终方位角 $\beta_u=10°$；本书求得的 $\Delta z=0.45B$，$\beta_u=6.7°$。竖向拔出时，Song 等[164]和 Wang 等[148]均未考虑缆绳的影响，因此，分别低估和高估了锚的埋深损失，尤其是 Wang 等[148]甚至没有考虑锚胫的影响。

如图 8.7（b）所示，离心机实验、Wang 等[148]和本书求得的锚的极限承载力系数分别为 10.0、14.9 和 14.1。离心机实验值分别比 Wang 等[148]和本书的解小 33%和 29%。正如 Wang 等[148]所述，这主要由两个原因导致。一是实验中，通过一铁杆将锚安放至预定深度，然后将铁杆从土体中拔离，抽拔铁杆将导致土体被扰动，进而降低其强度。二是锚的旋转导致土体重塑，同样会降低土体强度。值得注意的是，本书求锚的上拔力同样出现了 4 个阶段，即点 A—点 B、点 B—点 C、点 C—点 D 和过点 D 之后，如图 8.7（b）所示。4 个阶段的定义和解释见参考文献［148］。

离心机实验中，同样测得了倾斜荷载（$\theta=60°$）条件下锚的位移响应曲线，且 Song 等[164]采用 RITSS 法模拟了该工况，结果如图 8.7（c）所示。在 Song 等[164]的计算中，缆绳和锚胫的影响分别通过缆绳方程和恒定阻力来反映，即未对缆绳和锚胫进行实体建模。本书同样模拟了该实验工况，缆绳和锚胫均按照实验条件进行建模。三者的对比如图 8.7（c）所示，结果显示本书计算结果与离心机实验和 Song 等[164]均吻合较好。离心机实验中锚的最终埋深损失 Δz 在 $0.28B \sim 0.32B$ 之间，锚板的最终方位角 $\beta_u=38°$；本书求得的 $\Delta z=0.33B$，$\beta_u=34.8°$。值得注意的是，本书计算结果受 θ 的影响，如果 θ 取 52°（$90°-\beta_{u,test}$，$\beta_{u,test}=38°$），将与实验结果吻合得更好，如图 8.7（c）所示。

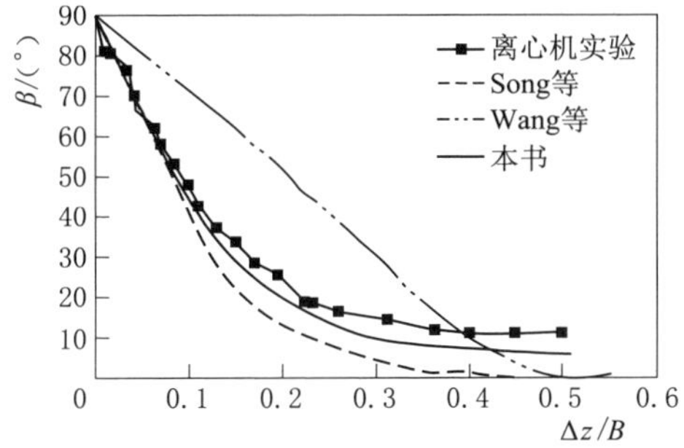

(a) 埋深损失-方位角关系的对比曲线($\theta=90°$)

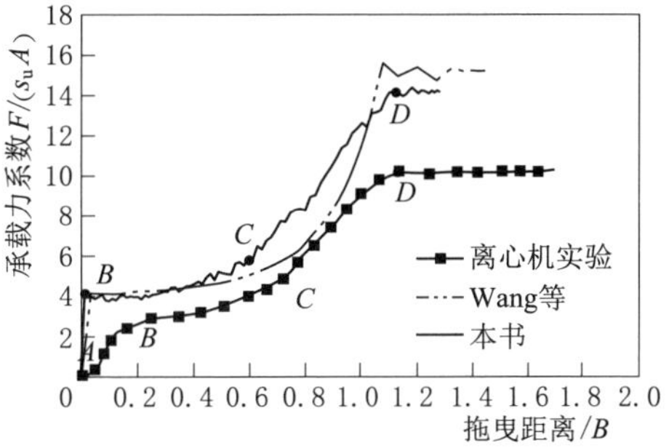

(b) 荷载-拖曳距离关系的对比曲线($\theta=90°$)

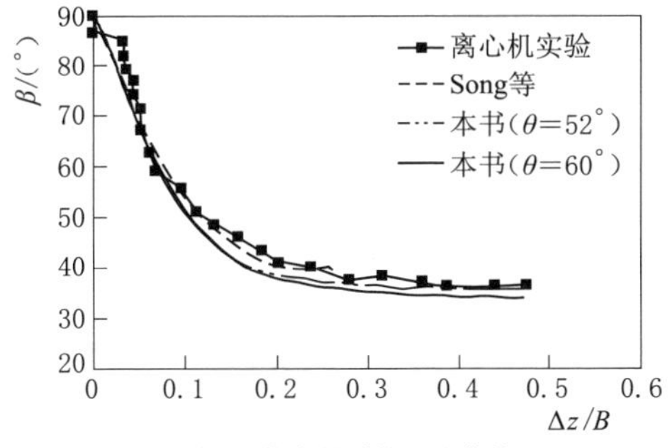

(c) 埋深损失-方位角关系的对比曲线($\theta=60°$)

图 8.7　SEPLA 旋转行为的对比验证

8.2 与塑性分析模型对比

基于 OMNI－Max 锚在土体中的塑性屈服面，Wei 等[114]和 Liu 等[115]建立起用于分析 OMNI－Max 锚旋转和嵌入行为的塑性分析模型。在塑性分析模型中，锚被看作一个整体，锚的运动特性通过施加在锚上的力和锚的位移来表示。塑性模型中系泊缆绳对锚运动特性的影响通过缆绳方程［式（3.2）］来反映。本节将 CEL 模型的计算结果与塑性模型进行对比，对比算例中相关参数取值见表 8.2。

表 8.2　对比工况中相关参数取值

参　数	Wei 等	Liu 等	CEL 模型
锚长 L_A/m	9.14	9.2	9.2
锚宽 W/m	3.24	3.46	3.46
系缆点平行偏心距 e_n/m	2.18	2.44	2.1
系缆点垂直偏心距 e_s/m	0.79	0.68	0.69
缆绳直径 d/m	0.41	—	0.175
系泊角 θ_e/(°)	20	20	20
缆绳参数 N_c、E_n、μ [12]	7.6、1.0、0.1	—	—、—、0.1
锚-土摩擦	完全粗糙	完全粗糙	$\alpha=1$
土体强度 s_u/kPa	$2.5+2.1z$	$2.4+1.1z$	$2.4+1.1z$

图 8.8 给出了 CEL 模型与塑性分析模型计算结果的对比结果。如图 8.8（a）所示，CEL 模型和塑性分析模型的计算结果的整体趋势一致，锚均先发生旋转行为，到达最大埋深损失后再次发生嵌入行为。与 Liu 等[115]的计算结

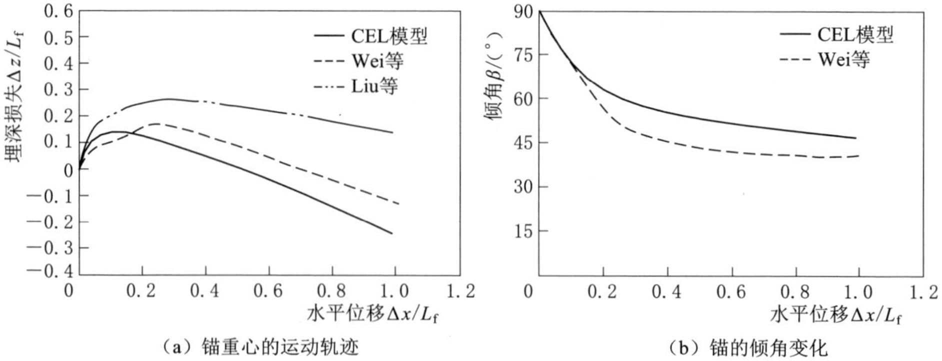

图 8.8　CEL 模型与塑性分析模型计算结果的对比结果

果相比，CEL 模型和 Wei 等[114]的计算结果表现出更大的嵌入潜能。Wei 等[114]还计算了锚运动过程中倾角的变化趋势，倾角的对比结果如图 8.8 (b) 所示。结果表明，锚在旋转过程中倾角快速减小，而在嵌入过程中倾角减小速率较缓。CEL 模型求得锚的倾角比 Wei 等[114]的计算值大，导致 CEL 模型求得锚的嵌入深度较 Wei 等[114]的计算值更深。

8.3 算例分析

OMNI - Max 锚［图 1.6 (b)］不仅拥有可以 360°旋转的锚胫，能够承受来自任意方向的荷载，而且具备可抵御灾害条件的特殊能力。2008 年在墨西哥湾密西西比峡谷的现场测试发现[87]，在经历了一场最大风速大于 51m/s 的风暴之后，8 枚长 9.2m、初始贯入深度为 15.2～18.3m 的 OMNI - Max 锚，不仅没有随大幅漂移的平台（漂移约 3700m）被拔出，相反在 7 根系缆先后断裂的情况下，出人意料地在海床中均不同程度地达到了更大埋深（19.2～36.6m），从而有效化解了在恶劣环境条件下由于平台系泊系统受损所带来的次生灾害。Shelton[86]认为 OMNI - Max 锚能够抵御灾害性荷载的原因在于，当作用于锚系缆点的力大于锚的承载力时，锚在海床中发生旋转和嵌入，进而达到更大的埋深，获得更高的承载力。

本节以上述现场测试中的 1 号锚为例（图 8.9），模拟风暴作用下锚在海床中的运动行为，以验证本章模型模拟 OMNI - Max 锚在海床中运动行为时的有效性。假设锚和缆绳在同一平面内运动，即不考虑非共面荷载的影响。因此，所研究问题为一对称问题。根据图 8.9 所示的系泊条件，本书有限元模型设置如图 8.10 所示。锚的初始埋深 h_i = 16.5m，系泊缆绳长 2131.3m，系泊角度 θ_{mr} = 21.1°，缆绳直径为 0.175m[165]。有限元模型中缆绳被分割为两段，一段由 LINK 连接单元和离散柱体组成，用于模拟缆绳在土中的反悬链形态，长 122.6m；另一段由 BEAM 连接单元构成，用于模拟绷直的水中缆绳，长

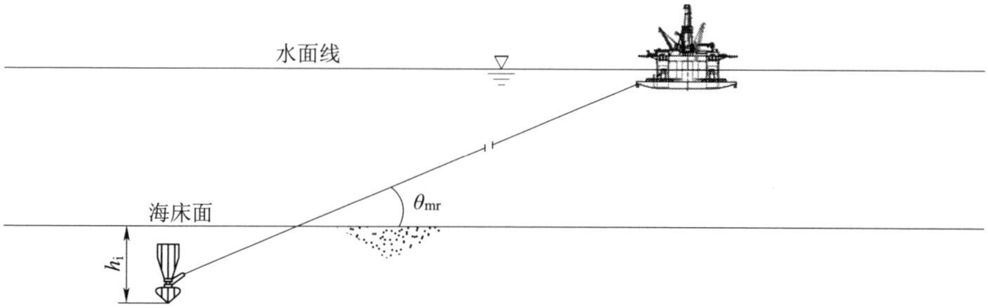

图 8.9　1 号锚系泊示意图

2008.7m，如图 8.10 所示。土体不排水抗剪强度 $s_u=(2.4+1.1z)$kPa，土体浮容重为 7kN/m^3，锚与土体之间的摩擦系数取 0.1。

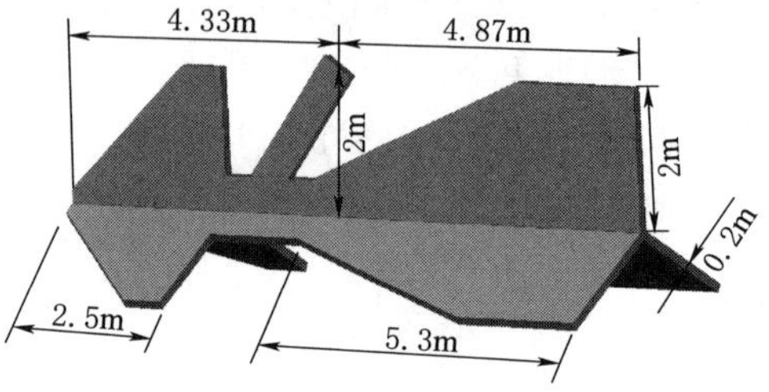

(a) 模型锚尺寸

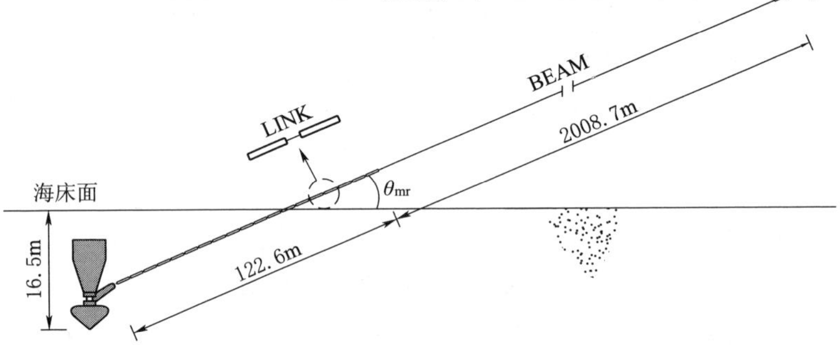

(b) 有限元模型设置

图 8.10 有限元模型设置及模型锚尺寸

根据 Smith 和 Fevang[165] 提供的数据，风暴 Gustav 的持续时间为 14 个小时，该期间最大和最小风速分别为 56.1m/s 和 32.2m/s，但浮体的漂移速度未知。本节采用了 2m/s、1m/s 和 0.5m/s 三个速度来分析 OMNI－Max 锚在海床中的运动行为，计算结果如图 8.11 所示。图 8.11 (a) 显示，锚在旋转调节自身位置至一较浅深度 z_k 后，又重新嵌入土中。在 $v=2$m/s、1m/s 和 0.5m/s 的条件下，z_k 分别为 15.65m、15.74m 和 15.73m。因此，拖曳速度对锚旋转过程中的埋深损失影响极小。但拖曳速度对锚的嵌入深度影响很大，锚的嵌入深度随着拖曳速度的减小而增大。图 8.11 (b) 显示，在锚的运动过程中系缆点拖曳力可分为 3 个阶段。阶段 1（点 A—点 B），系缆点拖曳力随着锚的运动迅速增大；阶段 2（点 B—点 C），由于锚在旋转时的深度损失，拖曳力开始减小；阶段 3（点 C 之后），随着锚的重新嵌入，拖曳力随着嵌入深度的增加而增大。图 8.11 (a) 同时标出了风暴后 1 号锚锚尖的嵌入深度 $z_{tip}=23.5$m，此时 $v=2$m/s、1m/s 和 0.5m/s 对应的锚尖水平位移分别为 $x_{tip}=47.07$m、41.56m、36.64m。图 8.11 (c) 给出了锚在嵌入过程中的反悬链形态，嵌入在海床中的缆绳长度随着锚的运动先减小后增大，其中，L_f 为锚的长度。随着浮体的移动，嵌入缆在海床中形成反悬链形态，进而影响到系缆点处拖曳力的作用角 θ_{ah}。例如，在 $v=2\mathrm{m/s}$ 条件下，锚在旋转调节时，θ_{ah}减小至16.9°，在拖曳结束时，θ_{ah}增大至36.4°，而θ_{ah}的初始值为21.1°。这表明系泊缆绳对OMNI－Max锚运动行为的影响不能忽略。

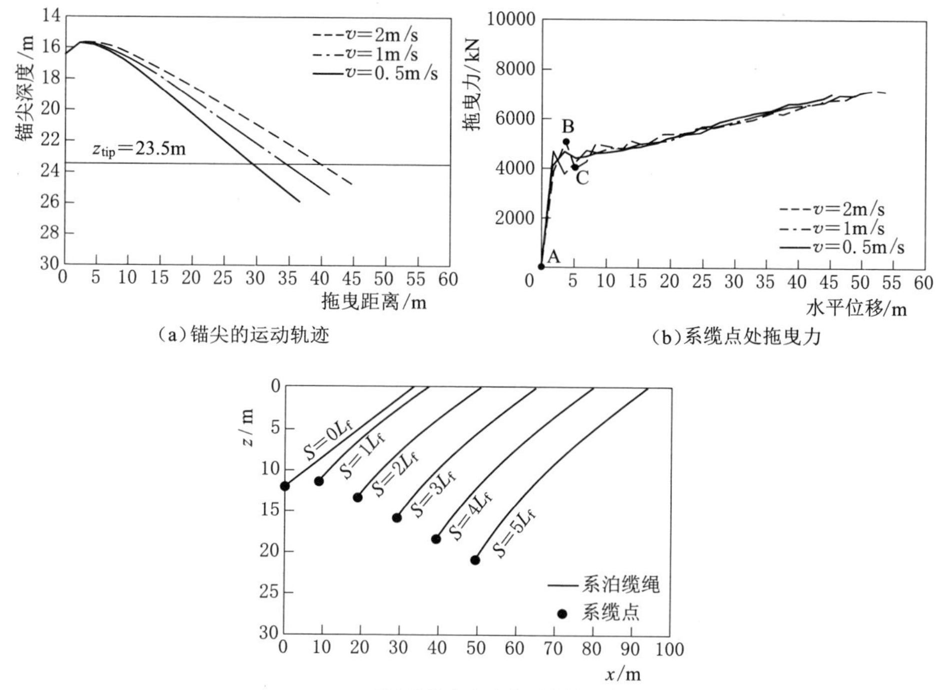

(a)锚尖的运动轨迹

(b)系缆点处拖曳力

(c)系泊缆绳在土中的反悬链形态

图8.11　浮体漂移作用下OMNI－Max锚的响应

第9章

考虑缆绳影响的深水锚运动行为的高效数值分析模型

系泊/安装缆绳是系泊系统的重要组成部分。拖船或系泊浮体的运动通过拖曳或系泊缆绳传至锚固结构，从而导致锚固结构在海床中发生复杂运动。如图 9.1 所示，系泊/安装缆绳通常可分为两部分，嵌入在海床中的嵌入缆和位于海水中的水中缆。由于海床土抗力的作用，嵌入缆将发生复杂的变形并呈现特殊形态。对于拖曳或系泊作用与锚固结构运动共面的特殊情形（本章仅研究该情形），嵌入缆的变形也在此平面，即反悬链形态。嵌入缆的反悬链形态直接决定了锚在海床中的运动行为，其作用可由系缆点处的拖曳力（T_a）和拖曳角（θ_{ah}）来反映。水中缆与嵌入缆在嵌入点处发生相互作用，其对嵌入缆的影响可由嵌入点处的拖曳力（T_e）和拖曳角（θ_e）来反映。当 $\theta_e=0°$时，水中缆又可分为两部分：位于海水中、由于缆绳自重形成悬链形态的悬链缆；平卧在海床表面的水平卧底缆。该情况在拖曳锚的拖曳安装中较为常见，如图 1.4（a）所示。

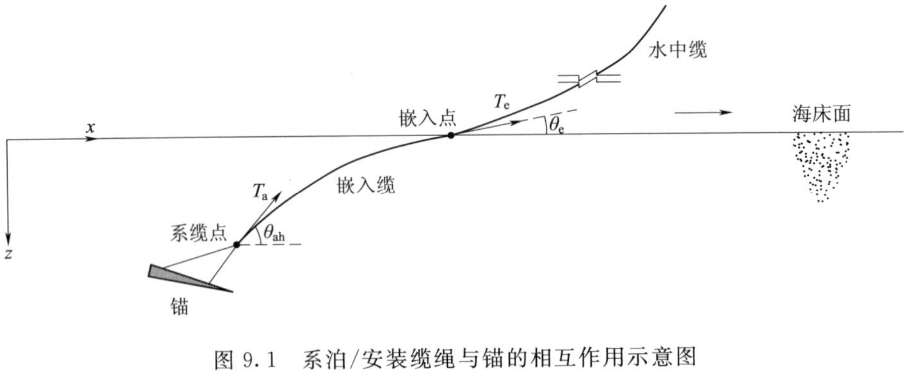

图 9.1　系泊/安装缆绳与锚的相互作用示意图

深水锚在海床中运动行为的理论分析方法包括极限平衡法、塑性极限法和基于运动学框架的解析模型法。三类方法均通过嵌入缆的反悬链特性来考虑缆绳对锚运动行为的影响[13,18,47,48,50-57,62,114,147,149]。嵌入缆的反悬链特性包含两方面，一是系缆点处拖曳力和拖曳角的关系（简称缆绳方程），二是嵌入缆的反悬链方程，后者可由前者积分求得。由 1.2.1 节的调研可知，基于嵌入缆的力学控制方程，可以获得系缆点处拖曳力 T_a 和拖曳角 θ_{ah} 的关系式 $T_a=f(z_a,\ \theta_{ah},\ \theta_e)$，即缆绳方程，式中，$z_a$ 和 θ_e 分别表示系缆点深度和嵌入点处拖曳角。极限平衡法[47,48,50,51]预测锚的运动轨迹可以概括为 5 步：①假设锚沿其运动方向下嵌 Δz；②更新系缆点的坐标（x_a，z_a）；③基于锚的受力模型，求得系缆点处的拖曳力 T_a；④由缆绳方程更新系缆点处拖曳角 $\theta_{ah}=f(T_a,\ z_a,\ \theta_e)$，并计算该时刻的锚板方位；⑤沿其运动方向再下嵌 Δz，重复步骤②～步骤⑤直至满足事先设定的位移或角度条件。塑性极限法[52-57,114,147,149]与极限平衡法唯一的区别在于，第③步中拖曳力 T_a 由基于塑性理论建立的锚的屈服函数 $f(H,\ V,\ M)=0$ 求得，式中，H、V 和 M 分别代表锚受到的水平力、竖向力和弯矩。Liu 等[13,62]和柳成林[18]从运动学的角度出发，以变直径的圆周运动来描述拖曳锚的运动轨迹，通过引入嵌入点、有效缆长、等效缆长和初始下嵌深度等概念，推导出饱和黏土和砂土中拖曳锚运动轨迹的解析表达式，其中有效缆长和等效缆长由嵌入缆的反悬链方程 $f(x_a,\ z_a,\ \theta_{ah},\ \theta_e)=0$ 积分求得，即缆绳对锚运动轨迹的影响通过嵌入缆的反悬链方程反映。

值得注意的是，缆绳方程 $T_a=f(z_a,\ \theta_{ah},\ \theta_e)$ 和反悬链方程 $f(x_a,\ z_a,\ \theta_{ah},\ \theta_e)=0$ 均含有参数 θ_e，θ_e 反映了水中缆的影响效应。拖曳锚安装时，为获得最佳的嵌入效率，通常保持 $\theta_e=0°$，因此，大部分研究者在预测锚的运动轨迹时，假设 $\theta_e=0°$[13,18,47,48,50-54,62]。但由于安装缆绳长度、安装方式或工作方式的限制，θ_e 并不总为 0°，当水深较大时，研究者通常假设 θ_e 为一个固定常数[56,114,147,149]。Aubeny 和 Chi[55]以及 Wang 等[57]通过计算水中缆的悬链形态，考虑了 θ_e 的变化对锚运动轨迹的影响。

基于大变形有限元分析方法 RITSS 法，Song 等[164]和 Wang 等[148]采用与理论分析中类似的方法，通过缆绳方程 $T_a=f(z_a,\ \theta_{ah},\ \theta_e)$ 来反映缆绳对 SPELA 运动行为的影响。Song 等[164]和 Wang 等[148]均采用力控制的方式来模拟锚在土中的运动行为。计算中，首先在系缆点处施加一力增量 ΔT；其次更新锚的位置，并采用 $T_a=f(z_a,\ \theta_{ah},\ \theta_e)$ 更新系缆点处拖曳角 θ_{ah}；最后在更新后的拖曳角 θ_{ah} 下再次施加力增量 ΔT，反复计算便获得锚的运动轨迹。Song 等[164]考虑了 θ_e 的变化对锚运动轨迹的影响；而 Wang 等[148]没有考虑，假设 θ_e 为一恒定常数。

第 5～8 章中，基于 CEL 法，采用 LINK 连接单元连接离散柱体的方式，直接对安装/系泊缆绳进行了建模，建立起锚-缆绳-土三者耦合作用的有限元模型，分析了拖曳锚的安装、吸力嵌入式板锚的旋转调节过程和重力贯入锚在海床中的运动行为。然而，直接对缆绳建模，并将其引入到锚运动行为的分析中，计算极其耗时。

本章基于已有的理论和数值分析中考虑缆绳影响的思路，引入缆绳方程，建立考虑缆绳影响的深水锚运动行为的高效数值分析模型。其中，系缆点处缆绳与锚的相互作用由缆绳方程来描述，并通过用户子程序 VUAMP 予以实现。为了验证本章分析模型的计算精度和计算效率，首先与第 5 章的分析模型进行对比分析。其次，分析吸力嵌入式板锚的旋转调节过程和 OMNI－Max 锚在海床中的运动行为。OMNI－Max 锚是一种新型重力贯入锚，具有易安装和可以抵御灾害性荷载的优势。目前，无论是理论、数值和实验，针对 OMNI－Max 锚的研究尚处于起步阶段。本章将针对 OMNI－Max 锚进行参数考察，考察不同参数对其运动行为的影响，以期揭示其运动机理，并对其在工程中的运用提供理论支撑。

9.1 将缆绳的影响嵌入 CEL 法

CEL 法为有条件收敛的显式算法，其收敛条件通过稳定时间增量步 $\Delta t_{\mathrm{critical}}$ 控制，$\Delta t_{\mathrm{critical}}$ 可由 $L_{\min}/c_{\mathrm{d}}$ 估算，$L_{\min}$ 表示欧拉网格的最小长度，c_{d} 表示材料应力波波速[138]。数值计算时间随着 $\Delta t_{\mathrm{critical}}$ 的增大显著增大。缆绳的直径远小于锚的直径，而其长度远大于锚的长度，直接对缆绳建模，将使得模型的 $L_{\min}$（或 $\Delta t_{\mathrm{critical}}$）更小且土体网格数极大，计算极其耗时。本节将通过用户子程序 VUAMP，将缆绳方程引入到 CEL 法分析中，以考虑缆绳对锚在海床中运动行为的影响。

9.1.1 缆绳方程

随着拖船或浮体的运动，缆绳不断切割土体并在土中形成反悬链形态，如图 9.1 所示。缆绳反悬链形态对锚运动行为的影响可以通过系缆点处拖曳角 θ_{ah} 来反映，而缆绳张力的影响可由系缆点处拖曳力 T_{a} 来反映。Neubecker 和 Randolph[12] 推导出系缆点处拖曳力 T_{a} 与拖曳角 θ_{ah} 的关系式，本章采用该关系式来反映缆绳对锚运动行为的影响，即

$$\left.\begin{aligned}&-\frac{T_{\mathrm{a}}}{1+\mu^{2}}\left[\mathrm{e}^{\mu(\theta_{\mathrm{ah}}-\theta)}(\cos\theta+\mu\sin\theta)\right]_{\theta_{\mathrm{e}}}^{\theta_{\mathrm{ah}}}=\int_{0}^{z_{\mathrm{a}}}N_{\mathrm{cl}}E_{\mathrm{n}}ds_{\mathrm{u}}\mathrm{d}z\\&s_{\mathrm{u}}=s_{\mathrm{u0}}+kz\end{aligned}\right\}\tag{9.1}$$

式中：μ 为缆绳与土体之间的摩擦系数；θ 为任意埋深下缆绳与水平面所成夹

角；N_{cl}为缆绳承载力系数，常见取值范围为 7.6～14[150]；E_n 为缆绳的有效承载系数，对于钢缆 $E_n=1$，铁链 $E_n=2.5$[8]；d 为缆绳直径；s_u 为饱和黏土不排水抗剪强度；s_{u0}为海床面土体强度；k 为土体强度梯度。

9.1.2 子程序 VUAMP

随着拖船或浮体的运动，系缆点处的拖曳力 T_a 和拖曳角 θ_{ah}不断变化，从而影响锚在海床中的运动行为。ABAQUS 中，拖曳力 T_a 和拖曳角 θ_{ah}的变化并不能直接通过用户界面及 Input 计算文件实现。本节通过用户子程序 VUAMP 来实现计算过程中拖曳力 T_a 和拖曳角 θ_{ah}的变化，进而反映缆绳的影响。ABAQUS 中，集中力通过其在 x 轴、y 轴和 z 轴的分力来施加，并通过改变各分力的大小来改变集中力的大小和方向。幅值曲线作为一种计算媒介，可以任意改变荷载、边界条件和预定义场的大小。用户子程序 VUAMP 可以将幅值曲线在当前状态下的值定义为一个函数。先以本书的研究背景为例，简单阐述用户子程序 VUAMP 使用过程中的关键设置。

（1）定义与式（9.1）相关的历史输出变量，如系缆点的横坐标 x_a 和纵坐标 z_a，并将其设置为传递变量（Sensors）以备子程序调用。

（2）创建拖曳力在水平和竖直方向的分力 T_{ax} 和 T_{az}，其幅值曲线由 VUAMP 计算。

（3）在每个增量步计算开始前，更新系缆点处拖曳力 T_a 和拖曳角 θ_{ah}，即 T_{ax}和 T_{az}。

9.1.3 计算流程

如 9.1.2 节中所述，集中力只能通过其在各坐标方向的分力施加到结构上。因此，系缆点处拖曳力将通过其在水平和竖直方向的两个分力施加到锚上，即 $T_{ax}=T_a\cos\theta_{ah}$ 和 $T_{az}=T_a\sin\theta_{ah}$。基于子程序 VUAMP 模拟锚在海床中运动行为的分析流程如下：①根据不同的安装或系泊条件，给定初始时刻系缆点处拖曳力 T_a 和拖曳角 θ_{ah}的值；②计算 $T_{ax}=T_a\cos\theta_{ah}$和 $T_{az}=T_a\sin\theta_{ah}$，并执行一个增量步的 CEL 计算；③更新系缆点的坐标（x_a，z_a），并在下一个增量步计算前由式（9.1）更新 θ_{ah}的值；④每隔一段时间 t_c，计算该时间段内系缆点的平均水平运动速度$\overline{v_s}$，对比$\overline{v_s}$与控制速度 v_c 的大小，如果$\overline{v_s}>v_c$，则更新系缆力 $T_a=T_a-\Delta T$，如果$\overline{v_s}\leqslant v_c$，更新系缆力 $T_a=T_a+\Delta T$，其中 ΔT 表示荷载增量；⑤重复步骤②～步骤④直至满足事先设定的位移或角度条件。

计算流程中引入了 4 个参数，即 t_c、$\overline{v_s}$、v_c 和 ΔT，其中$\overline{v_s}$可由 t_c 求得，因此独立变量只有 t_c、v_c 和 ΔT。t_c、v_c 和 ΔT 的取值可能会影响锚在海床中

的运动行为，在接下来的分析中将会详细探讨。

9.2 标准算例（拖曳锚安装）

本节将 5.1 节中模拟拖曳锚安装的算例作为标准算例，考察本章数值模型的可靠性、精度和计算效率。所模拟的问题具有对称性，其数值模型如图 9.2 所示。锚及土体参数见表 9.1，其中 L、B、t、L_s、t_s 和 θ_a 表示模型锚的尺寸，如图 9.2 所示；γ'_{anchor} 和 γ'_{soil} 分别为锚和土体的浮容重；μ 为锚与土体之间的摩擦系数。土体网格的划分与 5.1 节一致，最小网格尺寸为 $d/4$，如图 9.2 所示。土体为饱和黏土，视为不排水条件，采用基于 Mises 屈服准则的理想弹塑性模型，并服从相关联流动法则。土体弹性模量采用 $E=500s_u$，泊松比取 0.49。采用欧拉网格离散土体，网格类型为 EC3D8R。土体自由表面通过欧拉材料的流动来捕捉，因此需在土体表面构建空气层来追踪其变形。土体与缆绳之间的摩擦力通过库仑摩擦公式来计算，即 $\tau=\mu\sigma$，式中，τ 为摩擦应力，σ 为法向压力，μ 为摩擦系数。

在拖曳锚的安装过程中，安装缆绳对锚运动轨迹的影响由式（9.1）来计算，方程中各参数的取值为 $\theta_e=0°$，$\mu=0.1$，$N_{cl}=10.8$，$E_n=1$，$d=0.1$m。

表 9.1 锚及土体参数

L/m	B/m	t/m	L_s/m	t_s/m	θ_s/(°)	γ'_{anchor}/(kN/m³)	γ'_{soil}/(kN/m³)	μ	s_u/kPa
2	2	0.2	2.4	0.2	45	68	7	0.1	10 或 $5+1.5z$

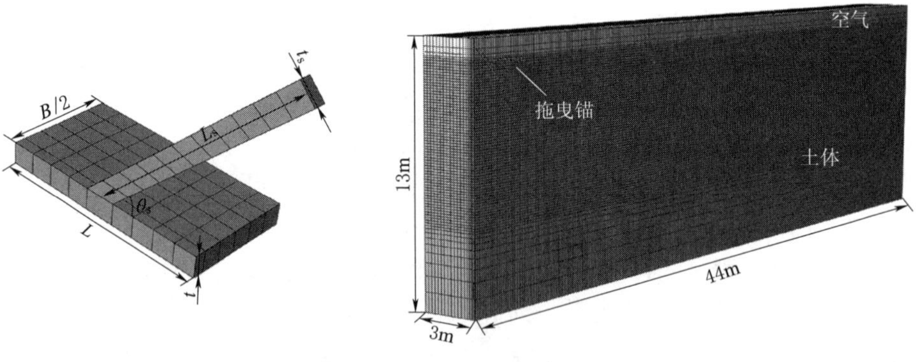

图 9.2 模拟拖曳锚安装过程的有限元模型

9.2.1 控制时间间隔和荷载增量的影响

9.1.3 节的计算流程中引入了 3 个独立变量，即控制速度 v_c、控制时间间

隔 t_c 和荷载增量 ΔT。v_c 可以由安装船的安装速度或浮体的漂移速度来控制，因此剩下两个未知变量 t_c 和 ΔT。在对比分析之前，先考察 t_c 和 ΔT 对有限元计算结果的影响。计算中，土体不排水抗剪强度取 $s_u=10\text{kPa}$，考察结果包括锚的运动轨迹和系缆点处拖曳力。考察所需参数见表 9.2，其中 D_s 表示系缆点的水平位移，t_a 为达到位移 D_s 所需的时间，因此，$\overline{v_s}=D_s/t_a$。

表 9.2　控制时间间隔 t_c 及荷载增量 ΔT 的影响

v_c/(m/s)	D_s/m	t_c/s	ΔT/kN	t_a/s	$\overline{v_s}$/(m/s)
1	20	0.1	1	27.2	0.735
		0.01		20.9	0.957
		0.001		20.1	0.995
		0.001	1	20.1	0.995
			0.1	21.0	0.952
			0.01	27.6	0.725

图 9.3 和图 9.4 给出了控制时间间隔 t_c 和荷载增量 ΔT 对计算结果的影响。结果表明，t_c 和 ΔT 对锚的运动轨迹几乎没有影响，但对系缆点拖曳力的影响很大。当 $t_c=0.001\text{s}$ 和 $\Delta T=1\text{kN}$ 时，系缆点处的拖曳力出现很大的波动。当 t_c 较小时，数值流程中的第④步频繁执行，且 ΔT 较大，使得曲线出现很大的波动。增大 t_c 或减小 ΔT 将使得拖曳力的施加更为平稳，最终获得光滑的结果曲线，如图 9.3（b）和图 9.4（b）所示。系缆点的平均水平运动速度 $\overline{v_s}$ 见表 9.2，结果显示，当 $t_c=0.001\text{s}$ 和 $\Delta T=1\text{kN}$，$t_c=0.01\text{s}$ 和 $\Delta T=1\text{kN}$ 以及 $t_c=0.001\text{s}$ 和 $\Delta T=0.1\text{kN}$ 时，$\overline{v_s}$的值接近控制速度 v_c。如果安装速度或浮体移动速度是必须满足的前提条件，则建议计算中采用 $t_c=0.01\text{s}$ 和 $\Delta T=1\text{kN}$；如果获得光滑的拖曳力曲线是必须满足的前提条件，则建议计算中采用 $t_c=0.001\text{s}$ 和 $\Delta T=0.1\text{kN}$。

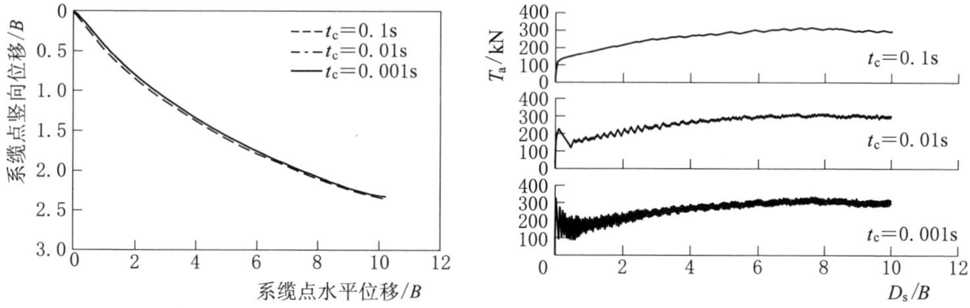

(a)运动轨迹（$\Delta T=1\text{kN}$）　　(b)系缆点处拖曳力（$\Delta T=1\text{kN}$）

图 9.3　控制时间间隔的影响

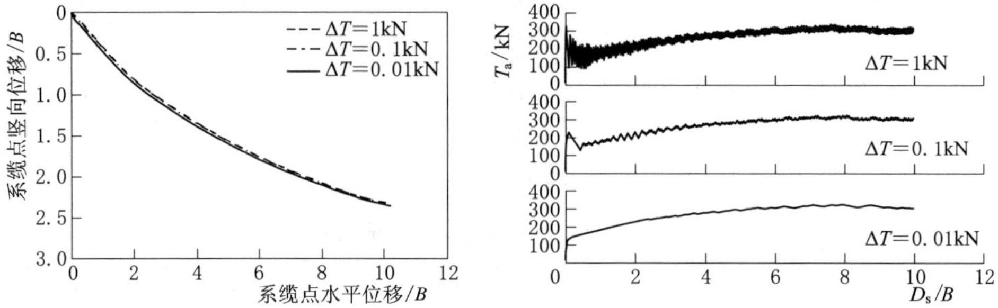

(a)运动轨迹（t_c=0.001s）　(b)系缆点处拖曳力（t_c=0.001s）

图 9.4　荷载增量的影响

9.2.2 计算结果对比分析

5.1 节通过构造安装缆绳模拟了拖曳锚的安装过程，本节将对两种模拟方法进行对比，包括土体不排水抗剪强度 s_u=10kPa 和 s_u=(5+1.5z)kPa 下的计算结果。5.1 节中拖曳速度为 0.5m/s，将作为本章模型的控制速度，即 v_c=0.5m/s。

1. 计算结果对比

运动方向 θ_m 和拖曳角 θ_a 直接影响拖曳锚的嵌入深度，图 9.5（a）和（b）以及图 9.5（c）和（d）分别给出了本章模型与 5.1 节模型求得的运动方向和拖曳角。结果显示，当锚的水平位移超过 2B 后，运动方向和拖曳角近似为常数。B 为锚板宽度，如图 9.2 所示。θ_m 和 θ_a 的平均值$\overline{\theta_m}$和$\overline{\theta_a}$也列于表 9.3 中。对于 s_u=10kPa 的情况，两种模型求得的 $\overline{\theta_m}$ 和 $\overline{\theta_a}$ 分别相差 0.4°和 2.2°；对于 s_u=(5+1.5z)kPa 的情况，两种模型求得的 $\overline{\theta_m}$ 和 $\overline{\theta_a}$ 分别相差 0.1°和 1.6°。图 9.5（e）和（f）表明，在 s_u=10kPa 和 s_u=(5+1.5z)kPa 的条件下，本章模

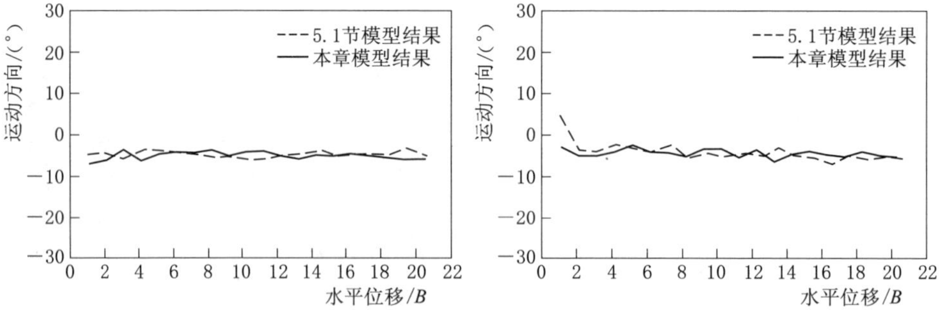

(a)运动方向（s_u=10kPa）　(b)运动方向[s_u=(5+1.5z)kPa]

图 9.5（一）　本章模型与 5.1 节模型计算结果的对比

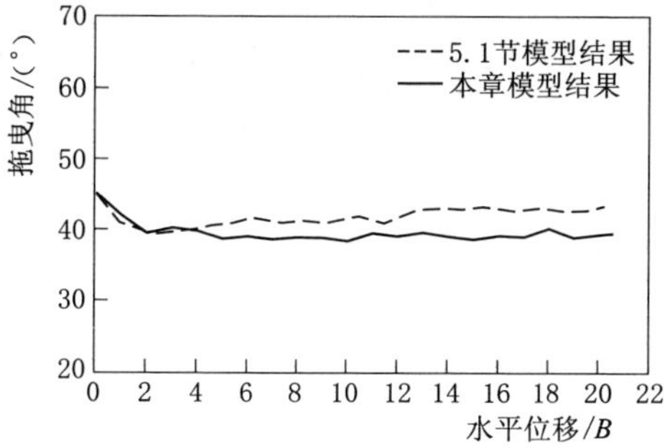

(c) 拖曳角(s_u=10kPa)

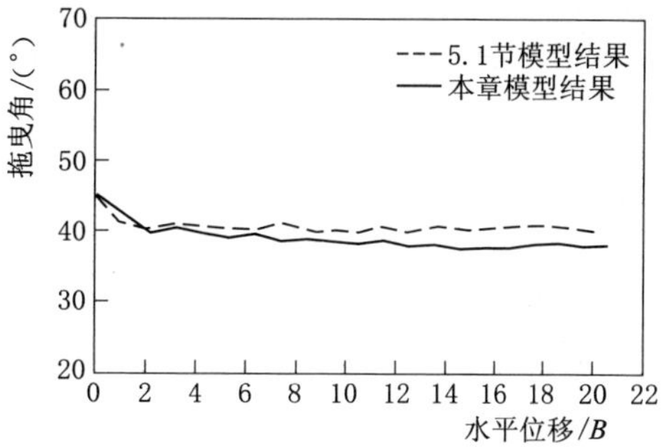

(d) 拖曳角[s_u=(5+1.5z)kPa]

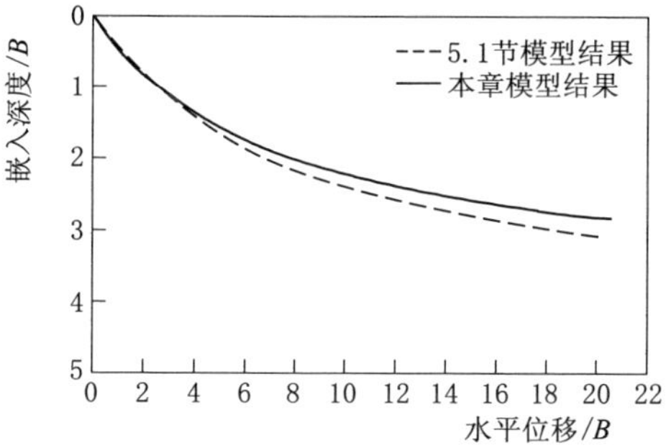

(e) 运动轨迹(s_u=10kPa)

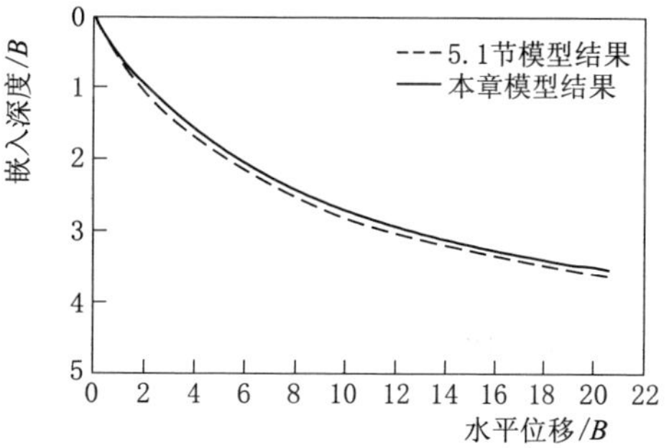

(f) 运动轨迹[s_u=(5+1.5z)kPa]

图 9.5（二） 本章模型与 5.1 节模型计算结果的对比

型求得的锚的嵌入深度均小于 5.1 节模型的计算结果，且本章模型求得的锚的最终嵌入深度比 5.1 节模型求得的深度分别小 7.8%和 2.8%，见表 9.3。对比表明，本章模型与 5.1 节模型计算结果吻合较好，可以有效模拟拖曳锚在海床中的安装过程。

表 9.3　　与 5.1 节模型计算结果的对比

模型	s_u/kPa	$\overline{\theta_m}$/(°)	$\overline{\theta_a}$/(°)	z_{end}/B
5.1 节模型	10	−4.8	41.7	3.07
	5+1.5z	−4.7	40.6	3.62
本章模型	10	−5.2	39.5	2.83
	5+1.5z	−4.6	39.0	3.52

2. 计算效率对比

5.1 节模型中，由于引入 37.8m 长的缆绳，土体网格数达到 875420。本章通过式（9.1）代替实体缆绳以考虑其影响效应，土体网格数降低为 575276。本章模型和 5.1 节模型均在装有两颗 2.9GHz Intel Xeon E5－2690 处理器（共 16 核心）、内存 32G 的工作站上实施计算。当 s_u=10kPa 时，本章模型和5.1节模型的CPU计算时间分别为31.8h和50.2h；当 $s_u=(5+1.5z)$kPa时，本章模型和5.1节模型的CPU计算时间分别为59.1h和101.2h。当有 $s_u=10$kPa和 $s_u=(5+1.5z)$kPa时，本章模型的计算时间比5.1节模型分别降低了36.7%和41.6%。

如9.1节所述，CEL法的计算时间随着网格数的增大和欧拉网格最小长度 L_{min} 的减小而增大。如果安装缆绳长度更长，采用5.1节的模型会使得土体网格数目更大，本章模型在计算效率方面的优势更加明显。为了严格对比，计算中本章模型采用的 L_{min} 与5.1节模型一致，但由于去除了缆绳，略微增大 L_{min} 同样可以得到合理且精确的计算结果，计算时间会进一步降低。

9.3 吸力嵌入式板锚（SEPLA）旋转调节过程的模拟

本节分为两部分：一是考察控制速度 v_c 和锚-土摩擦系数 μ 对SEPLA旋转行为的影响；二是验证所提出模型在模拟SEPLA旋转调节过程时的有效性。

9.3.1 控制速度和摩擦系数的影响

O'Loughlin等[166]采用离心机实验研究了竖向荷载作用下，偏心距比 e/B 分别为0.17、0.5和1时SEPLA的埋深损失，其中，偏心距 e 为系缆点到锚板上表面的垂直距离。Wang等[167]通过RITSS法模拟了 $e/B=0.5$ 和1的实验工况。由于实验中所用锚的锚胫相对于锚板来讲，其承载面积和重量可以忽略不计，因此Wang等[167]在有限元模拟中没有考虑锚胫的影响。本节采用Wang等[167]的有限元模型来考察控制速度和摩擦系数对计算结果的影响。参照Wang等[167]的有限元模型，建立的CEL模型如图9.6所示。计算所需参数见表9.4（工况1），其中，L_{soil}、W_{soil} 和 H_{soil} 代表土体的几何尺寸，L、B 和 t 代表锚的几何尺寸，详细定义如图9.6所示，h_i 为系缆点初始埋置深度。Wang等[167]的分析中土体采用了服从Tresca屈服准则的理想弹塑性模型，本书也是这样。

图9.7（a）显示，当 $v_c=1$m/s时锚的埋深损失比 $\Delta z/B$ 不稳定，尤其在锚板方位角 $\beta=0°$ 附近。随着控制速度的减小，速度对 $\Delta z/B$ 的影响将消失，可以认为 $v_c=0.25$m/s时为准静态模拟。图9.7（b）表明，锚的埋深损失比 $\Delta z/B$ 随着摩擦系数 μ 的增大而减小，最终趋于收敛。另外，图9.8给出了本书模型在 $\mu=0.3$ 时和Wang等[167]在锚-土接触面完全粗糙条件下，e/B 分别为0.5和1的计算结果，两者吻合较好。因此，可以认为本书模型在 $\mu=0.3$ 时锚-土接触面为完全粗糙。接下来的对比分析中，v_c 和 μ 分别采用0.25m/s和0.3。

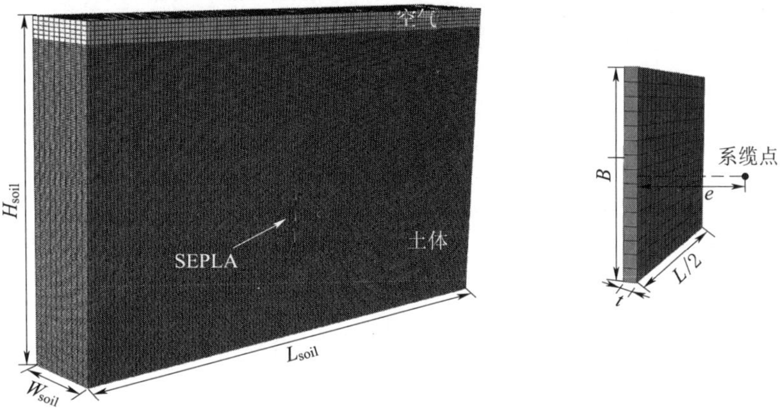

图 9.6　模拟 SEPLA 旋转调节过程的有限元模型

表 9.4　　模拟 SEPLA 旋转调节过程时所需参数

工况	L_{soil} /m	W_{soil} /m	H_{soil} /m	L /m	B /m	t /m	e/B	h_i/B	γ'_{anchor} /(kN/m³)	γ'_{soil} /(kN/m³)	s_u /kPa
1	25.8	4	16	8	3	0.2	0.5	3	67.0	6.5	$0.7z$
							1				
2	25.8	4	16	4	4	0.2	0.625	3	67.8	9.2	18
3	27.8	7.9	25.9	7.92	4.64	0.16	0.558	4.47	65.0	6.5	$1+1.25z$

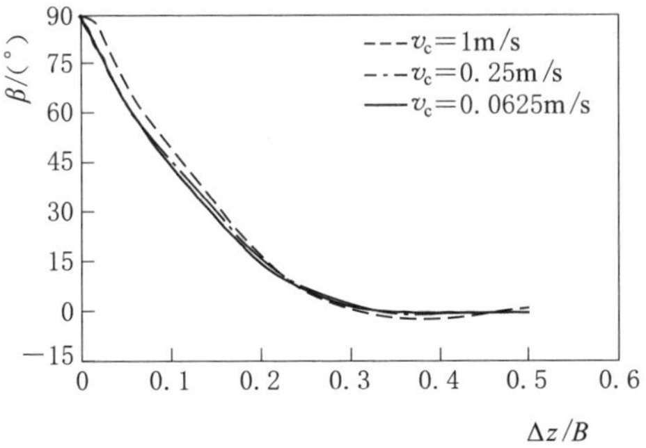

(a)控制速度的影响

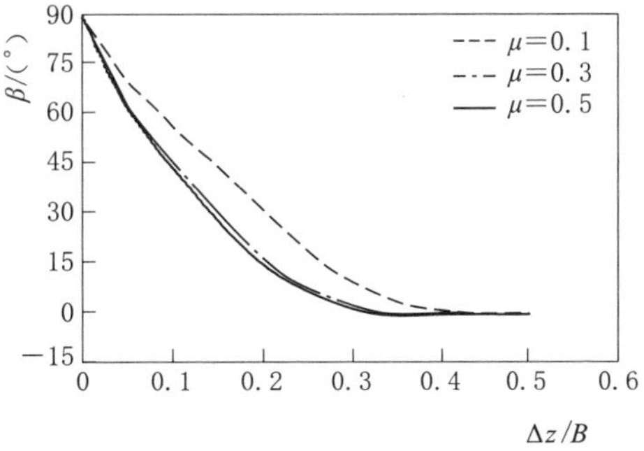

(b)摩擦系数的影响

图 9.7　控制速度和摩擦系数对计算结果的影响

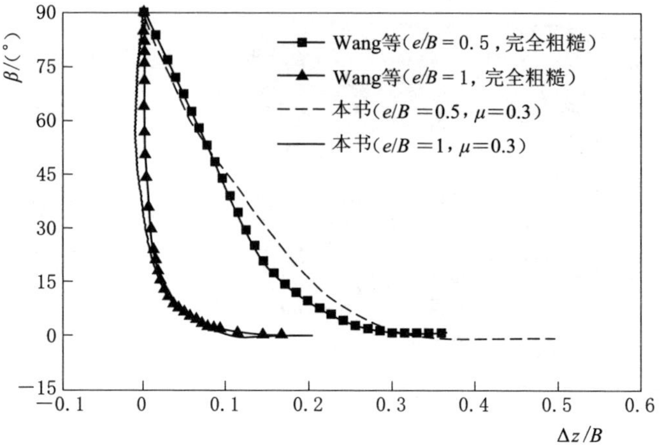

图 9.8 与 Wang 等[167]的计算结果对比

9.3.2 与 Song 等[164]的计算结果对比

Song 等[164]采用离心机实验研究了 60°荷载作用下方形 SEPLA 在土体中的旋转调节过程，如图 9.9 所示。Song 等[164]同时还采用二维 RITSS 法模拟了该实验工况。本节采用 Song 等[164]的离心机实验和有限元计算结果验证本章模型在模拟倾斜荷载作用下 SEPLA 在土中的旋转调节过程的有效性。模型计算所需参数见表 9.4（工况 2），模型锚的尺寸如图 9.9 所示。

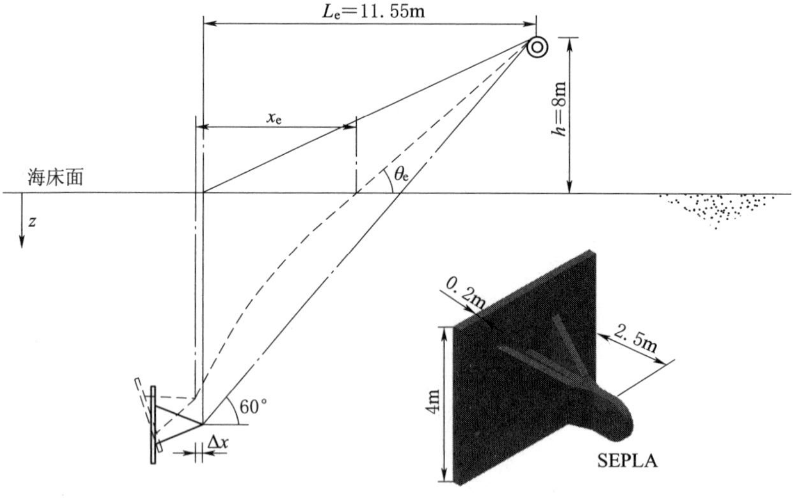

图 9.9 离心机实验设置[164]

在离心机实验中，随着 SEPLA 的旋转，嵌入点处拖曳角 θ_e 将不断变化。本节采用 Liu 等[13]和柳成林[18]推导的均质土中嵌入缆的反悬链方程来计算 θ_e 的变化，即

$$x = x_a - B\left[-\frac{\sin 2\theta_{ah}}{2} + \sqrt{\left(\cos^2\theta_e - \frac{z}{B}\right)\left(\sin^2\theta_e + \frac{z}{B}\right)} - \theta_{ah} + \arcsin\sqrt{\frac{z}{B} + \sin^2\theta_e}\right] \tag{9.2}$$

$$B = z_a/(\sin^2\theta_{ah} - \cos^2\theta_e)$$

式中：x 和 z 分别为嵌入缆上任意一点的横坐标和纵坐标。

将 $x_a=0$ 和嵌入点坐标值（x_e，0）代入式（9.2），可以得到系缆点和嵌入点之间的关系式，即

$$x_e = \frac{z_a}{\sin^2\theta_{ah} - \sin^2\theta_e}\left(\frac{\sin 2\theta_{ah} - \sin 2\theta_e}{2} + \theta_{ah} - \theta_e\right) \tag{9.3}$$

由图 9.9 可以获得如下几何关系式：

$$\tan\theta_e = \frac{h}{L_e + \Delta x - x_e} \tag{9.4}$$

其中 $$L_e = (h + h_i)\cot 60^\circ$$

利用式（9.3）和式（9.4）可以推导出用于求解 θ_e 的方程：

$$\left[(h + h_i)\cot 60^\circ + \Delta x - \frac{z_a}{\sin^2\theta_{ah} - \sin^2\theta_e}\left(\frac{\sin 2\theta_{ah} - \sin 2\theta_e}{2} + \theta_{ah} - \theta_e\right)\right]\tan\theta_e - h = 0 \tag{9.5}$$

离心机实验中，随着 SPELA 的旋转，θ_e 不断发生变化以满足嵌入缆的约束［式（9.3）］和滑轮的约束［式（9.4）］。θ_e 的值可由式（9.5）求得，式中 $h=8$m，$h_i=12$m，任意时刻的 Δx、z_a 和 θ_{ah} 的值均可由 CEL 法求得。式（9.1）中参数的取值分别为 $\mu=0.1$，$N_{cl}=7.6$，$E_n=1$，$d=0.1$m。值得注意的是，倾斜荷载作用时，采用了角速度控制，即 $v_c=1^\circ$/s。该角速度下锚的拔出速度小于 0.25m/s，可保证其为准静态过程。

由式（9.5）和 9.1.3 节的计算流程求得本书的计算结果，如图 9.10 所示，图中同时展现了离心机实验结果和 Song 等[164]的有限元结果。离心机实验的最终埋深损失 Δz 在 $0.28B \sim 0.32B$ 之间，锚板的最终方位角 $\beta_u=38^\circ$。本书求得的 Δz 和 β_u 分别为 $0.25B$ 和 33.3°。根据离心机实验，Song 等[164]的有限元计算在 $\beta_u=38^\circ$时停止，此刻锚的埋深损失 Δz 为 $0.27B$。结果表明，本书求得的锚的埋深损失与离心机实验结果和 Song 等[164]的有限元解吻合较好，但本书求得的 β_u 小于 Song 等[164]的。该结果由两个原因引起：一是 Song 等[164]并未对锚胫直接建模，而是通过在锚板中心施加锚胫受到的土抗力和锚胫重力；二是两种有限元方法更新 θ_e 的方法不同。

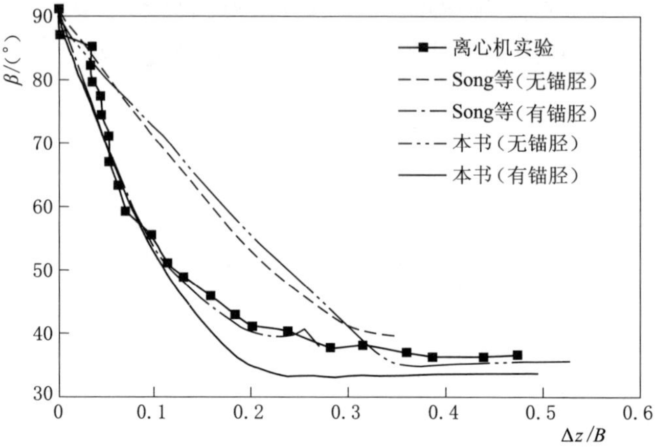

图 9.10 与 Song 等[164]的计算结果对比

9.3.3 与 Wei 等[147]的计算结果对比

CASPA[168]是一种基于塑性极限法、用于计算 SEPLA 运动轨迹和拔出力的分析模型，Wei 等[147]采用该模型分别模拟了 $\theta_e=40°$和 90°时 SEPLA 的旋转调节过程。$\theta_e=40°$的工况将被用来考察本章分析模型在模拟倾斜荷载作用下（即考虑缆绳影响）SEPLA 旋转调节过程时的有效性。模型所需参数及 Wei 等[147]计算时采用的锚的关键尺寸见表 9.4（工况 3），锚的详细尺寸见参考文献［147］。式(9.1）中参数的取值分别为 $\mu=0.1$，$N_{cl}=7.6$，$E_n=1$，$d=0.41$m。

Wei 等[147]分别计算了有锚胫和无锚胫两种条件下锚的埋深损失和运动轨迹，本章分析模型也模拟了这两种工况，计算结果如图 9.11 所示。结果显示，本章模型与 Wei 等[147]的塑性模型计算的埋深损失和运动轨迹均吻合较好。Wei 等[147]的计算在锚板的最终方位角 $\beta_u=34.5°$时终止，此时有锚胫和无锚胫工况对

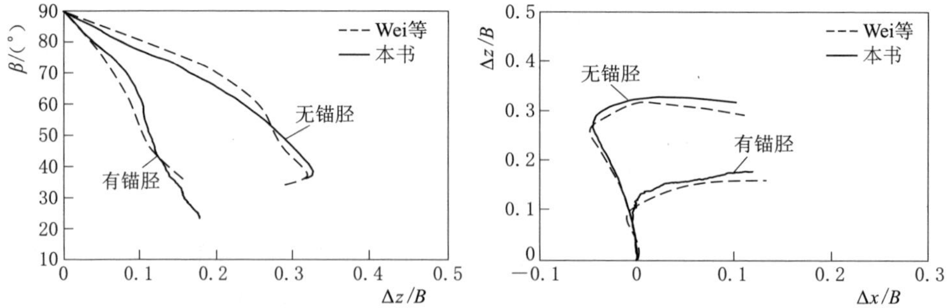

(a) 锚板方位角-埋深损失关系曲线　　(b) 锚板中心点轨迹

图 9.11 与 Wei 等[147]的计算结果对比

应的锚板埋深损失 Δz 分别为 $0.164B$ 和 $0.318B$。本章模型在 $\beta_u=34.5°$时，有锚胫和无锚胫工况对应的锚板埋深损失 Δz 分别为 $0.15B$ 和 $0.315B$。

值得注意的是，对于无锚胫工况，锚达到其最大埋深损失后开始下嵌，如图 9.11（b）所示。当土体强度随着深度增加时，SEPLA 的下嵌使其承载力也有所增大。该现象对 SEPLA 的设计、优化和应用意义重大，值得深入研究。另外，通过与 Song 等[164]和 Wei 等[147]的对比均发现，有锚胫的 SEPLA 的埋深损失比无锚胫的小。因为锚胫可以避免锚在初始受力阶段竖直向上滑移，从而有效降低锚的埋深损失。

9.4 OMNI－Max 锚运动行为的研究

OMNI－Max 锚是一种新型重力贯入锚，拥有可以 360°旋转的锚胫以适应非共面荷载作用。锚胫的位置接近锚尖，使得锚在超过其极限承载力时，可以旋转调节自身位置后重新嵌入土中，如图 8.1 所示。该设计使得 OMNI－Max 锚具有可以抵御灾害性荷载的优势，且在 2008 年墨西哥湾密西西比峡谷的现场测试中被证实[87]。然而，锚的初始贯入深度不足一倍锚长时，作用在锚上的荷载超过其极限承载力后将会发生失稳破坏，甚至被拔出海床面[86]，如图 8.1 所示。

OMNI－Max 锚的运动行为可以看作是旋转和嵌入行为的组合。本章模型模拟锚的旋转和嵌入行为的有效性已在分析 SEPLA 旋转调节过程和拖曳锚安装时得到验证。因此，本章提出的数值模型完全具备模拟 OMNI－Max 锚运动行为的能力。为了深入了解 OMNI－Max 锚在海床土中的运动机理，本节设计了参数考察以研究不同参数对锚在海床中运动行为的影响。这些参数包括系缆点的初始埋深 h_i、土体强度梯度 k、嵌入点处拖曳角 θ_e 和缆绳方程参数 $C_f(C_f=N_{cl}E_nd)$。

假设锚和缆绳在同一平面内运动，即不考虑非共面荷载的影响。因此，所研究问题为一对称问题，有限元模型如图 9.12 所示。假设土体为正常固结黏土，强度符合 $s_u=s_{u0}+kz$。计算中 s_{u0} 恒为 2.4kPa，k 随参数考察工况的变化而变化。锚与土体之间的摩擦系数取 0.1。计算结果包括系缆点的运动轨迹和锚的方位角。

9.4.1 控制速度的影响

参数考察之前，先探讨控制速度 v_c 对锚运动轨迹和方位角的影响。计算中各参数取值为 $s_u=(2.4+1.1z)$kPa，$h_i=12.17$m，$\theta_e=20°$，$\mu=0.1$，$N_{cl}=7.6$，$E_n=1$，$d=0.1$m。本节选取了 3 个控制速度 $v_c=2$m/s、1m/s 和 0.5m/s 的影响。如图 9.13 所示，锚在旋转调节自身位置后重新嵌入土中。控

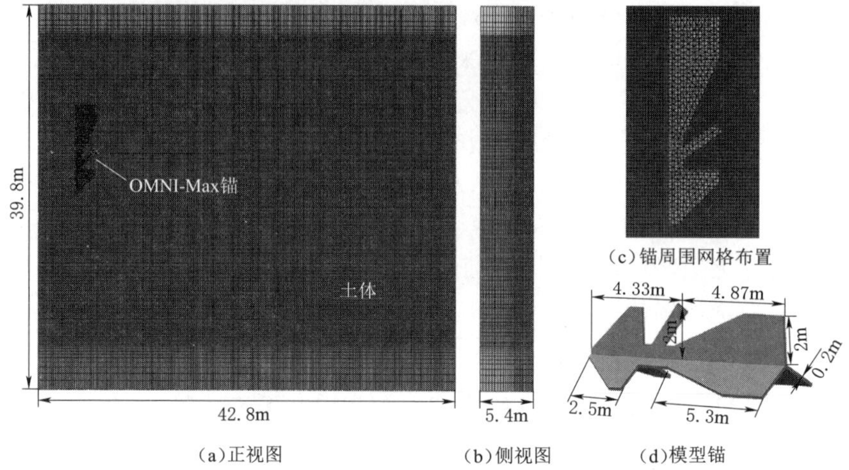

图 9.12 研究 OMNI－Max 锚运动行为的有限元模型

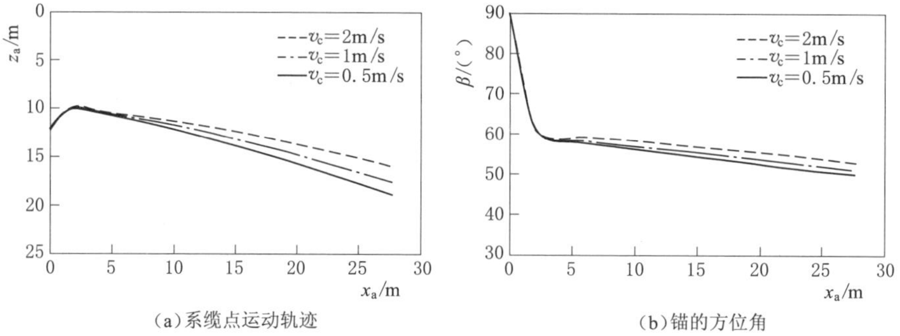

图 9.13 控制速度的影响

制速度对旋转过程中锚的最大埋深损失 Δz 影响较小，当 $v_c=2\text{m/s}$、1m/s 和 0.5m/s 时对应的 Δz 分别为 2.44m、2.22m 和 2.15m。锚的嵌入深度随着控制速度的减小而增大，这与 9.2 节的结果一致。控制速度对旋转过程中锚的方位角几乎没有影响。但在嵌入过程中，锚的方位角随着控制速度的减小而减小。当 $v_c=0.5\text{m/s}$ 时，模型的计算时间接近一周。如果控制速度减小一半，则模型的计算时间增大将近一倍。考虑到计算效率，控制速度不再减小，同时采用 $v_c=2\text{m/s}$ 和 $v_c=1\text{m/s}$ 进行参数考察，见表 9.5。

9.4.2 参数考察

本节设计了 8 个工况用于考察不同参数对 OMNI－Max 锚运动行为的影响，见表 9.5。工况 1 和工况 5、工况 2 和工况 6、工况 3 和工况 7 以及工况 4

和工况 8 分别用于考察系缆点初始埋深 h_i、土体强度梯度 k、嵌入点处拖曳角 θ_e 和缆绳方程参数 C_f($C_f = N_{cl}E_n d$) 的影响。表 9.5 中，Δz_k 表示旋转过程中锚的最大埋深损失，x_{ak}、z_{ak} 和 β_k 分别代表埋深损失最大时对应的系缆点水平坐标或位移、竖向坐标或位移和方位角。

表 9.5　　参数考察及结果

<table>
<tr><th>工况</th><th>v_c/(m/s)</th><th>h_i/m</th><th>k/(kPa/m)</th><th>θ_e/(°)</th><th>C_f/m</th><th>x_{ak}/m</th><th>z_{ak}/m</th><th>Δz_k/m</th><th>β_k/(°)</th></tr>
<tr><td rowspan="4">1</td><td rowspan="15">1</td><td>10.17</td><td rowspan="4">1.1</td><td rowspan="7">20</td><td rowspan="11">0.76</td><td>—</td><td>—</td><td>—</td><td>—</td></tr>
<tr><td>11.17</td><td>2.06</td><td>8.95</td><td>2.22</td><td>63.0</td></tr>
<tr><td>12.17</td><td>2.03</td><td>9.95</td><td>2.22</td><td>61.7</td></tr>
<tr><td>13.17</td><td>2.05</td><td>10.94</td><td>2.23</td><td>60.7</td></tr>
<tr><td rowspan="3">2</td><td rowspan="11">12.17</td><td>0.6</td><td>2.00</td><td>10.09</td><td>2.08</td><td>62.5</td></tr>
<tr><td>1.1</td><td>2.03</td><td>9.95</td><td>2.22</td><td>61.7</td></tr>
<tr><td>1.6</td><td>—</td><td>—</td><td>—</td><td>—</td></tr>
<tr><td rowspan="4">3</td><td rowspan="12">1.1</td><td>0</td><td>1.37</td><td>11.39</td><td>0.78</td><td>74.9</td></tr>
<tr><td>20</td><td>2.03</td><td>9.95</td><td>2.22</td><td>61.7</td></tr>
<tr><td>30</td><td>2.32</td><td>8.21</td><td>3.96</td><td>51.7</td></tr>
<tr><td>40</td><td>—</td><td>—</td><td>—</td><td>—</td></tr>
<tr><td rowspan="4">4</td><td rowspan="11">20</td><td>0.76</td><td>2.03</td><td>9.95</td><td>2.22</td><td>61.7</td></tr>
<tr><td>1.52</td><td>2.06</td><td>9.53</td><td>2.64</td><td>59.8</td></tr>
<tr><td>3.04</td><td>2.04</td><td>8.73</td><td>3.44</td><td>56.6</td></tr>
<tr><td>6.08</td><td>—</td><td>—</td><td>—</td><td>—</td></tr>
<tr><td rowspan="4">5</td><td rowspan="15">2</td><td>10.17</td><td rowspan="11">0.76</td><td>—</td><td>—</td><td>—</td><td>—</td></tr>
<tr><td>11.17</td><td>2.29</td><td>8.73</td><td>2.44</td><td>61.4</td></tr>
<tr><td>12.17</td><td>2.24</td><td>9.73</td><td>2.44</td><td>60.1</td></tr>
<tr><td>13.17</td><td>2.16</td><td>10.73</td><td>2.44</td><td>59.4</td></tr>
<tr><td rowspan="3">6</td><td rowspan="11">12.17</td><td>0.6</td><td>2.15</td><td>9.88</td><td>2.29</td><td>61.2</td></tr>
<tr><td>1.1</td><td>2.24</td><td>9.73</td><td>2.44</td><td>60.1</td></tr>
<tr><td>1.6</td><td>—</td><td>—</td><td>—</td><td>—</td></tr>
<tr><td rowspan="4">7</td><td rowspan="8">1.1</td><td>0</td><td>1.56</td><td>11.34</td><td>0.83</td><td>73.9</td></tr>
<tr><td>20</td><td>2.24</td><td>9.73</td><td>2.44</td><td>60.1</td></tr>
<tr><td>30</td><td>2.23</td><td>7.65</td><td>4.52</td><td>48.9</td></tr>
<tr><td>40</td><td>—</td><td>—</td><td>—</td><td>—</td></tr>
<tr><td rowspan="4">8</td><td rowspan="4">20</td><td>0.76</td><td>2.24</td><td>9.73</td><td>2.44</td><td>60.1</td></tr>
<tr><td>1.52</td><td>2.21</td><td>9.30</td><td>2.87</td><td>58.4</td></tr>
<tr><td>3.04</td><td>2.19</td><td>8.42</td><td>3.75</td><td>54.5</td></tr>
<tr><td>6.08</td><td>—</td><td>—</td><td>—</td><td>—</td></tr>
</table>

1. 系缆点初始埋深的影响

图 9.14（a）和图 9.14（c）表明，系缆点埋深 $h_i \leqslant 11.17$m 时，锚旋转调节自身位置后重新嵌入土体。z_{ak}随着 h_i 的增大而增大，但 x_{ak}和 Δz_k 不受 h_i 的影响，见表 9.5（工况 1 和 5）。当系缆点初始埋深减小至 10.17m 时，锚在旋转后上拔至海床面附近，系缆点在海床面附近水平移动。图 9.14（b）和图 9.14（d）显示，不同 h_i 值下锚的方位角在达到 β_k 后相互分离，且 β_k 随着 h_i 的减小而增大，见表 9.5（工况 1 和 5）。值得注意的是，当锚的方位角 β 超过 90°时，锚将顺时针倾覆。因此，图 9.14（b）和图 9.14（d）仅展示了 $\beta \leqslant 90°$ 时方位角的变化规律。当锚埋深较小时，土体不能提供足够的抗力使锚调整至合适的方位角下嵌，因此锚发生失稳破坏，甚至被拔出土面。

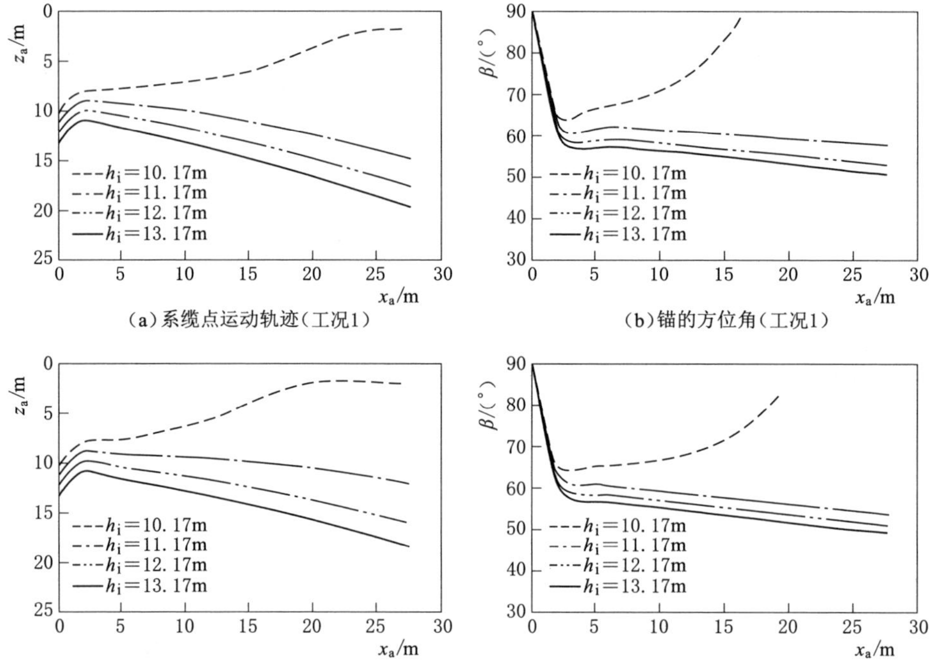

(a)系缆点运动轨迹(工况1)　(b)锚的方位角(工况1)

(c)系缆点运动轨迹(工况5)　(d)锚的方位角(工况5)

图 9.14　系缆点初始埋深的影响

2. 土体强度梯度的影响

图 9.15（a）和图 9.15（c）表明，当土体强度梯度 $k \leqslant 1.1$kPa/m 时，锚旋转调节自身位置后重新嵌入土体。表 9.5 中工况 2 和工况 6 表明，土体强度梯度越大，z_{ak}越小，因此，锚的埋深损失 Δz_k 越大。x_{ak}不受土体强度梯度的影响，而 β_k 随着土体强度梯度的增大而减小。旋转完成后，锚的嵌入深度随着土体强度梯度的增大而减小。当土体强度梯度达到 1.6kPa/m 时，锚在旋转后上

拔至海床面附近，系缆点在海床面附近水平移动。土体强度越大，缆绳越难切割土体，从而在系缆点处形成较大的拖曳角 θ_{ah}，在该拖曳角作用下锚被拔出。

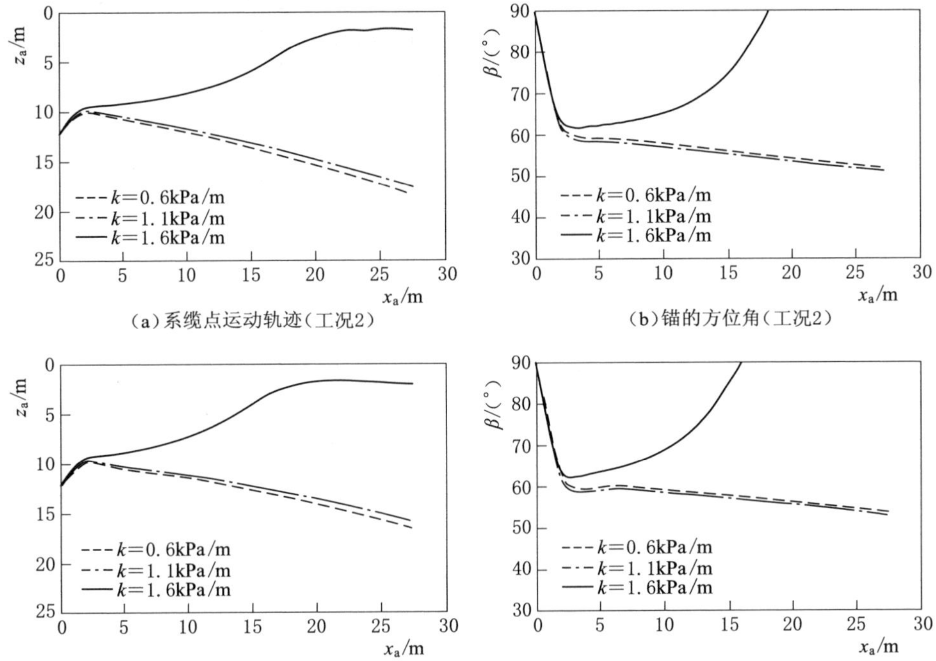

(a) 系缆点运动轨迹（工况2）　(b) 锚的方位角（工况2）

(c) 系缆点运动轨迹（工况6）　(d) 锚的方位角（工况6）

图 9.15　土体强度梯度的影响

3. 嵌入点处拖曳角的影响

如 Shelton[86] 所述，应保证水中缆的作用角度（即嵌入点处拖曳角 θ_e）维持在 25°以下，使 OMNI－Max 锚在灾害性荷载条件下可以旋转调节自身位置后重新嵌入土体，从而避免次生灾害的威胁。本节设计了 4 个 θ_e 值用于考察其对 OMNI－Max 锚运动行为的影响。图 9.16（a）和图 9.16（c）显示，θ_e 达到 30°后，锚依然可以旋转后发生嵌入，但该条件下嵌入效率并不高，均未超过锚的初始埋深。使 θ_e 继续增大至 40°，锚直接被拔出土面。θ_e 越大锚的埋深损失 Δz_k 越大，而 β_k 越小，见表 9.5（工况 3 和工况 7）。图 9.16（b）和图 9.16（d）表明，θ_e 对锚的方位角影响很大。θ_e 越大系缆点处拖曳角 θ_{ah} 越大，锚抬平越快，最终限制了锚的嵌入深度。当 θ_e 达到某一极限值时，锚将发生类似于吸力锚的失稳破坏，例如，在 $\theta_e = 40°$ 的条件下，锚受载后运动方向与水平面的夹角接近 80°。

4. 缆绳方程参数的影响

缆绳方程［式（9.1）］中含有 3 个系数，即缆绳承载力系数 N_{cl}，缆绳有

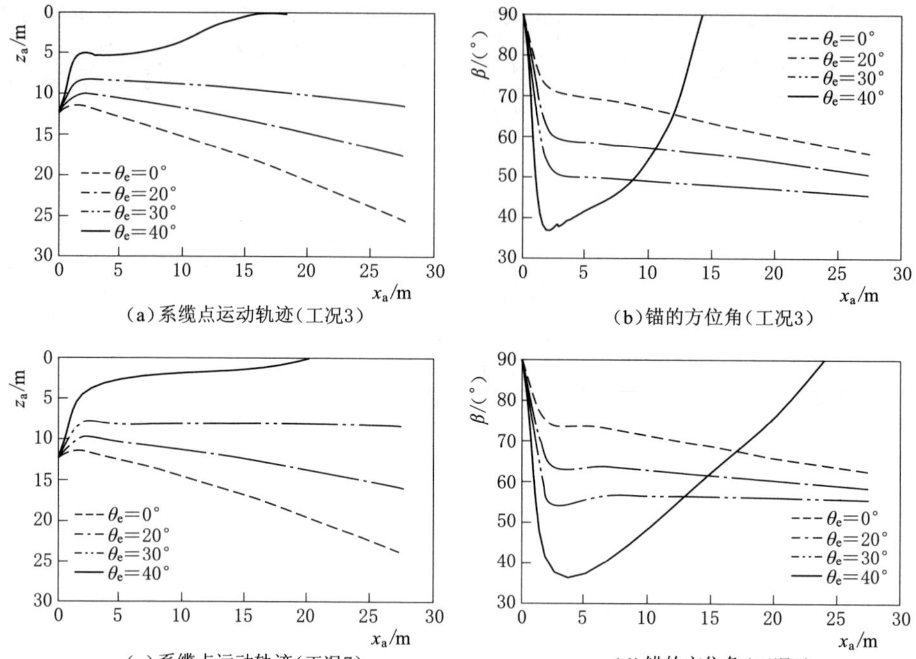

(a)系缆点运动轨迹(工况3)　(b)锚的方位角(工况3)

(c)系缆点运动轨迹(工况7)　(d)锚的方位角(工况7)

图 9.16　嵌入点处拖曳角的影响

效承载系数 E_n 和缆绳直径 d，且 3 个参数对缆绳方程的影响规律一致。定义 $C_f=N_{cl}E_nd$。C_f 对锚运动轨迹和方位角的影响如图 9.17 所示。图 9.17 (a) 和图 9.17 (c) 表明，当 C_f 达到 6.08 时，锚旋转之后的行为由嵌入转变为拔出，这种情况在工程应用中应当极力避免。随着 C_f 的增大，锚的最大埋深损失 Δz_k 逐渐增大，β_k 逐渐减小，而 x_{ak} 不受 C_f 的影响，见表 9.5（工况 4 和工况 8）。C_f（或 N_{cl}、E_n 和 d）越大，缆绳受的土抗力越大，锚抬平越快，从而限制了锚的嵌入深度及承载力。

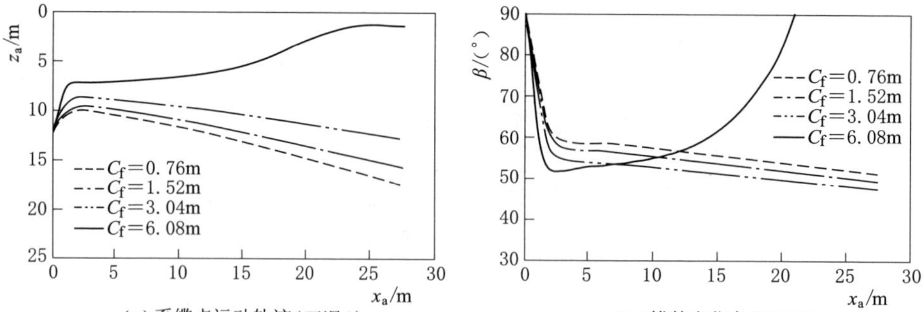

(a)系缆点运动轨迹(工况4)　(b)锚的方位角(工况4)

图 9.17（一）　缆绳方程参数的影响

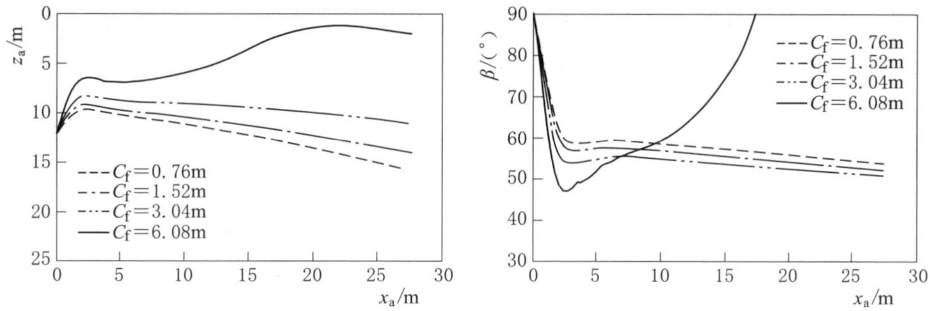

(c)系缆点运动轨迹(工况8)　　(d)锚的方位角(工况8)

图 9.17(二)　缆绳方程参数的影响

9.4.3　锚运动过程中土体的流动机制

图 9.18 给出了 OMNI - Max 锚运动过程中周围土体的流动机制。当锚达到最大埋深损失时，锚尖周围土体变形很大，而锚尾部土体变形较小，这说明

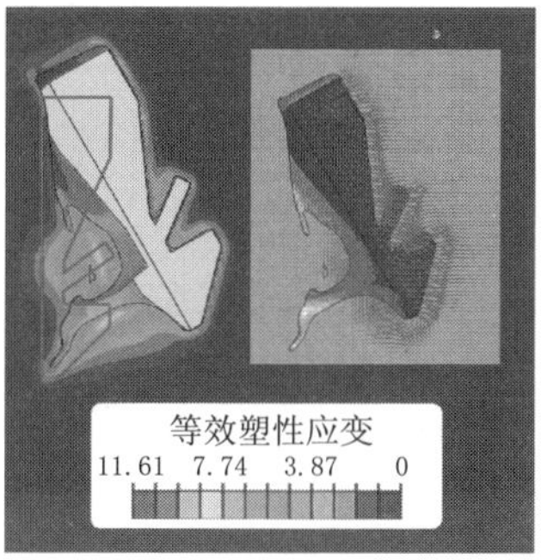

(a)最大埋深损失时

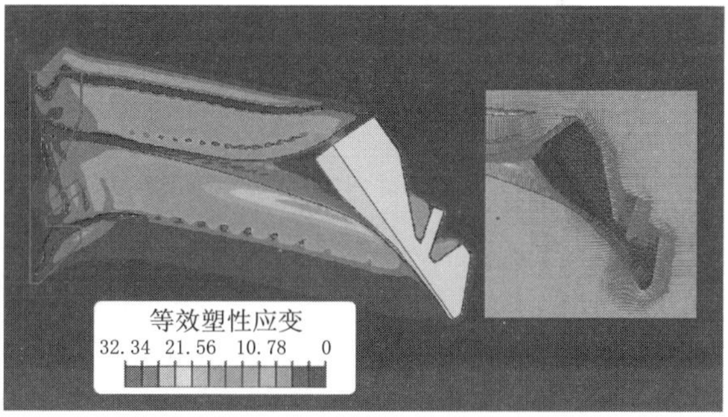

(b)x_a=15m

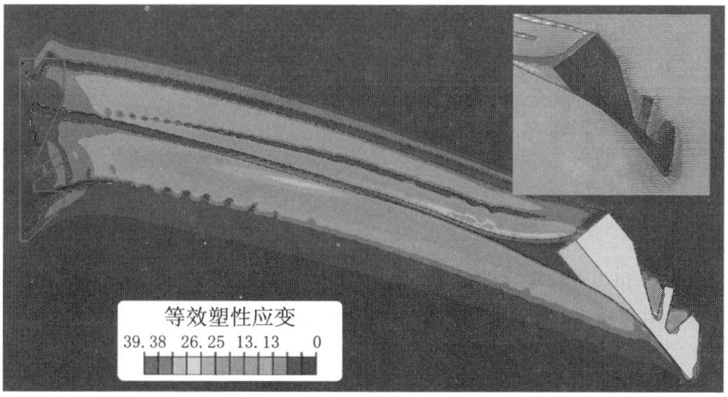

(c)计算结束时

图 9.18　锚运动过程中周围土体的流动机制（表 9.5 中工况 1，h_i = 12.7m）

此时锚主要发生旋转，伴随轻微的平移运动，如图 9.18 (a) 所示。当锚的水平位移 $x_a=15m$ 时，锚主要以嵌入行为为主，伴随轻微的旋转，导致锚的方位角变化也较小，如图 9.18 (b) 所示。随着锚水平位移的不断增大，锚的嵌入深度继续增大，如图 9.18 (c) 所示。

9.5 锚旋转行为的经验公式

重力贯入锚的埋深损失会严重降低其承载性能，基于 9.4 节的参数考察，已把握各参数对锚埋深损失的影响效应。由于大变形有限元分析法极为耗时，因此将基于参数考察获得的认识，构造经验公式，预测锚的埋深损失。基于表 9.5 又补充了两个工况，用于经验公式拟合，见表 9.6。

表 9.6　　工况补充表

工况	v_c/(m/s)	h_i/m	k/(kPa/m)	θ_e/(°)	C_f/m	x_{ak}/m	z_{ak}/m	Δz_k/m	β_k/(°)
1	0.5	10.17	1.1	20	0.76	—	—	—	—
	0.5	11.17	1.1	20	0.76	2.07	9.03	2.14	62.7
	0.5	12.17	1.1	20	0.76	2.02	10.02	2.15	61.7
	0.5	13.17	1.1	20	0.76	1.98	11.19	2.18	61.0
2	1	12.17	1.3	20	0.76	2.17	9.78	2.39	61.6
	2	12.17	1.3	20	0.76	2.28	9.58	2.59	60.9

通过表 9.5 和表 9.6 中的工况，构造并拟合了 OMNI－Max 锚的最大埋深损失 Δz_k 及最大埋深损失时对应的水平位移 x_{ak} 的经验公式：

$$\Delta z_k=\left(4.64e^{\sin\theta_e}+\frac{kN_{cl}E_n d}{s_{u0}}-4.56\right)\left(\frac{v_c}{v_0}\right)^{0.17}\quad (如果\ v_0\leqslant v_c\ ,\ v_c=0) \tag{9.6}$$

$$x_{ak}=\sin\theta_e e^{\frac{k}{s_{u0}}}\left(\frac{v_c}{v_0}\right)^{0.28}+1.52\qquad (如果\ v_0\leqslant v_c,\ v_c=0) \tag{9.7}$$

其中，$v_c=1m/s$。当 $v_c=1m/s$ 时，Δz_k 和 x_{ak} 的值近似收敛，可以认为是准静态情况下锚的最大埋深损失及其对应的水平位移，见表 9.5 和表 9.6。

图 9.19 给出了式 (9.6) 和式 (9.7) 与有限元结果的对比图，拟合所得 Δz_k 和 x_{ak} 的相关系数 R^2 分别为 0.87 和 0.92。式 (9.6) 和式 (9.7) 求得的 Δz_k 和 x_{ak} 值与有限元计算结果的平均误差分别为 9.2%和 2.7%。基于参数考察的结果，同样拟合获得了 OMNI－Max 锚方位角的经验公式：

$$\beta_k=80°-\theta_e\qquad (\theta_e\leqslant 30°) \tag{9.8}$$

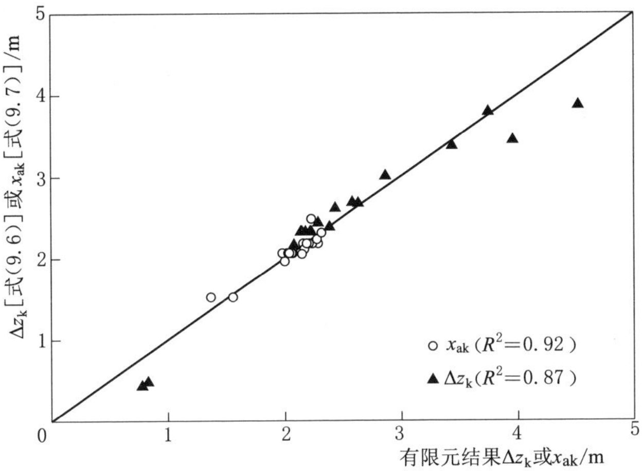

图 9.19 式（9.6）和式（9.7）与有限元结果的对比

为了验证所得经验公式（9.6）和式（9.7）的有效性，与 Liu 等[115]的塑性分析结果进行对比，见表 9.7。$\Delta z_{rp,k}$和 $\Delta x_{rp,k}$分别表示锚参考点所对应的最大埋深损失及其相应的水平位移，当荷载作用于锚的参考点时锚所受弯矩为 0。式（9.6）和式（9.7）求得的 $\Delta z_{rp,k}$ 和 $\Delta x_{rp,k}$ 同样列于表 9.7。经验公式和 Liu 等[115]的计算结果均显示，$\Delta z_{rp,k}$ 和 $\Delta x_{rp,k}$ 随着土体强度梯度和系泊角的增大而增大，但 Liu 等[115]求得的 $\Delta z_{rp,k}$ 和 $\Delta x_{rp,k}$ 大于经验公式求得的值，这是由于 Liu 等[115]所采用的 OMNI - Max 锚的偏心角 θ_{pe}=arctan (e_s/e_n)(15.57°) 小于本书所分析的 OMNI - Max 锚的偏心角（22.64°）。$\Delta z_{rp,k}$ 和 $\Delta x_{rp,k}$ 随着偏心角 θ_{pe}的减小而增大。与大变形有限元分析和塑性分析模型相比，经验公式更便捷。

表 9.7　经验公式与 Liu 等[115]的计算结果对比

参数				Liu 等		经验公式	
s_{u0}/kPa	k/(kPa/m)	θ_e/(°)	C_f/m	$\Delta x_{rp,k}/L_A$	$\Delta z_{rp,k}/L_A$	$\Delta x_{rp,k}/L_A$	$\Delta z_{rp,k}/L_A$
2.4	1.1	0	0.76	0.2	0.12	0.15	0
2.4	1.1	10	0.76	0.24	0.17	0.18	0.06
2.4	1.1	20	0.76	0.26	0.3	0.21	0.12
2.4	1.1	30	0.76	0.28	0.4	0.25	0.21
2.4	2.2	20	0.76	0.31	0.35	0.25	0.17
2.4	3.3	20	0.76	0.35	0.36	0.3	0.21

附录 A

嵌入缆反悬链形态的数值积分解

将式（3.1）代入式（3.2）得

$$-\frac{(1+\mu^2)\left[e^{\mu(\theta_{ah}-\theta)}(\cos\theta+\mu\sin\theta)\right]_{\theta}^{\theta_{ah}}\int_0^{z_a}N_{cl}E_n ds_u dz}{(1+\mu^2)(e^{\mu\theta_{ah}}-\cos\theta_{ah}-\mu\sin\theta_{ah})\int_z^{z_a}N_{cl}E_n ds_u dz}=1 \qquad (A.1)$$

化简式（A.1）可得

$$\frac{\int_z^{z_a}N_{cl}E_n ds_u dz}{\int_0^{z_a}N_{cl}E_n ds_u dz}=\frac{e^{\mu(\theta_{ah}-\theta)}(\cos\theta+\mu\sin\theta)-\cos\theta_{ah}-\mu\sin\theta_{ah}}{e^{\mu\theta_{ah}}-\cos\theta_{ah}-\mu\sin\theta_{ah}} \qquad (A.2)$$

式（A.2）给出了嵌入缆上任意一点的纵坐标 z 和该点处缆绳与水平面的夹角 θ 之间的关系。任意一嵌入缆微分段存在如下关系式：

$$dz/dx=\tan\theta \qquad (A.3)$$

已知系缆点坐标（x_a，z_a）和系缆点处缆绳与水平面的夹角 θ_{ah}，给定任意一点处缆绳与水平面的夹角 θ 值（$\theta\in[0, \theta_{ah}]$），由式（A.2）可求得该点对应的纵坐标 z。利用式（A.3），由相邻两点的微小纵坐标增量 Δz，可以求出相应的水平坐标增量 Δx，进而求得对应点的横坐标 $x=x+\Delta x$，最终获得缆绳的反悬链形态。

参 考 文 献

[1] Zhang W. Penetration mechanism and kinematic behavior of drag anchors [D]. Tianjin: Tianjin University, 2011.

[2] Liu H, Li Z, Zhang Y. An overview of positioning technologies for large floating structures in deep waters [C] //Proceedings of the International Conference on Underwater Sciences, Technology and Education. Hong Kong: [s. n.], 2015.

[3] Ehlers C J, Young A G, Chen J. Technology assessment of deepwater anchors [C] //Proceedings of the 36th Offshore Technology Conference. Houston: OTC, 2004.

[4] Randolph M F, Cassidy M J, Gourvenec S, et al. Challenges of offshore geotechnical engineering [C] //Proceedings of the 16th International Conference on Soil Mechanics and Geotechnical Engineering. Osaka: Millpress Science Publishers, 2005: 123-176.

[5] Reese L C. A design method for an anchor pile in a mooring system [C] //Proceedings of the 5th Offshore Technology Conference. Houston: OTC, 1973: 209-218.

[6] Gault J A, William R C. Method for predicting geometry and load distribution in an anchor chain from a single point mooring buoy to a buried anchorage [C] //Proceedings of the 6th Offshore Technology Conference. Houston: OTC, 1974: 309-318.

[7] Vivatrat V, Philip J V, Albert A P. The influence of chain friction on anchor pile design [C] //Proceedings of the 14th Offshore Technology Conference. Houston: OTC, 1982: 153-163.

[8] Degenkamp G, Dutta A. Soil resistances to embedded anchor chain in soft clay [J]. Journal of Geotechnical Engineering, 1989, 115 (10): 1420-1438.

[9] Bang S. Static mooring line configuration analysis tool [C] //Proceedings of Challenges and Opportunities in the Marine Environment. Washington D. C.: [s. n.], 1994: 190-196.

[10] Bang S, Taylor R J, Yu J, et al. Analysis of anchor mooring lines in cohesive seafloor [J]. Transportation Research Record, 1996, 1526: 47-56.

[11] Bang S, Taylor R J. Analysis of anchor mooring lines in sands [C] //Proceedings of the 7th International Offshore and Polar Engineering Conference. Richardson: ISOPE, 1997: 797-802.

[12] Neubecker S R, Randolph M F. Profile and frictional capacity of embedded anchor chains [J]. Journal of Geotechnical Engineering, 1995, 121: 797-803.

[13] Liu H, Liu C, Zhao Y, et al. Reverse catenary equation of the embedded installation line and application to the kinematic model for drag anchors [J]. Applied Ocean Research, 2013, 43: 80-87.

[14] Liu H, Liu C, Zhao Y, et al. Comparative study of reverse catenary properties of the installation line for drag anchors [J]. Applied Ocean Research, 2014, 48: 42-54.

[15] Han C, Liu J. A modified method to estimate chain inverse catenary profile in clay based on chain equation and chain yield envelope [J]. Applied Ocean Research, 2017, 68: 142 - 153.

[16] Heyerdahl H, Eklund T. Testing of plate anchors [C] //Proceedings of the 33rd Offshore Technology Conference. Houston: OTC, 2001.

[17] Bang S, Cho Y, Kim Y S. Centrifuge model tests on mooring lines in sand [C] // Proceedings of the 38th Symposium Engineering Geology and Geotechnical Engineering. Reno: [s. n.], 2003: 41 - 50.

[18] 柳成林. 拖曳锚在海床土中的运动模型及嵌入运动轨迹的理论预测方法 [D]. 天津: 天津大学, 2012.

[19] Aubeny C P, Chi C. Trajectory prediction for drag embedment anchors under out of plane loading [C] //Proceedings of the 2nd International Symposium on Frontiers in Offshore Geotechnics. London: Taylor and Francis/Balkema, 2010: 699 - 703.

[20] Wang L, Guo Z, Yuan F. Three - dimensional interaction between anchor chain and seabed [J]. Applied Ocean Research, 2010, 32 (4): 404 - 413.

[21] Liu H, Xiong J, Zhao Y. Three - dimensional behavior of embedded anchor lines under out - of - plane loading [J]. Applied Ocean Research, 2018, 79: 134 - 148.

[22] Martins M A L, Lages E N. On the formulation of three - dimensional inverse catenary for embedded mooring line modeling [J]. Computer Modeling in Engineering and Sciences, 2014, 102 (6): 449 - 474.

[23] 刘孟源. 黏土中桩的抗拔承载力及破坏模式的数值研究 [D]. 天津: 天津大学, 2016.

[24] Eltaher A, Rajapaksa Y, Chang K T. Industry trends for design of anchoring systems for deepwater offshore structures [C] //Proceedings of the 35th Offshore Technology Conference. Houston: OTC, 2003.

[25] Vijayvergiya V N, Focht J A. A new way to predict capacity of piles in clay [C] // Proceedings of the 4th Offshore Technology Conference. Houston: OTC, 1972.

[26] Randolph M F, Murphy B S. Shaft capacity of driven piles in clay [C] //Proceedings of the 17th Offshore Technology Conference. Houston: OTC, 1985.

[27] American Petroleum Institute. Recommended practice for planning, designing and constructing fixed offshore platforms - working stress design: API - RP - 2A [S]. Washington D. C.: American Petroleum Institute, 1993.

[28] Kolk H J, Velde E. A reliable method to determine friction capacity of piles driven into clays [C] //Proceedings of the 28th Offshore Technology Conference. Houston: OTC, 1996.

[29] Broms B B. Lateral resistance of piles in cohesionless soils [J]. Journal of the Soil Mechanics and Foundations Division, 1964, 90: 123 - 158.

[30] Matlock H, Reese L C. Generalized solutions for laterally loaded piles [C] //Geotechnical Special Publication. New York: ASCE, 2002, 118: 774 - 802.

[31] Reese L C, Cox W R, Koop F D. Analysis of laterally loaded piles in sand [C] // Proceedings of the 6th Offshore Technology Conference. Houston: OTC, 1974.

[32] Poulos H G. Behavior of laterally loaded piles: I - single piles [J]. Journal of the Soil Mechanics and Foundations Division, 1971, 97: 711 - 731.

[33] Randolph M F, Houlsby G T. The limiting pressure on a circular pile loaded laterally in cohesive soil [J]. Géotechnique, 1984, 34 (4): 613 - 623.

[34] Yoshimi Y. Piles in cohesionless soil subject to oblique pull [J]. Journal of the Soil Mechanics and Foundations Division, 1964, 90: 11 - 24.

[35] Meyerhof G G. The uplift capacity of foundations under oblique loads [J]. Canadian Geotechnical Journal, 1973, 10 (1): 64 - 70.

[36] Karthigeyan S, Ramakrishna V, Rajagopal K. Numerical investigation of the effect of vertical load on the lateral response of piles [J]. Journal of Geotechnical and Geoenvironmental Engineering, 2007, 133 (5): 512 - 521.

[37] Mroueh H, Shahrour I. Response of piles to inclined uplift loads influence of the soil - pile interface [J]. European Journal of Computational Mechanics, 2007, 16 (3 - 4): 419 - 435.

[38] Achmus M, Thieken K. On the behavior of piles in non - cohesive soil under combined horizontal and vertical loading [J]. Acta Geotechnica, 2010, 5: 199 - 210.

[39] Ramadan M I, Butt S D, Popescu R. Effect of padeye depth on the behavior of offshore anchor piles under mooring forces [C] //Proceedings of the 34th International Conference on Ocean, Offshore and Arctic Engineering. New York: ASME, 2015.

[40] Keaveny J M, Hansen S B, Madshus C, et al. Horizontal capacity of large - scale model anchors [C] //Proceedings of the 13th International Conference on Soil Mechanics and Foundation Engineering. Florida: A. A. Balkema, 1994.

[41] Liu H, Wang C, Zhao Y. Analytical study of the failure mode and pullout capacity of suction anchors in clay [J]. Ocean Systems Engineering, 2013, 3 (2): 79 - 95.

[42] Liu H, Peng J, Zhao Y. Analytical study of the failure mode and pullout capacity of suction anchors in sand [J]. Ocean Systems Engineering, 2015, 5 (4): 279 - 299.

[43] Naval Civil Engineering Laboratory. Drag embedment anchors for navy moorings: Techdata sheet 83 - 08R [Z]. Port Hueneme: NCEL, 1987.

[44] Vryhof Anchors. Anchor manual [Z]. Krimpen ad Yssel: Vryhof Anchors, 1999.

[45] Vryhof Anchors. Anchor manual [Z]. Krimpen ad Yssel: Vryhof Anchors, 2005.

[46] Stewart W P. Drag embedment anchor performance prediction in soft soils [C] //Proceedings of the 24th Offshore Technology Conference. Houston: OTC, 1992: 241 - 248.

[47] Neubecker S R, Randolph M F. The performance of drag anchor and chain system in cohesive soil [J]. Marine Georesources and Geotechnology, 1996, 14 (2): 77 - 96.

[48] Thorne C P. Penetration and load capacity of marine drag anchors in soft clay [J]. Journal of Geotechnical and Geoenvironmental Engineering, 1998, 124 (10): 945 - 953.

[49] Dahlberg R. Design procedures for deepwater anchors in clay [C] //Proceedings of the 30th Offshore Technology Conference. Houston: OTC, 1998: 559 - 567.

[50] Det Norshke Veritas. Design and installation of fluke anchors in clay DNV RP - E301 [S]. Oslo: Det Norshke Veritas, 2000.

[51] Ruinen R M. Penetration analysis of drag embedment anchors in soft clay [C] //Proceedings of the 14th International Offshore and Polar Engineering Conference. Richardson: ISOPE, 2004: 531 - 537.
[52] Bransby M F, O'Neill M P. Drag anchor fluke - soil interaction in clays [C] //Proceedings of International Symposium on Numerical Models in Geomechanics. Rotterdam: [s. n.], 1999: 489 - 494.
[53] O'Neill M P, Bransby M F, Randolph M F. Drag anchor fluke - soil interaction in clays [J]. Canadian Geotechnical Journal, 2003, 40 (1): 78 - 94.
[54] Aubeny C P, Murff J D, Kim B M. Prediction of anchor trajectory during drag embedment in soft clay [J]. International Journal of Offshore and Polar Engineering, 2008, 18 (4): 314 - 319.
[55] Aubeny C P, Chi C. Mechanics of drag embedment anchors in a soft seabed [J]. Journal of Geotechnical and Geoenvironmental Engineering, 2010, 136: 57 - 68.
[56] Aubeny C P, Chi C. Analytical model for vertically loaded anchor performance [J]. Journal of Geotechnical and Geoenvironmental Engineering, 2014, 140 (1): 14 - 24.
[57] Wang L, Shen K, Li L, et al. Integrated analysis of drag embedment anchor installation [J]. Ocean Engineering, 2014, 88: 149 - 163.
[58] 王忠涛，王春乐，杨庆，等．柔性锚胫法向承力锚安装轨迹和承载性能分析 [J]. 岩土工程学报，2015，40 (9)：1698 - 1705.
[59] 肖志建．拖曳锚运动轨迹预测方法研究 [D]. 天津：天津大学，2008.
[60] 杨涵婷．拖曳锚嵌入运动轨迹的理论预测模型 [D]. 天津：天津大学，2009.
[61] 李颖．拖曳锚反悬链方程及在拖曳锚运动模型中的应用 [D]. 天津：天津大学，2010.
[62] Liu H, Liu C, Yang H, et al. A novel kinematic model of drag anchors in seabed soils [J]. Ocean Engineering, 2012, 49: 33 - 42.
[63] Neubecker S R, Randolph M F. Model testing and theoretical analysis of drag anchors in sand [C] //Proceedings of the International Conference in Centrifuge. Rotterdam: [s. n.] 1994: 765 - 770.
[64] Neubecker S R, Randolph M F. The static equilibrium of drag anchors in sand [J]. Canadian Geotechnical Journal, 1996, 33 (4): 574 - 583.
[65] Neubecker S R, Randolph M F. The kinematic behaviour of drag anchors in sand [J]. Canadian Geotechnical Journal, 1996, 33 (4): 584 - 594.
[66] O'Neill M P, Randolph M F, Neubecker S R. A novel procedure for testing model drag anchors [C] //Proceedings of the 7th International Offshore and Polar Engineering Conference. Richardson: ISOPE, 1997: 939 - 945.
[67] O'Neill M P, Randolph M F, House A R. The behaviour of drag anchors in layered soils [J]. International Journal of Offshore Polar Engineering, 1999, 9 (1): 73 - 78.
[68] O'Neill M P, Randolph M F. Modelling drag anchors in a drum centrifuge [J]. International Journal of Physical Modelling in Geotechnics, 2001, 1 (2): 29 - 41.

[69] Dunnavant T W, Kwan C T T. Centrifuge modelling and parametric analyses of drag anchor behaviour [C] //Proceedings of the 25th Offshore Technology Conference. Houston: OTC, 1993: 29-37.

[70] LeLievre B, Tabatabaee J. The performance of marine anchors with planar flukes in sand [J]. Canadian Geotechnical Journal, 1981, 18 (4): 520-534.

[71] Liu H, Zhang W, Zhang X, et al. Experimental investigation on the penetration mechanism and kinematic behavior of drag anchors [J]. Applied Ocean Research, 2010, 32 (4): 434-442.

[72] Zhang W, Liu H, Zhou H, et al. A new technique to measure the trajectory of drag anchors in soils [J]. Geotechnical Testing Journal, 2011, 34 (4): 279-287.

[73] Aubeny C P, Gilbert R, Randall R, et al. The performance of drag embedment anchors (DEA) [R]. Brazos: Texas A&M University, 2010.

[74] Omega Marine Services International. Joint industry project: Gulf of Mexico large scale anchor tests [R]. New York: Omega Marine Services International, 1990.

[75] Aker Maritime Contractors. The Deepstar project CTR 3405: final report on VLA tests [R]. Oslo: Aker Maritime Contractors, 1997.

[76] Ruinen R M, Degenkamp G. First application of 12 Stevmanta anchors (VLA) in the P27 taut leg mooring system [C] //Proceedings of the 11th Deep Offshore Technology Conference. Stavanger: [s. n.], 1999: 1-14.

[77] Ruinen R, Degenkamp G. Advances in the development and operational experience with Stevmanta VLAs in deepwater environments [C] //Proceedings of the 4th IBC Conference on Mooring and Anchoring. Aberdeen: [s. n.], 1999: 79-90.

[78] Taylor R J. Conventional anchor tests results at San Diego and Indian Island [R]. Port Hueneme: Naval Civil Engineering Laboratory, 1980.

[79] Foxton P. Latest development for vertically loaded anchors [C] //Proceedings of the 2nd IBC Conference on Mooring and Anchoring. Aberdeen: [s. n.], 1997: 28-39.

[80] Dahlberg R, Strom P J. Unique onshore tests of deepwater drag-in plate anchors [C] //Proceedings of the 31st Offshore Technology Conference. Houston: OTC, 1999: 1-11.

[81] Zhao Y, Liu H. Numerical simulation of drag anchor installation by a large deformation finite element technique [C] //Proceedings of the 33rd International Conference on Ocean, Offshore and Arctic Engineering. New York: ASME, 2014.

[82] Dou Y, Yu L. Numerical investigations of the effects of different design angles on the motion behaviour of drag anchors [J]. Apllied Ocean Research, 2018, 76: 199-210.

[83] Liu H, Zhang W, Liu C, et al. Movement direction of drag anchors in seabed soils [J]. Appllied Ocean Research, 2012, 34: 78-95.

[84] Zhang W, Liu H, Zhao Y, et al. Interactional properties between drag anchor and installation line [J]. Journal of Geotechnical and Geoenvironmental Engineering, 2014, 140 (2).

[85] 国振，王立忠，李玲玲．新型深水系泊基础研究进展 [J]. 岩土力学，2011，32 (增

刊 2)：469－477.

[86] Shelton J T. OMNI－Max anchor development and technology [C] //Proceedings of the OCEANS Conference. Vancouver：IEEE，2007.

[87] Zimmerman E H，Smith M W，Shelton J T. Efficient gravity installed anchor for deep water mooring [C] //Proceedings of the 41st Offshore Technology Conference. Houston：OTC，2009.

[88] MedeirosJ C J，Hassui L H，Machado R D，et al. Pile for anchoring floating structures and process for installing the same：USA，6106199 [P]. 2000－08－14.

[89] Medeiros J C J. Low cost anchor system for flexible risers in deep waters [C] //Proceedings of the 34th Offshore Technology Conference. Houston：OTC，2002.

[90] Lieng J T，Hove F，Tjelta T I. Deep penetrating anchor：subseabed deepwater anchor concept for floaters and other installations [C] //Proceedings of the 9th International Offshore and Polar Engineering Conference. Richardson：ISOPE，1999：613－619.

[91] Audibert J M E，Morvant M N，Won J，et al. Torpedo piles：laboratory and field research [C] //Proceedings of the 16th International Offshore and Polar Engineering Conference. Richardson：ISOPE，2006：462－468.

[92] Medeiros J C J. Torpedo anchor for deep water [C] //Proceedings of the Deepwater Offshore Technology Conference. Brazil：[s. n.]，2001.

[93] Lieng J T，Kavli A，Hove F，et al. Deep penetrating anchor：further development，optimization and capacity verification [C] //Proceedings of the 10th International Offshore and Polar Engineering Conference. Richardson：ISOPE，2000：410－416.

[94] Lieng J T，Tjelta T I，Skaugset K. Installation of two prototype deep penetrating anchors at the Gjøa field in the North Sea [C] //Proceedings of the 42nd Offshore Technology Conference. Houston：OTC，2010.

[95] Shelton J T，Nie C，Shuler D. Installation penetration of gravity installed plate anchors：laboratory study results and field history data [C] //Proceedings of the 43rd Offshore Technology Conference. Houston：OTC，2011.

[96] O'Loughlin C D，Randolph M F，Richardson M. Experimental and theoretical studies of deep penetrating anchors [C] //Proceedings of the 36th Offshore Technology Conference. Houston：OTC，2004.

[97] Richardson M D，O'Loughlin C D，Randolph M F. The geotechnical performance of deep penetrating anchors in calcareous sand [C] //Proceedings of the 1st International Symposium on Frontiers in Offshore Geotechnics. London：CRC Press/Balkema，2005：357－363.

[98] O'Loughlin C D，Richardson M D，Randolph M F. Centrifuge tests on dynamically installed anchors [C]// Proceedings of the 28th International Conference on Offshore Mechanics and Arctic Engineering. New York：ASME，2009：391－399.

[99] Richardson M D，O'Loughlin C D，Randolph M F，et al. Setup following installation of dynamic anchors in normally consolidated clay [J]. Journal of Geotechnical and Geoenvironmental Engineering，2009，135 (4)：487－496.

[100] Hossain M S，Kim Y，Gaudin C. Experimental investigation of installation and pullout of

dynamically penetrating anchors in clay and silt [J]. Journal of Geotechnical and Geoenvironmental Engineering, 2014, 140 (7): 04014026.

[101] Hossain M S, O'Loughlin C D, Kim Y. Dynamic installation and monotonic pullout of a torpedo anchor in calcareous silt [J]. Géotechnique, 2015, 65 (2): 77 - 90.

[102] Nie C, Shelton J T. Prediction of gravity installed anchors installation penetration [C] //Proceedings of the OCEANS Conference. Vancouver: IEEE, 2011.

[103] True D G. Undrained vertical penetration into ocean bottom soils [D]. Berkeley: University of California, Berkeley, 1976.

[104] Raie M S, Tassoulas J L. Installation of torpedo anchors: numerical modeling [J]. Journal of Geotechnical and Geoenvironmental Engineering, 2009, 135 (12): 1805 - 1813.

[105] 刘君，张雨勤．FFP 在黏土中贯入过程的 CFD 模拟 [J]. 力学学报，2018，50 (1)：167 - 176.

[106] Sabetamal H, Carter J P, Nazem M, et al. Coupled analysis of dynamically penetrating anchors [J]. Computers and Geotechnics, 2016, 77: 26 - 44.

[107] Chang K, Wang D, Hossain M S. Effective stress analysis of a dynamically installed anchor penetrating into rate - dependent soil [C] //Proceedings of the 9th International Offshore and Polar Engineering Conference. Richardson: ISOPE, 2017.

[108] Hossain M S, Kim Y, Wang D. Physical and numerical modelling of installation and pullout of dynamically penetrating anchors in clay and silt [C] //Proceedings of the 32nd International Conference on Ocean, Offshore and Arctic Engineering. New York: ASME, 2013.

[109] Kim Y H, Hossain M S, Wang D, et al. Numerical investigation of dynamic installation of torpedo anchors in clay [J]. Ocean Engineering, 2015, 108: 820 - 832.

[110] Kim Y H, Hossain M S. Dynamic installation of OMNI - Max anchors in clay: numerical analysis [J]. Géotechnique, 2015, 65 (12): 1029 - 1037.

[111] Liu H, Xu K, Zhao Y. Numerical investigation on the penetration of gravity installed anchors by a coupled Eulerian - Lagrangian approach [J]. Appllied Ocean Research, 2016, 60: 94 - 108.

[112] Gaudin C, O'Loughlin C D, Hossain M S, et al. The performance of dynamically embedded anchors in calcareous silt [C] //Proceedings of the 32nd International Conference on Ocean, Offshore and Arctic Engineering. New York: ASME, 2013.

[113] Liu J, Han C, Yu L. Experimental investigation of the keying process of OMNI - Max anchor [J]. Marine Georesources and Geotechnology, 2019, 37 (3): 349 - 365.

[114] Wei Q C, Cassidy M J, Tian Y H, et al. Behaviour of OMNI - Max anchors under chain loading [C] //Proceedings of the 3rd International Symposium Frontiers in Offshore Geotechnics. London: CRC Press/Balkema, 2015: 925 - 930.

[115] Liu J, Lu L, Hu Y. Keying behavior of gravity installed plate anchor in clay [J]. Ocean Engineering, 2016, 114: 10 - 24.

[116] Kim Y H, Hossain M S. Dynamic installation, keying and diving of OMNI - Max

anchors in clay [J]. Géotechnique 2017, 67 (1), 78 - 85.

[117] Randolph M F, Wang D, Zhou H, et al. Large deformation finite element analysis for offshore applications [C] //Proceedings of the 12th International Conference of International Association for Computer Methods and Advances in Geomechanics. Goa: [s. n.], 2008: 3307 - 3318.

[118] Qiu G, Henke S, Grabe J. Application of a coupled Eulerian - Lagrangian approach on geomechanical problems involving large deformations [J]. Computers and Geotechnics, 2011, 38 (1): 30 - 39.

[119] Benson D J. Computational methods in Lagrangian and Eulerian hydrocodes [J]. Computer Methods in Applied Mechanics and Engineering, 1992, 99 (2 - 3): 235 - 394.

[120] Nazem M, Sheng D, Carter J P. Stress integration and mesh refinement in numerical solutions to large deformations in geomechanics [J]. International Journal for Numerical Methods in Engineering, 2006, 65: 1002 - 1027.

[121] Belytschko T, Liu W, Moran B. Nonlinear Finite Elements for Continua and Structures [M]. New Jersey: Wiley, 2000.

[122] Bayoumi H N, Gadala M S. A complete finite element treatment for the fully coupled implicit ALE formulation [J]. Computational Mechanics, 2004, 33 (6): 435 - 452.

[123] Hu Y, Randolph M F. A practical numerical approach for large deformation problems in soil [J]. International Journal for Numerical and Analytical Methods in Geomechanics, 1998, 22 (5): 327 - 350.

[124] Hu Y, Randolph M F. H - adaptive FE analysis of elasto - plastic non - homogeneous soil with large deformation [J]. Computers and Geotechnics, 1998, 23 (1 - 2): 61 - 83.

[125] Song Z, Hu Y, Randolph M F. Numerical simulation of vertical pullout of plate anchors in clay [J]. Journal of Geotechnical and Geoenvironmental Engineering, 2008, 134 (6): 866 - 875.

[126] 于龙. 三维 RITSS 大变形有限元方法及其在基础刺入破坏和锚板承载力问题中的应用 [D]. 大连: 大连理工大学, 2008.

[127] Yu L, Liu J, Kong X, et al. Three - dimensional RITSS large displacement finite element method for penetration of foundations into soil [J]. Computers and Geotechnics, 2008, 35: 372 - 382.

[128] Yu L, Liu J, Kong X, et al. Three - dimensional large deformation FE analysis of square footings in two - layered clays [J]. Journal of Geotechnical and Geoenvironmental Engineering, 2011, 137 (1): 52 - 58.

[129] Yu L, Liu J, Kong X, et al. Three - dimensional numerical analysis of the keying of vertically installed plate anchors in clay [J]. Computers and Geotechnics, 2009, 36 (4): 558 - 367.

[130] Wang D, Hu Y, Randolph M F. Three - dimensional large deformation finite - element analysis of plate anchors in uniform clay [J]. Journal of Geotechnical and Geo-

environmental Engineering, 2010, 136 (2): 355 - 365.

[131] Tian Y, Cassidy M J, Randolph M F, et al. A simple implementation of RITSS and its application in large deformation analysis [J]. Computers and Geotechnics, 2014, 56: 160 - 167.

[132] Hossain M S, Hu Y, Randolph M F, et al. Limiting cavity depth for spudcan foundations penetrating clay [J]. Géotechnique, 2005, 55 (9): 679 - 690.

[133] Zhou H, Randolph M F. Large deformation analysis of suction caisson installation in clay [J]. Canadian Geotechnical Journal, 2006, 43 (12): 1344 - 1357.

[134] Zhou H, Randolph M F. Resistance of full - flow penetrometers in rate - dependent and strain - softening clay [J]. Géotechnique, 2009, 59 (2): 79 - 86.

[135] Wang D, White D J, Randolph M F. Large - deformation finite element analysis of pipe penetration and large - amplitude lateral displacement [J]. Canadian Geotechnical Journal, 2010, 47 (8): 842 - 856.

[136] Wang D, Randolph M F, White D J. A dynamic large deformation finite element method based on mesh regeneration [J]. Computers and Geotechnics, 2013, 54: 192 - 201.

[137] Benson D J, Okazawa S. Contact in a multi - material Eulerian finite element formulation [J]. Computer Methods in Applied Mechanics and Engineering, 2004, 193 (39 - 41): 4277 - 4298.

[138] Dassault Systemes. ABAQUS, Version 6.10 documentation [Z]. Paris: Dassault Systemes, 2010.

[139] Qiu G, Henke S. Controlled installation of spudcan foundation on loose sand overlying weak clay [J]. Marine Structures, 2011, 24 (4): 528 - 550.

[140] Pucker T, Grabe J. Numerical simulation of the installation process of full displacement piles [J]. Computers and Geotechnics, 2012, 45: 93 - 106.

[141] Chen Z, Tho K K, Leung C F, et al. Influence of overburden pressure and soil rigidity on uplift behavior of square plate anchor in uniform clay [J]. Computers and Geotechnics, 2013, 52: 71 - 81.

[142] Tho K K, Chen Z, Leung C F, et al. Pullout behaviour of plate anchor in clay with linearly increasing strength [J]. Canadian Geotechnical Journal, 2014, 51 (1): 92 - 102.

[143] Liu H, Su F, Li Z. The criterion for determining the ultimate pullout capacity of plate anchors in clay by numerical analysis [J]. American Journal of Engineering and Applied Sciences, 2014, 7 (4): 374 - 386.

[144] Dutta S, Hawlader B, Phillips R. Finite element modeling of partially embedded pipelines in clay seabed using coupled Eulerian - Lagrangian method [J]. Canadian Geotechnical Journal, 2015, 52 (1): 58 - 72.

[145] Skempton A W. The bearing capacity of clays [C] //Proceedings of the Building Research Congress. London: American Railway Engineering Association, 1951: 1057 - 1061.

[146] Hansen J B. A revised and extended formula for bearing capacity [J]. Danish Geotechnical Institute Bulletin, 1970, 28: 5 - 11.

[147] Wei Q, Cassidy M J, Tian Y, et al. Incorporating shank resistance into prediction of the keying behavior of suction embedded plate anchors [J]. Journal of Geotechnical and Geoenvironmental Engineering, 2015, 141 (1): 04014080.

[148] Wang D, Hu Y, Randolph M F. Keying of rectangular plate anchors in normally consolidated clays [J]. Journal of Geotechnical and Geoenvironmental Engineering, 2011, 137 (12): 1244-1253.

[149] Yang M, Aubeny C P, Murff J D. Behavior of suction embedded plate anchors during keying process [J]. Journal of Geotechnical and Geoenvironmental Engineering, 2012, 138 (2): 174-183.

[150] Liu H, Li Y, Yang H, et al. Analytical study on the ultimate embedment depth of drag anchors [J]. Ocean Engineering, 2010, 37 (14-15): 1292-1306.

[151] Einav I, Randolph M F. Combining upper bound and strain path methods for evaluating penetration resistance [J]. International Journal for Numerical Methods in Engineering, 2005, 63 (14): 1991-2016.

[152] Shin E C, Das B M, Puri V K, et al. Ultimate uplift capacity of model rigid metal piles in clay [J]. Geotechnical and Geological Engineering, 1993, 11: 203-215.

[153] Murff J D, Randolph M F, Elkhatib S, et al. Vertically loaded plate anchors for deepwater applications [C] //Proceedings of the 1st International Symposium on Frontiers in Offshore Geotechnics. London: Taylor and Francis/Balkema, 2005: 31-48.

[154] Elkhatib S, Randolph M F. The effect of interface friction on the performance of drag-in plate anchors [C] //Proceedings of the 1st International Symposium on Frontiers in Offshore Geotechnics. London: CRC Press/Balkema, 2005: 171-177.

[155] Yen B C, Tofani G D. Soil resistance to stud link chain [C] //Proceedings of the 16th Offshore Technology Conference. Houston: OTC, 1984: 479-483.

[156] Rowe R K. Soil structure interaction analysis and its application to the prediction of anchor behavior [D]. Sydney: University of Sydney, 1978.

[157] Merifield R S, Sloan S W, Yu H S. Stability of plate anchors in undrained clay [J]. Géotechnique, 2001, 5 (12): 141-153.

[158] Ruinen R, Degenkamp G. Anchor selection and installation for shallow and deepwater mooring systems [C] //Proceedings of the 11th International Offshore and Polar Engineering Conference. Richardson: ISOPE, 2001: 600-606.

[159] Biscontin G, Pestana J M. Influence of peripheral velocity on vane shear strength of an artificial clay [J]. Geotechnical Test Journal, 2001, 24 (4): 423-429.

[160] Randolph M F, Low H E, Zhou H. Keynote lecture: In situ testing for design of pipeline and anchoring systems [C] //Proceedings of the 6th International Conference on Offshore Site Investigation and Geotechnics. London: Society of Underwater Technology, 2007: 251-262.

[161] Briaud J, Garland E. Loading rate method for pile response in clay [J]. Journal of Geotechnical Engineering, 1985, 111 (3): 319-335.

[162] O'Loughlin C D, Richardson M D, Randolph M F, et al. Penetration of dynamically installed anchors in clay [J]. Géotechnique, 2013, 63 (11): 909-919.

[163] Brandao F E N, Henriques C C D, Araujo J B, et al. Albacora Leste field development-FPSO P-50 mooring system concept and installation [C] //Proceedings of the 38th Offshore Technology Conference. Houston: OTC, 2006.

[164] Song Z H, Hu Y, O'Loughlin C, et al. Loss in anchor embedment during anchor keying in clay [J]. Journal of Geotechnical and Geoenvironmental Engineering, 2009, 135 (10): 1475-1485.

[165] Smith D, Fevang P I. Product and anchor handling prospects [R]. Oslo: Stavanger, 2009.

[166] O'Loughlin C D, Lowmass A C, Gaudin C, et al. Physical modelling to assess keying characteristics of plate anchors [C] //Proceedings of the 6th International Conference on Physical Modelling in Geotechnics. London: Taylor and Francis/Balkema, 2006: 659-666.

[167] Wang D, Han C, Gaudin C. Effect of roughness on keying of plate anchors [C] // Proceedings of the International Conference on Installation Effects in Geotechnical Engineering. London: Taylor and Francis/Balkema, 2013: 264-69.

[168] Cassidy M J, Gaudin C, Randolph M F, et al. A plasticity model to assess the keying of plate anchors [J]. Géotechnique, 2012, 62 (9): 825-836.